梁松濤 主編

雄安歷史文化叢書

雄安碑刻集

第二輯

第二册

北京燕山出版社

第二輯（第二册）

目録

大城

〇一、解盛墓誌……一
〇二、解盛妻張氏墓誌……三
〇三、劉綱墓誌……五
〇四、唐鄧公（明）墓誌……七
〇五、重修文廟碑記……九
〇六、重修城隍廟碑記……一一
〇七、烈女馬氏墓碑記……一四
〇八、段鑑墓碑……一七
〇九、重修關王廟記……二〇
一〇、明通議大夫兵部左侍郎小峯李公墓誌銘……二三
一一、重修水月寺碑……二五
一二、重修城隍廟記……二七
一三、重修三官廟碑記……二九
一四、邑侯劉父母生祠碑記……三一
一五、劉公（景曜）誌文……三四
一六、重修大城縣迤東交河村龍泉寺碑……三六
一七、皇清敕授文林郎累晋承德郎加奉直大夫原任盛京京兆尹加一級弱水李公（翼鵬）墓誌銘……三八
一八、刑部尚書謚端敏劉公（楗）墓誌銘……四二
一九、擢用陝右延安府安定縣令監河務王公（照乘）墓碑……四六
二〇、周太師尚父釣臺廟碑……四九
二一、釣臺碑記……五二
二二、重修碧霞元君祠碑記……五四
二三、奉文禁盜決廣安鎮堤工碑記……五六

二四、新改河堤碑文……五九
二五、重修白楊橋碑記……六一
二六、公修黑龍港河岸記……六三
二七、重修白楊橋碑記……六五
二八、重修南趙扶村通濟橋記……六七
二九、彭邑侯創修書院碑……六九
三〇、創修鳳臺書院碑記……七一
三一、重築格淀堤碑記……七三
三二、重修城隍廟碑文……七五
三三、重修文昌廟記……七七
三四、李門節烈婦邢氏墓碑記……七九
三五、劉封翁星池偕配趙宜人墓誌……八一
三六、九聖祠碑記……八三
三七、重修文廟記……八五
三八、修葺文廟碑記……八七
三九、里坦鎮南小橋碑文……九〇
四〇、重修玉皇殿宇記……九二
四一、廣安鎮三官廟水陸殿碑記……九四
四二、天妃廟碑記……九六
四三、重修海月寺碑記……九八
四四、碧霞元君祠碑……一〇〇

大城

〇一、解盛墓誌

題解：

《解盛墓誌》收録于《考古》2000年第10期，第94–95頁。刊刻于隋·仁壽四年（604），誌石長46厘米，寬44厘米，厚11厘米。誌文19行，滿行22字，誌石1992年出土于大城縣城關鎮東關村，現藏于大城縣文物保管所。

誌文：

君諱盛，字鴻徽，景州平舒人也。本出濟南，世爲鼎族。門多冠蓋，貴士如林爾。其先賢有解狐者，祁大夫舉爲中軍之尉；有解揚者，楚莊王許其致命而歸。斯乃春蘭秋菊，無絶終古，令德之後，必世有人。洎于晋尚書令、雍州刺史解少連者，即君之所承矣。祖普賢，魏威遠將軍、兖州慎陽縣令。父顯慶，爲州從事、縣司功。並號珪璋，俱稱珠玉。君乃藍田世載，合浦惟新，不鏤自雕，不扶自直。去大周宣政元年，郡守皇甫公辟爲主簿。昔太原王子師，德音垂裕。京兆韋元將，聲名藉甚。擬必其倫，非君誰謂。豈圖支離爲疾，怛化俄然，春秋六十有九，去仁壽二年奄卒于宅。哲人其逝，誰不流涕？粤以今四年歲次甲子正月戊戌朔廿四日辛酉，遷葬于縣城之東北一里高原之上。是知妻哭足以崩城，子啼堪以痕柏。九京無復可起，萬古追痛何言。嗚呼哀哉！若夫不銘不誌，恐藏舟之或亡；敢刻敢鎸，庶佳城之可託。乃爲銘曰：

安期學仙，人言不老。恒娥竊藥，聞之得道。自非子晋，□能常好。夫君宴喜，優遊自是。紈素被服，金丹弗沃。俄徵刈蘭，奄悲埋玉。長扃泉户，永宿沙床。吁嗟白日，三代未央。空瞻造墓，只見叢楊。

君諱盛字鴻徽冀州平邑人也其
冠冕有煒士如林爾其先賢有秋有
美實士如林爾其先賢有秋
終者即君之後焉必也
者古今德之所承美有
文連合浦惟州從事縣新不鏤自周不
皇慶名籍甚摭必其去仁壽君誰謂萱堂
將春秋以十有九歲次甲子正月戊
於縣城之東北一里高原之上是知
不銘以不泯栢九京無復可起萬古退痛何言嗚呼哀哉
為人不堪日不泯栢九京藏兵之戒二敢刻敬鐫庶佳城之可記乃

廉期魂仙人逼
堨埋士 只見

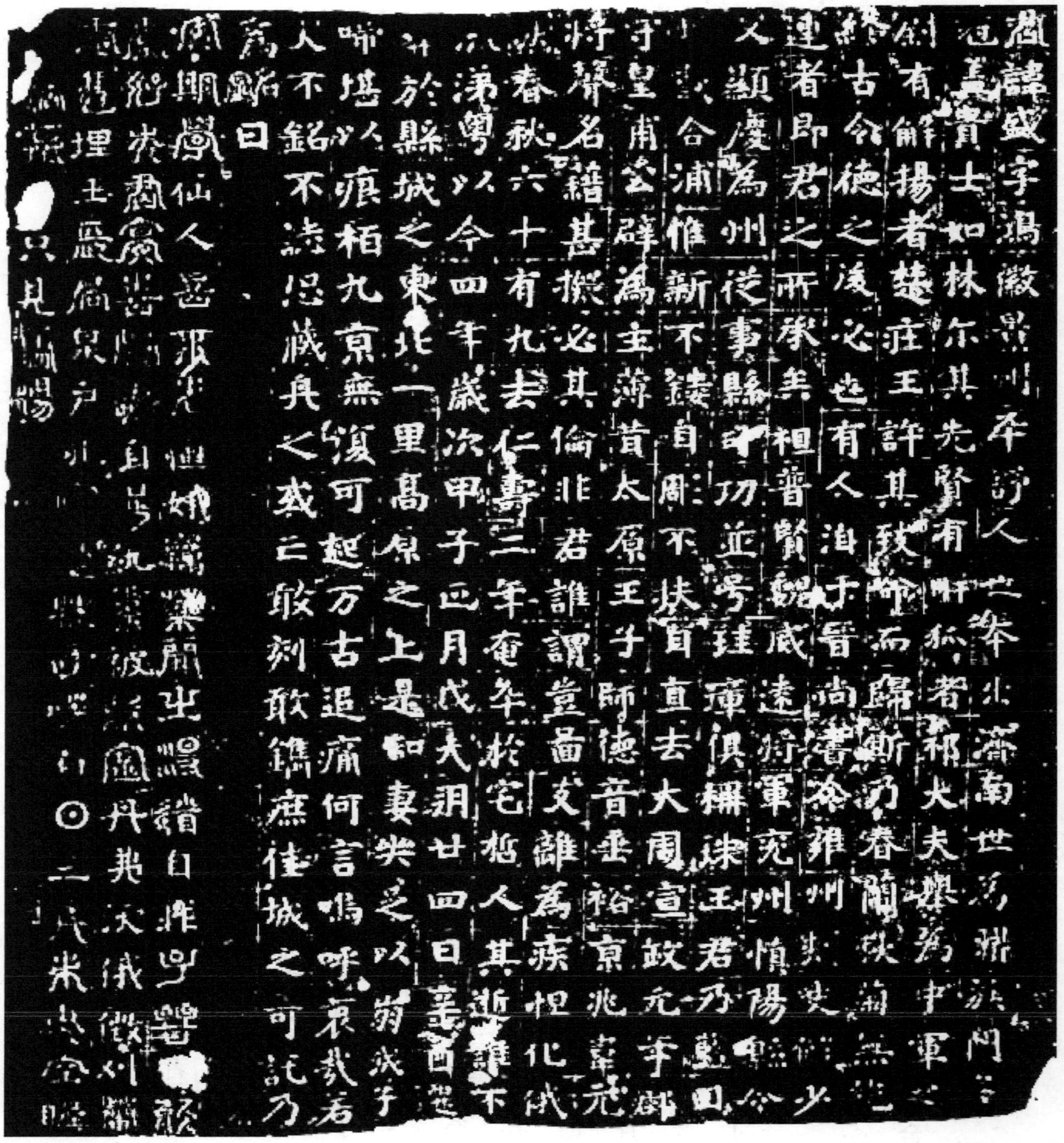

〇二、解盛妻張氏墓誌

題解：

《解盛妻張氏墓誌》，全稱爲《故章武郡主簿解君妻張氏墓誌》，刊刻于隋·大業六年（610）。誌石長 50.5 厘米，上寬 51.5 厘米，下寬 54 厘米。誌文 22 行，滿行 19 字。誌石 1992 年出土于大城縣城關鎮東關村，現藏于大城縣文物保管所。

誌文：

故章武郡主簿解君妻張氏墓誌

夫人姓張，諱字，河間平舒人也。□□南陽，世多冠冕，望高四海，爲天下盛門。其先□□世韓卿，近則受符匡漢。運籌帷幄，高祖遠謝其□，□于廷尉釋之，文帝與之參乘。此乃家風鼎盛，世□日隆，秋菊春蘭，餘芳不竭。祖模，清閏有文，見重于世。父何，高才遠識，有譽鄉邦。夫人華胄標舉，受氣蟬聯，□□清虛，自然明悟，折旋可則，進退唯禮。其□□□□，事賓生知；婦德婦禮，無假傳習。至于織紝□□□工，見奇于當世；蘋蘩藴藻之菜，敬恭于牖下。□□孝友自天，恩柔本性。豈圖支離爲疾，風樹相催。□德之業未窮，變化之期奄及。春秋六十有六，大業三年，奄卒于宅。哲人其逝，誰不流涕。道俗同悲，哀酸不息。粤以今六年正月十一日，合葬于縣東北一里。地唯高敞，道實光華，卜云唯吉，祔兹營兆。恐人世捐遠，墳壟將蕪，山嶽沸騰，餘芳不嗣，式鐫幽壙，託此佳城，乃爲銘曰：

上德不德，至道不滅。非有非無，何憂何疾。自非赤松，安成此節。窈窕淑媛，應兹世祀。令問著聞，徽音不已。忽嗟易及，難再斯起。冥冥泉室，昏昏夜臺。琴笙不弄，珠玉長埋。人生詎幾，身世崩摧。城闕日遠，唯見悲哀。

〇三、劉綱墓誌

題解：

《劉綱墓誌》收録于《考古》2000年第10期，第94–95頁，刊刻于唐·麟德元年（664）。誌石長40厘米，上寬40厘米，厚10厘米。誌文15行，滿行17字。誌石1990年出土于大城縣城關鎮西關村南，現藏大城縣文物保管所。

誌文：

劉綱，字海羅，瀛州平舒縣人也。解犢侯閎之後廿三代孫。曾祖略，齊章武郡功曹。祖貴，隋賞。公幼標令譽，長有軼材。門有積善，餘芳未歇。隋儀同三司，皇朝又授朝散大夫。卓犖不群，辭不就職。乃退居閭里，養性丘園。既而天道虧盈，陽烏西謝。粵以永徽五年九月廿三日卒于第，春秋七十有五。嗚呼哀哉！親識悲悼，遐邇傷情，孝子順孫，攀號無及。乃還窆于縣城西南二里。刊石銘誌，以表德音。其詞曰：

豢龍纘統，在秦命氏。代封河間，遂宅于此。年來歲往，氣敘相催。露隨陽照，梁木其摧。泉門易掩，隧户難開。

弟客兒，息文友、息三興。

麟德元年拾壹月伍日。

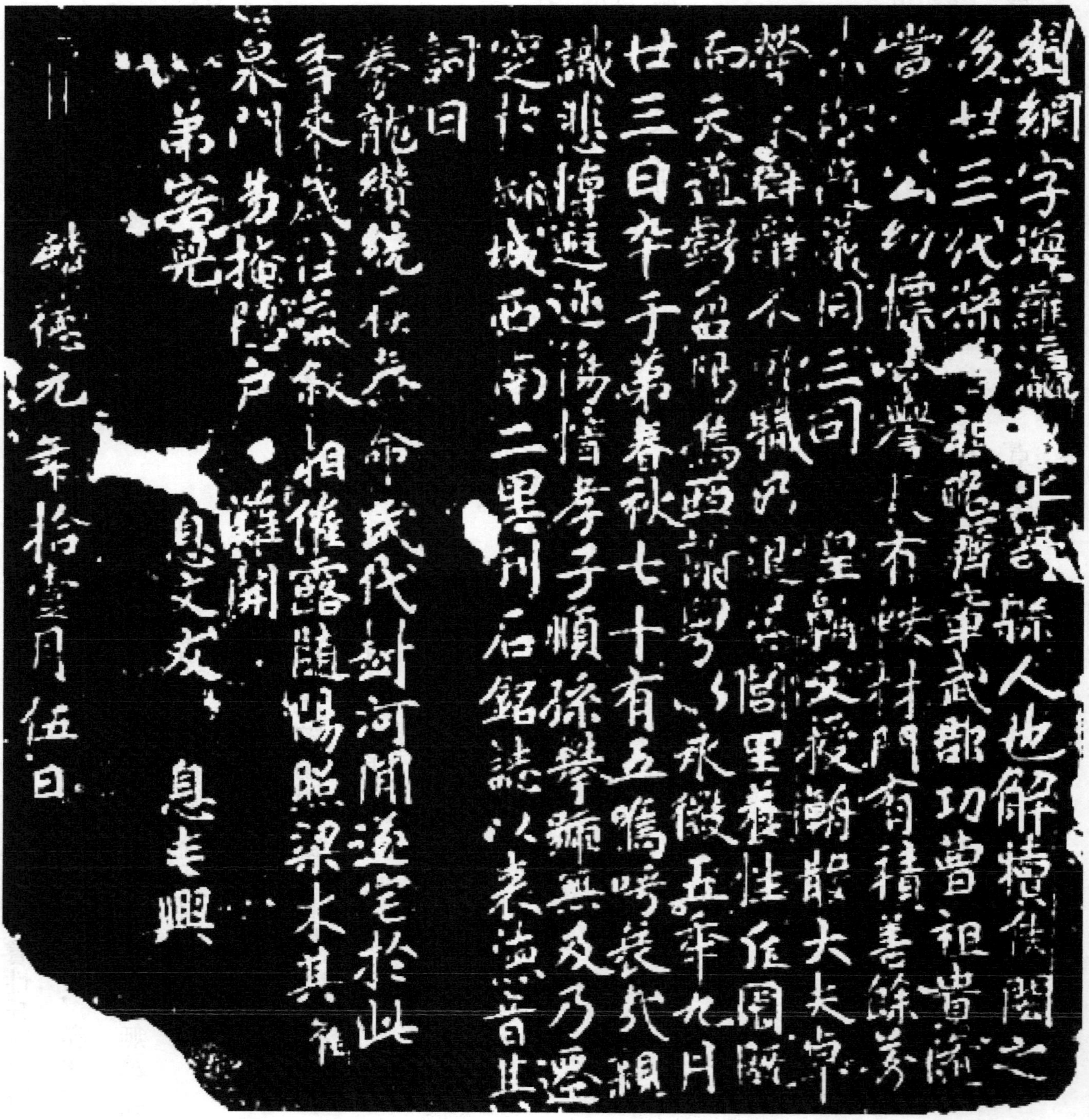
劉綱字海
後廿三代孫祖晄齊車武都功曹祖貴隨
有俠材門有積善餘芳
義同三司
不職乃退居閭里養性在閑
而天道難留
以永徽五年九月
廿三日卒于第春秋七十有五嗚呼
識悲悼避迹傷情孝子順孫攀號無及乃遷
城西南二里刊石銘誌以表遺音其
詞曰
龍纘緒在茲命哉代封河間遂宅於此
季來歲往氣叙相催露隨陽照梁木其
泉門易掩隴戶難開
息文友
息去興
麟德元年拾壹月伍日

〇四、唐鄧公（明）墓誌

題解：

《唐鄧公（明）墓誌》收録于《考古》2000年第10期，第94–95頁；中国文物研究所、河北省文物研究所：《新中國出土墓誌》（河北卷），北京：文物出版社，2012年，第44頁。刊刻于唐・上元三年（676）。誌石長49厘米，寬49厘米，厚13厘米。誌文20行，滿行21字。楷書。誌石1985年5月出土于大城縣東關白馬河北岸，現藏于大城縣文物管理所。

誌文：

大唐鄧公之墓誌

公諱明，字君奭，瀛州平舒縣人也。其先出自周姬之苗裔，後漢平昌侯鄧禹之後。曾祖鼎，齊渤海郡州都。祖暾，周任和州司功。考乂，隋開皇五年任章武郡功曹，並以英華間出，領袖等夷，代號人龍，難以言矣。公早標岐嶷，對玄術于蕃羊；幼擅令名，辯機神于日食。總丱之後，醖藉自滋，雖謝氏之風流，亦無以尚也。遭□隋昏德，道政奸訛，遂以竊跡韜光，遠害而已。至義寧□定，海息飛濤，公乃佩德揚名，再臨鄉長。知風樹之難静，識飲啄之非勞。爰命于陵，縱情琴酒。時興引滿，畢籌算于嗣宗；重諾謙虛，盡生平于文舉。豈謂栖塵易殞，俄興長往之哀；隙駟難留，忽軫陵遷之歎。粤以上元三年歲次景子正月廿二日，終于私第，春秋七十有四。與夫人李氏合葬于縣城東一里。息行謀、行討，生唯盡孝，□□慎終。鄙三年之血非奢，恥七日之餮何晚。情哀俯就，宅兆斯存。切慟鄉鄰，孰無哀感。乃爲銘曰：

烏起扶桑，兔沉窀穴。海變成田，時遷改節。殘塋悲漢，高臺泣□。隴劍徘徊，松風鯁咽。彼蒼者天，殲我良人。白駒疊疊，黄鳥繽繽。佳城授地，蒭靈遂新。鐫碔砆而記德，彰令問于千春。

大唐鄭公之墓誌
公諱闡字君輿瀛州平舒縣人也其先□□姬之苗
裔後漢平君侯鄭禹之後曾祖鼎齊渤□州都
祖敞□任和州司功　考父隨開皇五年任章武郡
功曹並以英華間出領袖等夷代号人龍難以言矣
公早摽岐嶷對玄術於蕃羊幼擅令名辯機神於□食
揔丱之後醞藉自茲雖謝氏之風流亦無以尚也遺
随昏德道政姦訖遂以竊蹤韜光遠害而已至義寧
定海息飛濤公乃佩德楊名再臨鄉長知風樹之猶
識飲啄之勞受命於陵縱情琴酒時興引滿畢籌笑
紹嗣宗重諾謙虛盡生平於文舉堂謂栖塵易殞俄嬰
長往之哀□駟雖留忽斬陵遷之歎粵以上元三年歲
次景子五月廿二日終於私第春秋七十有四與夫
李氏合葬於縣城東一里息□謀行討生唯盡孝
慎終鄙三年之血非奔□七日□食何晚情哀俯就
兆斯存切慟鄉鄰□□哀感乃為銘曰
日起扶桑兔□□□□變成田時遷改節殘塋悲漢高
□□□龍劒□佪松風鯁咽彼蒼者天殲我良人白駒
□□黃鳥□□佳城授地營靈隧新鎸碔砆□記德
□令問於千春

〇五、重修文廟碑記

題解：

《重修文廟碑記》收録于清・光緒二十四年（1898）《大城縣志・金石志》。馬克忠撰文。

碑文：

皇宋吕蒙正作《孔子廟碑》云：「聖人之興也，能成天下之務，能通天下之志，然不能免窮達否泰之數。是故達而有位，則聖人之道泰，堯舜禹湯是也；窮而無位，則聖人之道否，我先師孔子是也。此時之所值雖殊，而功之在天下萬世者則均爾。昔者大道既隱，其風漸漓。英靈始謝于衰周，德教方隆于大漢。闢邦家之正途，播古今之彝憲。百王取法，千古師宗。信乎！夫子之道，消息兩儀，損益三代，立三綱而垂五教，正禮樂而辨中外。其有補于生民而垂之萬世者，蓋賢于堯舜，而禹湯莫之過也。」郡縣各立學校，以吾夫子爲宗而配之諸賢，所以崇德報功也。自兵燹之後，積百年，祀典衰而文教微。平舒故有文廟，黝堊漫污，瓦甓剥落，廢毁殆盡。至今二十三年，達魯花赤楊公宰邑，下車之初，躬謁聖廟，睹草莽荒蕪之狀，咨嗟瞻顧，有戚于中。乃與其僚屬及諸士夫謀曰：「聖廟未新，文風未振，尹兹邑者能無愧乎！」于是命工計材，規辦貲費，相農隙，誅茅茨，即故基爲築垣墉。自殿廡以至齋舍，靡不聿新，宏廠軒闊，璀璨輝煌，視昔則加隆矣！故崇祀有所而神得其依，授教有居而士安其業。俎豆生輝，儒林生色。楊君功在庠序，亦偉矣哉！爰自經營之日，不期月而落成，蓋以侯躬親其事，榱桷磚植之類，積儲素具，無取給于民也。宜其成之速，而公無廢務，民不知勞也。邑人張温、劉澤等適觀厥成，而樂民之不擾，懇余書于石，以揚其美。乃從而銘之。銘曰：

聖道昭彰兮，儒風慶延。崇彼廟貌兮，厥功茂焉。雕甍畫棟兮，金碧相鮮。琢詞貞珉兮，奎璧星聯。春秋致祭兮，陳其豆籩。人文宣朗兮，億萬斯年。

重修文廟碑記　馬克忠

皇宋呂蒙正作孔子廟碑云聖人之興也能成天下之務能通天下之志然不能免窮達否泰之數是故達而有位則聖人之道泰堯舜禹湯是也窮而無位則聖人之道否我先師孔子是也此時之所值雖殊而功之在天下萬世者則均爾昔者大道既隱其風漸漓英靈始謝於衰周德教方隆於大漢關邦家之正途播古今之彝憲百王取法千古師宗信乎夫子之道消息兩儀損益三代立三綱而垂五教正禮樂而辨中外其有補於生民而垂之萬世者蓋賢於堯舜而禹湯莫之過也郡縣各立學校以吾夫子爲宗而配之諸賢所以崇德報功也自兵燹之後積百年祀典衰而文教微平舒故有文廟黝堊漫汚瓦甃剝落廢毀殆盡至今二十三年達魯花赤楊公宰邑下車之初躬謁聖廟覩草莽荒蕪之狀咨嗟瞻顧有戚於中乃與其僚屬及諸士夫謀曰聖廟未新文風未振尹茲邑者能無媿乎於是命工計材規辦貲費相農隙誅茅茨郎故基爲梁垣墉自殿廡以至齋舍靡不聿新宏厰軒闊璀璨輝煌覩昔則加隆矣故崇祀有所而神得其依授教有居而士安其業俎豆生輝儒林生色楊君功在庠序亦偉矣哉爰自

經營之日不期月而落成蓋以侯躬親其事榱桷磚植之類積儲素具無取給於民也宜其成之速而公無廢務民不知勞也邑人張温劉澤等遍觀厥成而樂民之不擾懇余書於石以揚其美乃從而銘之銘曰聖道昭彰兮儒風慶延崇彼廟貌兮厥功茂焉雕甍畫棟兮金碧相鮮琢詞貞珉兮奎壁星聯春秋致祭兮陳其豆籩人文宣朗兮億萬斯年

〇六、重修城隍廟碑記

題解：

《重修城隍廟碑記》收録于清・光緒二十四年（1898）《大城縣志・金石志》，户部尚書梁材撰文，刊刻于明・正德二年（1507）。

碑文：

《禮》曰：「有其舉之，莫敢廢也；有其廢之，莫敢舉也。」是禮也，祀之義也。明其義，可以言祀矣！莫敢廢者，神之當祀者也。當祀而不祀，謂之疏。莫敢舉者，神之不當祀者也。不當祀而祀，謂之諂，是在有司加之意耳。粵稽城隍之神，爲地祇之屬，其名昭于古史，其用著于《周易》。保障土地，衛捍生民，當祀之神莫大于此。故廟祀始于唐，達于宋，猶未遍之天下。迨我太祖，混一寰宇，通清祀典，天下城隍皆錫之以爵。在府曰公，在州曰侯，在縣曰伯，此定制也。大城縣城隍封伯爲顯佑，舉而祀之，其敢廢乎？廟在邑之觀音寺東隅，殿三楹而兩廡翼焉。創建之始，莫之能考。重修于天順元年，迄今五十餘載。歷歲滋久，日就傾頽，户牖垣牖悉皆剥落，非昔人崇祀之意也。適安侯來宰茲邑，治人事神，罔不注念，睹廟貌之陵頽，慨祀典之廢弛，亟圖以撤新之。發官緡以易材植，而所費不給，更風邑士中民以助之，不勞民力，不蠹民材。時以農隙，人以悦使，越三月而告成焉。董其役者田信、孫鵬，皆邑之良也。謂廟既重修，當有以記之，而問言于余。余惟神鑑人，非人不依；人以事神，非神不佑。人神之理，本無二也。茲城之祀，豈徒以捍災禦患已哉。吾聞聰明正直之謂神，則福善禍淫實惟城隍之職。今此下民能爲善以去惡者，若神陟降左右而不敢斁，則福履無疆，垂之子孫不替。神之所佑，不既大乎？是不可以不慎也。雖然幽有鬼神，明有禮樂，有司之施于有政，無非神道設教耳。誠觀安侯之仕平舒也，伸節以礪民之行，率義以作民之勇，彰善以示民之勸，癉惡以示民之懲，法制凛然而不可犯，真如神明之在上也。爾士民能遵侯之令而守之不渝，則可以免刑憲之辱，悠悠于太平之世。是安侯之錫福于民，即城隍之佑之也。

若曰神可媚而徒務焚修之末，縱肆邪僻無所不至，是自貽伊戚而已，其如神何哉？士民其慎之！是工也，始于弘治癸亥之冬，成于次年甲子之春。碑記則鐫于正德之丁卯也。安侯諱佑，四川嘉定人。父子俱登第，美政之在口碑者，不敢漫述，其勳名則未艾云。

重修城隍廟碑記

戶部尚書 梁 材 邑人

禮曰有其舉之莫敢廢也有其廢之莫敢舉也是禮也祀之義也明其義可以言祀矣莫敢廢者神之當祀者也當祀而不祀謂之疏莫敢舉者神之不當祀者也不當祀而祀謂之諂是在有司加之意耳粵稽城隍之神爲地祇之屬其名昭於古史其用著於周易保障土地衛捍生民當祀之神莫大於此故廟祀始於唐達於宋猶未徧之天下迨我太祖混一寰宇遹清祀典天下城隍皆錫之以爵在府曰公在州曰侯在縣曰伯此定制也大城縣城隍封伯爲顯佑舉而祀之其敢廢乎廟在邑之觀音寺東隅殿三楹而兩廡翼焉剏建之始莫之能攷重修於天順元年迄今五十餘載歷歲滋久日就傾頽戶牖垣墉悉皆剝落非昔人崇祀之意也適安侯來宰茲邑治人事神罔不注念覩廟貌之陵頽慨祀典之廢弛亟圖以撤新之發官緡以易材植而所費不給更風邑士中民以助之不勞民力不蠹民材時以農隙人以悅使越三月而告成爲董其役者

田信孫鵬昔邑之良也謂廟既重修當有以記之而問言於余余惟神鑑人非人不依人以事神非神不佑人神之理本無二也兹城之祀豈徒以捍災禦患已哉吾聞聰明正直之謂神則福善禍淫實惟城隍之職今此下民能爲善以去惡者若神陟降左右而不敢斁則福履無疆垂之子孫不替神之所佑不既大乎是不可以不慎也雖然幽有鬼神明有禮樂有司之施於有政無非神道設教耳誠觀安侯之仕平舒也仲節以礪民之行率義以作民之勇彰善以示民之勸癉惡以示民之懲法制凜然而不可犯負如神明之在上也爾士民能遵侯之令而守之不渝則可以免刑憲之辱悠悠於太平之世是安侯之錫福於民即城隍之佑之也若曰神可媚而徒務焚修之末縱肆邪僻無所不至是自貽伊戚而已其如神何哉士民其慎之

是工也始於宏治癸亥之冬成於次年甲子之春碑記則鐫於正德之丁卯也安侯諱佑四川嘉定人父子俱登第美政之在口碑者不敢漫述其勳名則末艾云

〇七、烈女馬氏墓碑記

題解：

《烈女馬氏墓碑記》收録于清・光緒二十四年（1898）《大城縣志・金石志》，大城訓導陶圻撰文，刊刻于明・正德十年（1515）。

碑文：

大城，京兆屬邑也。邑雖小，而風俗之純甲他邑。男尚忠義，女尚貞烈，相親相染，厥惟舊矣。故烈女馬氏諱四德者，耆民鷹之女也。性聰慧，略涉書史。兄庠生憲居，嘗讀書，烈女亦能摘句求解焉。至于女事，莫不精緻，閨門之内，矩矱整如。年十七，父母諾程氏子，而未醮焉。正德辛未六月十二日，馬賊劉六等猝至其里，曰廣安店，劫掠財粟，虜執婦女。事勢危迫，人悉奔竄。烈女計出珍藏，賊索得之，悦其容色，欲行無禮。烈女曰：「妾生長名族，清白世所守也，此身可死不可污。」賊入分所有，烈女乘間匿于後園窖中，賊遂執其父加以刀，烈女自度此身雖免，患必貽父，吾寧死，以脱父可也。賊得女，釋其父，驅之行。女泣罵曰：「汝强賊既掠我財，毁我室，而又虜人之婦女，不道極矣。天誅爾身，事在旦夕，可不省與？」賊曳之，女堅不行，且罵不絶口，賊怒而殺之。賊退。移日，家人還故處，收烈女屍。時天盛暑，烈女容色不變，蠅蚋不嘬，凛然若有生氣。鄉黨宗族憐而葬之。既而巡撫都憲李公貢，有查舉節義，厲民風以彰聖化之檄。州守王公汝翼即以是而應之，侍御吴公樟按其實以進。正德甲戌秋七月，詔賜旌表其門，仍給白金三十兩，爲坊牌之資。縣尹石公恩實奉行之。于戲休哉！夫閨門貞烈，自古爲難，如唐奉天竇氏二女，義不苟辱，死于投崖。馬氏之死，發于貞烈如此，固厥俗漸染所成。矧于顛沛之中，能以身代父命，其孝尤可重也。噫！窈窕之柔質，克全孝烈之大義，擬之竇女，殆猶過焉。然當是時，賊所經者，非一地；所虜執者，非一人。雖丈夫，未聞有舍生取義。若烈女馬氏，誠可謂烈火中之真金乎！疾風中之勁草乎！爰書其事于墓石，俾垂清風于不朽云。

碑陰

正德十年歲次乙亥八月乙卯朔，越二十日壬午，大城縣知縣石恩，縣丞周忠、苟良，主簿石彪，典史劉玘，教諭李茂暘，訓導黄繼宗、陶圻，謹以牲醴庶品，致祭于旌表烈女馬氏四德之墓，曰：合浦之珠，圓而且明；崑石之玉，瑩而且温。卓哉烈女，珠玉其倫，年方及笄，女事克精。素鍾父母之愛，實堅閨閫之貞。既憑媒妁之議，未諧伉儷之姻。胡遭荆棘之患，竟遇芝蘭之焚。曳我衣襟，迫我遂行，顧我斯身，價重千金。仰觀青天白日，是我死所；俯觀黄塵芳草，爲我佳城。寧捐生于霜雪之刃，不受玷于豺虎之群。唯唾罵之不息，何軀命之苟存。寧爲潔身之竇女，不敢計完節之蘇卿。嗚呼！珠既墮矣，不替其明。玉既碎矣，不改其温。幸而貞風之上達，即蒙聖詔之褒旌。我等末官，聞風鼻酸，拜奠芳塚，萬年偉觀。

烈女馬氏墓碑記　大城訓導陶　圻　彭澤人

大城京兆屬邑也邑雖小而風俗之純甲他邑男尚忠義
女尚貞烈相親相染厥惟舊矣故烈女馬氏諱四德者耆
民鷹之女也性聰慧略涉書史兄庠生憲居嘗讀書烈女
亦能摘句求解爲至於女事莫不精緻閨門之內矩矱整
如年十七父母諾程氏子而未醮爲正德辛未六月十二
日馬賊劉六等猝至其里曰廣安店刼掠財粟虜執婦女

事勢危迫人悉奔竄烈女計出珍藏賊索得之悅其容色
欲行無禮烈女曰妾生長名族清白世所守也此身可死
不可污賊入分所有烈女乘間匿於後圃窖中賊遂執其
父加以刀烈女自度此身雖免患必貽父吾當死以脫父
可也賊得女釋其父驅之行女泣罵曰汝强賊既掠我財
毁我室而又虜人之婦女不道極矣天誅爾身事在旦夕
可不省與賊曳之女堅不行且罵不絕口賊怒而殺之賊
退移日家人還故處收烈女屍時天盛暑烈女容色不變
蠅蚋不嘬凜然若有生氣鄉黨宗族憐而葬之既而巡撫
都憲李公貢有查舉節義厲民風以彰聖化之檄州守王

公汝翼即以是而應之侍御吳公樟按其實以進正德甲戌秋七月詔賜旌表其門仍給白金三十兩爲坊牌之資縣尹石公恩實奉行之於戲休哉夫閨門貞烈自古爲難如唐奉天竇氏二女義不苟辱死於投崖馬氏之死發於貞烈如此固厥俗漸染所成剏於顛沛之中能以身代父命其孝尤可重也噫窈窕之柔質克全孝烈之大義擬之竇女殆猶過焉然當是時賊所經者非一地所虜執者非一八雖丈夫未聞有舍生取義若烈女馬氏誠可謂烈火中之真金乎疾風中之勁草乎爰書其事於墓石俾垂淸風於不朽云

碑陰

正德十年歲次乙亥八月乙卯朔越二十日壬午大城縣知縣石恩縣丞周忠苟艮主簿石彪典史劉玘教諭李茂暘訓導黃繼宗陶圻謹以牲醴庶品致祭於旌表烈女馬氏四德之墓曰合浦之珠圓而且明崑石之玉瑩而且溫卓哉烈女珠玉其倫年方及笄女事克精素鍾父母之愛實堅閨閫之貞既憑媒妁之議未諧伉儷之姻胡遭荆棘之患竟遇芝蘭之焚曳我衣襟迫我遂行顧我斯身價重千金仰觀青天白日是我死所俯觀黃塵芳草爲我佳城甯捐生於霜雪之刃不受玷於豺虎之羣唯唾罵之不息何軀命之苟存甯爲潔身之實女敢計完節之蘇卿嗚呼珠既墮矣不替其明玉既碎矣不改其溫幸而貞風之上達仰蒙聖詔之褒旌我等末官聞風鼻酸拜奠芳塚萬年偉觀

○八、段鑑墓碑

題解：

《段鑑墓碑》收録于清·光緒二十四年（1898）《大城縣志·金石志》，立于明·嘉靖二十七年（1548）。

碑文：

嘉靖戊申春，段公卒。從孫臻持所爲行狀，懇予表于墓左。予與公孫有舊誼，烏可以不文辭？按：公諱鑑，字公照，其先居安徽潁州建平縣。永樂二年，大移南人。曾太父子真者，得編氓順天文安縣豐富屯。倥偬間，扶母陳氏卜居青縣流河鎮。迨太父祜，配曹氏。父志良，配于氏，相率治田。流河西十五里許，大城縣屬，愛其土沃而俗淳，遂以姓氏名其鄉，曰段家莊。公生而穎敏，雅好讀書，以早失怙恃，且孑立，遂隱于賈。嘗遊清、源、濟、徐間，書史不離側。所至人求試其占卜，時或占會百物，億而屢中，人皆尊信之。尤輕財喜施，所識窮乏者，每每候公舉火。見貧苦親鄰，有喪不能舉者，傾囊助濟之。時繼母張氏在堂，公孝養彌篤。張卒，公治喪周肅，不食者五日，鄉人莫不賢其行。靜海陳都憲近昶公，燿公之故交也。罣誤杖死，無一人不畏避者。公適寓京師，舁屍抵張家灣，祭載以歸，人皆義之。李公者，錦衣揮使也。貿易江湖，金帛動以萬計，悉託公總攝，而不問其出入，竟其數一無所私，如是傳五十祀。濬縣屬地名屯子者，水有大石爲患，損壞舟楫。公奮輸百金，廣募有力者去之。衆感其行，刻石于側，以識其行。嘗主稻口鎮劉綬家，綬與其悃，雅重公如神明。綬卒，公躬吊之，遺白金三錠，以恤其嗣。且生平不私餘積，凡宗族、姻親、故舊有困乏者，每周恤惠濟，不責酬償。至鄰眷凶喪，出貲加賻，要有數千金。雖公疾大漸彌留之際，益悉仁惠于侄孫，俯仰未贍者，誨囑諄諄，以勤儉立家爲本，聞者莫不賢而德之。公胸次坦坦，寡絶嗜欲，誠心待物，不畜鱗甲。晨起飲不過三爵，食惟用疏，衣不過布，蓋其天性然也。公言論愷切，衆皆心悦而誠服，暇時隨意吟詠，舉可記誦。人嘗稱：表正閭里，有陳太邱之風；勸誘

段鑑墓碑

嘉靖戊申春段公卒從孫臻持所爲行狀懇予表於墓左予與公孫有舊誼烏可以不文辭按公諱鑑字公照其先居安徽潁州建平縣永樂二年大移南人曾太父子真者得編氐順天文安縣豐富屯倥傯間扶母陳氏卜居青縣流河鎮迨太父祜配曹氏父志良配于氏相率治田流河西十五里許大城縣屬愛其土沃而俗淯遂以姓氏名其鄉曰段家莊公生而穎敏雅好讀書以早失怙恃且子立遂隱於賈嘗遊清源濟徐間書史不離側所至人求試其

占卜時或占會百物億而屢中人皆尊信之尤輕財喜施所識窮乏者每每候公舉火見貧苦親鄰有喪不能舉者傾囊助濟之時繼母張氏在堂公孝養彌篤張卒公治喪周肅不食者五日鄉人莫不賢其行靜海陳都憲近祀公燿公之故交也罣誤杖死無一人不畏避者公適寓京師舁屍抵張家灣祭載以歸人皆義之李公者錦衣揮使也貿易江湖金帛動以萬計悉託公總攝而不問其出入竟其數一無所私如是傳五十禩滄縣屬地名屯子者水有大石爲患損壞舟楫公奮輸百金廣募有力者去之衆感其行刻石於側以識其行嘗主稍口鎮劉綬家綬與其惆雅重公如神明綬卒公躬弔之遺白金三錠以恤其嗣且生平不私餘積凡宗族因親故舊有困乏者每周恤惠濟不責酬償至鄰眷凶喪出貲加賻要有數千金雖公疾大漸彌留之際益悉仁惠于姪孫俯仰未贍者諄囑諄諄以勤儉立家爲本聞者莫不賢而德之公胸次坦坦寡慾嗜慾誠心待物不畜鱗甲晨起飲不過三爵食惟用疏衣不過布蓋其天性然也公言論愷切衆皆心悅而誠服暇時隨意吟詠舉可記誦人嘗稱表正閭里有陳太邱之風勸誘爲善有王彥芳之志清修不污似徐孺子汪洋無際似黃叔度士大夫親之如程明道奴亦化之如陽道州輕財

喜施如范文正云公生於成化十八年十二月二十四日戊時卒于嘉靖二十七年三月十一日亥時得年七十有六配鄒氏賢淑著聞先公三年卒子一應歧娶路氏入粟補授縣令女四長配張元祉次石文德次劉榮次楊岱孫三長珂己亥恩科進士娶王氏次璣次珩尚幼孫女三長配楊太仁二女亦尚幼再孫一名印喜珂十月十二日合窆青縣流河之祖塋嗚呼若公者戴仁履德多福多壽有子有孫誠爲難得繼公之後者尚知所以式穀也哉嘉靖戊申十月立

爲善，有王彦芳之志。清修不污，似徐孺子；汪洋無際，似黄叔度。士大夫親之如程明道，奴亦化之如陽道州，輕財喜施如范文正云。公生于成化十八年十二月二十四日戌時，卒于嘉靖二十七年三月十一日亥時，得年七十有六。配鄒氏，賢淑著聞，先公三年卒。子一，應歧，娶路氏，入粟補授縣令。女四，長配張元祉，次石文德，次劉榮，次楊岱。孫三：長珂，己亥恩科進士，娶王氏；次璣；次珩，尚幼。孫女三，長配楊太仁；二女亦尚幼。再孫一，名印喜珂。十月十二日合窆青縣流河之祖塋。嗚呼！若公者，戴仁履德，多福多壽。有子有孫，誠爲難得。繼公之後者，尚知所以式榖也哉。嘉靖戊申十月立。

〇九、重修關王廟記

題解：

《重修關王廟記》收録于清·光緒二十四年（1898）《大城縣志·金石志》，劉大受撰文，刊刻于明·嘉靖三十九年（1560）。

碑文：

今關帝之（中缺），而人儆之哉。惟忠義之在人心者，愈久不廢。□□其所至，如日月之曜靈，人無景思而崇奉之，□□百世而如見，合海隅而同心者矣。余鄉舊無關王廟，作之者始于先府巡宰公，而一時協謀以□襄其事者，則有若李君鑑、李君景春等。厥位向□，厥基孔隆，前臨通衢，後帶崗阜，蓋鄉人朝夕出入之所必瞻者。廟作于正德甲戌，既而歲月漸深，遂就傾圮。歲庚申，余以乞養家居，二李君之子大川謀欲新之。余曰：「唯唯。是廟之修，豈若他淫祠之無補于世哉！王以忠義，奪漢之末，計與公鄉之人，非世接而目及也。前人仰其忠義，而廟修。今我後之人，因其修者，而重修之。仰而觀，俯而思，其必返其忠義之在心者，以求崇奉之本。孝必于親，弟必于長，睦必于鄰，仁必于老孤無告。而又勤乃職務，趨乃事，强不凌，衆不暴，誦法詩書者不習夫空言，策名公卿者必盡心于王事。若是，則廟之修，不徒也。不然，則與世輝碧塗金，徼福免禍，以稽首于土偶之前，何殊哉？固非前人之意，亦非此重修之意也。」後之居是鄉，爲子若孫者，宜有感于斯記。

重修關王廟記

劉大受 邑人

今關帝之　而人儆
之哉惟忠義之在人心者愈久不廢　其所至如日月
之曜靈人無景思而崇奉之　百世而如見合海隅而
同心者矣余鄉舊無關王廟作之者始於先府巡宰公而
一時協謀以　襄其事者則有若李君鑑李君景春等厥
位向　厥基孔隆前臨通衢後帶崗阜蓋鄉人朝夕出入
之所必瞻者廟作於正德甲戌既而歲月漸深遂就傾圮
歲庚申余以乞養家居二李君之子　大川謀欲新之
余曰唯唯是廟之修豈若他淫祠之無補於世哉王以忠
義奪漢之末計與公鄉之人非世接而目及也前人仰其
忠義而廟修今我後之人因其修者而重修之仰而觀俯
而思其必返其忠義之在心者以求崇奉之本孝必於親
弟必於長睦必於鄰仁必於老孤無告而又勤乃職務趨
乃事强不凌衆不暴誦法詩書者不習夫空言策名公卿
者必盡心於王事若是則廟之修不徒也不然則與世輝
揚塗金微福免禍以稽首於土偶之前何殊哉固非前人
之意亦非此重修之意也後之居是鄉爲子若孫者宜有
感於斯記

一〇、明通議大夫兵部左侍郎小峯李公墓誌銘

題解：

《明通議大夫兵部左侍郎小峯李公墓誌銘》全稱爲《明通議大夫兵部左侍郎兼都察院僉都御史李公墓誌銘》，楊俊民撰，蕭大亨撰蓋，傅好禮書。刊刻于明·萬曆二十六年（1598），誌石、蓋均長70厘米，寬70厘米，厚17厘米，誌文33行，滿行39字。楷書。蓋文4行、滿行6字。篆書。誌石1972年出土于大城縣劉獻鄉任莊子村，現藏大城縣文物保管所。

誌文：

賜進士出身光禄大夫太子太保户部尚書侍經筵蒲坂年弟楊俊民撰文

賜進士第資政大夫刑部尚書前總督宣大山西軍務兼理糧餉太子太保兵部尚書兼都察院左副都御史年弟蕭大亨篆蓋

賜同進士出身中憲大夫翰林院提督四夷館太常寺少卿前奉敕儹運巡按浙江山東道監察御史鄉侍生傅好禮書丹

萬曆戊戌夏四月二日，通議大夫、兵部左侍郎小峯李公卒于家。越明年，將襄葬事，公子錦衣燦暘以狀來求余誌且銘。余與公同榜兄弟，雅相善，謹爲列其大者，勒而藏之幽。按狀：公諱松，字子節，别號小峯，家世霸州大城人。祖祥，有隱德。父淮，以歲貢爲鄢陵簿，邑人至今思之。俱累贈通議大夫、兵部右侍郎兼都察院右僉都御史，皆以公遼左功。母皦氏，累贈淑人，是生公。公纔五歲，而皦淑人見背。其繼者爲王太淑人，保護甚至。鄢陵公素奇公，語太淑人曰：「孺子也才，毋爲他兒所溷，吾當自程督之。」以故公經術一切取諸庭訓，無他師。稍長，籍諸生，有聲。戊午，舉于鄉。壬戌，成進士。于是，鄢陵公已不逮養，而公之悲可知也。初授歸安令，持節甚苦，以愛惠得民心。獨請謁不行，

即權貴家以事居間，公盛氣待之，不爲禮。以此，諸權貴家不能無缺望，爭媒蘗其短，賴直指龐公尚鵬力救之得解，然竟坐此左遷爲鄧州判官。居無何，擢滕縣令，苦節如初。已，擢工部虞衡司主事，調兵部武選司，進車駕司員外，遂出爲遼東兵備僉事。時虜數躪遼左，鎮城空虛，滋不支。公至，周視形勝，規畫便宜，拓虹螺山爲内地，鑿山築邊墻，遥接山海關，連亘八十餘里。曰：「此遼數世利也。」墻既成，邊人始有固志。累升參議副使，參政按察使，至右布政，俱照舊管事遂擢右僉都御史，巡撫遼東。進兵部右侍郎兼右僉都御史，巡撫如故。公在遼十二年，與虜百十戰，斬馘五千八十餘級。最後，大虜挾五萬騎犯塞，公召諸部，約先期薄之。諸將皆謂虜勢張，不宜輕出，戰不利懼喪全師。公曰：「虜勢張，吾不出，且逼廣寧，吾先自敗已。」遂帥勁兵夜馳九十里，與虜遇，且戰且前。虜見我師鋭，退避數舍。相持竟日，虜無略，饑甚，竟遁去。朝議積公前後功，蔭一子錦衣衛世襲副千户，蔭一子國子生。予應得誥命。已，又加兵部左侍郎，以繼母喪歸，遂不起。公性篤孝，事繼母王太淑人如所生，居父喪幾至滅性。自孝廉時，好振人之急，每稱貸佐之。人或謂公：「去諸生幾何，而揮散若此？」公笑不答。家居置義田三百畝，收其租入，付族長老籍掌之，即族人之婚嫁羔鴈、葬薶棺槥，率視公爲外府矣。

公配裴氏，累封淑人。男子三：長即燦暘，錦衣衛世襲副千户，婦段氏；次烯暘，錦衣衛正千户，婦温氏，繼王氏；次煃暘，國子生，婦紀氏，則側室羅氏出也。孫男二：長培寅，次培貞。女六。孫女二。公生于嘉靖乙酉十一月初一日，享年七十有四，葬于沿河之西原。公守遼最大，公去遼，遼益坐困。夫遼爲京師左臂，國家倚爲安危。疆場之事，安得有文武才如公其人者，而久任用之，其明效可睹已。銘曰：

古稱兼才，樽俎折衝；文武吉甫，丞也其公。初試驥足，于彼蟻封；蹶而彌振，聿來于東。爰有成績，勒之景鐘；帝祚而胤，無忘彤弓。返其初服，遊于鴻濛；歿其不朽，生也匪躬。祁連峩峩，爲爾殯宮；我銘斯在，千祀亡窮。

明通議大夫兵部左侍郎小峯李公墓誌銘

賜進士出身光祿大夫

太子太保戶部尚書侍□

經筵補扱年弟楊俊民撰文

賜進士第資政大夫刑部尚書前總督宣大山西軍務兼理糧餉太子太保兵部尚書兼都察院左副都御

史年弟蕭大亨篆蓋

賜同進士出身中憲大夫翰林院提督四夷館太常寺少卿前奉

勅僕巡按浙江山東道監察御史鄉侍生傅好禮書丹

萬曆戊戌夏四月二日通議大夫兵部左侍郎小峯李公卒於家越明年將葬□□子錦衣□騎以

狀來求余誌且銘余與公同榜兄弟雅相善謹為列其大者勒而藏之幽按狀公諱松字子節別號小

峯家世霸州大城人祖祥有隱德父淮以歲貢為鄢陵簿邑人至今思之俱累贈通議大夫兵部右侍

郎兼都察院右僉都御史皆以公遼左功母繳氏累贈淑人是生公公生五歲而繳氏卒見背其繼母

為王太淑人保護甚至鄢陵公素奇公語太淑人曰孺子也才毋為他兒所溷吾當擇師之以故公

經術一切取諸庭訓無從師稍長籍諸生有聲戊午舉於鄉壬戌成進士於是鄢陵公已不逮養而公

之悲可知也初授歸安令持節甚苦以受惠得民心獨請謁不行卯權貴家以事各問公感□侍之不

為禮以此諸權貴家不能無觖望爭媒櫱其短賴直指龐公尚鵬力救之得解然竟坐此左遷為鄭州

判官居無何擢滕縣令苦節如初已擢工部虞衡司主事調兵部武選司進□職司員外遷出為遼東

兵備僉事時虜數躏遼左鎮城空虛滋不支公至周視形勝規畫便宜拓蛭螺山為內地塹山築道墻

遼接山海關連亘八十餘里曰此遼數世利也墻既成邊人始有固志累陞參議副使參政按察使至

右布政俱照舊管事遂擢右僉都御史巡撫遼東進兵部右侍郎兼右僉都御史巡撫如故公在邊十

三年與虜百十戰斬馘五千八十餘級最後大虜挾五萬騎犯塞公乃諸部約先期濟之諸將皆謂虜

勢張不宜輕出戰不利懼喪全師公曰虜勢張吾不出且逼虜寧吾先自敗已遂帥勁兵夜馳九十□

與虜遇且戰且前虜見我師銳退避數舍相持竟日虜無略饑甚竟遁去朝議積公前後功蔭一子錦

衣衛世襲副千戶廕一子國子生予應得

誥命已又加兵部左侍郎以繼母喪歸遂不起公性篤孝事繼母王太淑人如所生居父喪幾至滅性自孝

廉特好振人之急每稱貸佐之人或謂公去諸生幾何而揮散若此公笑不答家居置義田三百畝收

其粗入付族長老籍掌之即族人之婚嫁羔鴈葬殮棺槥率視公為外府矣公配裴氏累封淑人男子

三長即燦暘錦衣衛世襲副千戶婦段氏次焴暘錦衣衛正千戶婦溫氏繼王氏次燦暘國子生婦紀

氏則側室羅氏出也孫男二長培寅次培貞女六孫女二公生於嘉靖乙酉十一月初一日享年七十

有四葬於沿河之西原公守遼最大公去遼遼益坐困夫遼為

京師左臂

國家倚為安危疆場之事安得有文武才如公其人者而久任用之其明效可觀已銘曰

吉稱無才樽俎折衝文武吉甫丞也其公初試驥足于彼蟻封蹶而彌振聿來于東爰有成績勒之景

鍾

□祚而亂無□□兮返其初服遊于鴻濛歿其不朽生也匪窮祁連峩峩為爾殯宮我銘斯在千禩亡窮

一一、重修水月寺碑

題解：

《重修水月寺碑》收録于清・光緒二十四年（1898）《大城縣志・金石志》，吏部郎中李應魁撰文，刊刻于明・萬曆三十二年（1604）。

碑文：

粤稽如來降神迦維羅國净梵王宫，于時地摇六震，天雨四花，神捧金盤，龍吐香露，投身雪嶺，趺坐盤石，苦行數載，方成佛果。以故教闡西極，法傳東土。無論姬穆炎明之朝，尊崇其教。即我明興以還，列聖相承，崇儒重道之餘，未嘗不深信而供奉之也。嗚呼！望佛求福，責報冥冥，我不敢知。獨計佛至善也，人誠即念、即佛、即心、即善，可以明順適，可以脱憲網。儻所謂出苦海而登彼岸者，非耶！世尊普濟群生，澤亦渥矣。儒者何可以盡非之也？大城迄南而東二十里許，地名樊二莊。沿河之陽，運河之右，徐淮齊魯之康衢，楊公諱義之里也。至萬曆三年，還鄉探母，偕四弟太醫院吏目諱從禮，五弟忻州訓導諱從龍，侄千户諱可蕃，游覽故里景概。及之莊左，環觀四隅，俱有神所，廟貌森然。中有敞地千畝，垣夷間曠，輒發修建善念。未決何祠，歸告于母。母曰：「建寺可也。」竊恐創爲或干國憲典，議亦未決。噫嘻！人有善願，天必從之。偶爾居人掘發其地，獲一石獅子，背造「太和年重建水月寺」八字。誠不知昉于時，即此可證其爲古刹基也。重修之議遂決。于是鳩工庀材，展采成事。中構大殿，釋迦坐于前，觀音坐于後，環列菩薩、羅漢。前建山門二層，二門以内，東構迦藍殿，西達摩殿。大門以内，東構鐘樓，西架鼓樓。階下高樹旗杆二株，上掛彩旛一對。後置方丈香厨，共十三楹，周圍垣墻峻竪，以防不虞。往來瞻仰，壯麗驚人，金碧奪目，斯亦平舒一大觀也。檀越擇請僧人本龍住持，晨鐘暮鼓，朝焚夕誦，一祝皇圖億萬斯年，一祈兆民同登五福，真盛舉哉！始事于萬曆之乙亥，竣于萬曆之甲辰，歷年三十，費金千餘，非求福田利益也。無非尊母遺命，不以久頃易念也。公之忠孝，可謂兩無負矣。余故敘其顛末，俾鐫于珉，永垂不朽云。萬曆甲辰端陽吉日。

重修水月寺碑　吏部郎中李應魁　邑人

粵稽如來降神迦維羅國淨梵王宮於時地搖六震天雨四花神捧金盤龍吐香露投身雪嶺趺坐盤石苦行數載方成佛果以故教闡西極法傳東土無論姬穆炎明之朝尊崇其教即我明興以還列聖相承崇儒重道之餘未嘗不深信而供奉之也嗚呼望佛求福責報冥冥我不敢知獨計佛至善也人誠即念即佛即心即善可以明順適可以脫離網罹所謂出苦海而登彼岸者非耶世尊普濟群生澤亦遠矣儀者何可以盡非之也大城迄南而東二十里許地名樊二莊沿河之陽運河之右徐淮齊魯之康衢

楊公諱義之里也至萬歷三年還鄉探母偕四弟太醫院吏目諱從禮五弟忻州訓導諱從龍任千戶諱可蕃遊覽故里景概及之莊左環覩四隅俱有神所廟貌森然中有敝地千畝垣夷間曠輒發修建善念未決何祠歸告於母母曰建寺可也竊恐捌為或干國憲典議亦未決噫嘻人有善願天必從之偶爾居人掘發其地獲一石獅子背造太和年重建水月寺八字誠不知肪於時即此可證其為古剎基也重修之議遂決於是鳩工庀材展釆成事中構大殿釋迦坐於前觀音坐於後環列菩薩羅漢前建山門二層二門以內東構迦藍殿西建摩殿大門以內東構鐘

樓西架鼓樓墻下高樹旗杆二株上掛彩旛一對後置方丈香廚共十三楹週圍垣牆峻豎以防不虞往來瞻仰壯麗驚人金碧奪目斯亦平舒一大觀也檀越擇請僧人本龍住持晨鐘暮鼓朝焚夕誦一祝皇圖億萬斯年一祈兆民同登五福寘盛舉哉始事於萬歷之乙亥竣於萬歷之甲辰歷年三十費金千餘非求福田利益也無非尊母遺命不以久頃易念也公之忠孝可謂兩無負矣余故敘其顛末俾鐫於珉永垂不朽云　萬歷甲辰端陽吉日

一二、重修城隍廟記

題解：

《重修城隍廟記》收録于清・光緒二十四年（1898）《大城縣志・金石志》，王圖永撰文，刊刻于明・萬曆年間。

碑文：

夫域有善惡兩途，有彰善癉惡兩法。當世所爲是非榮辱，後世所爲興廢絶續者在焉。然而有司其符者，有察其機者，有握其權者，世之論者，吾惑焉。一則曰輪迴報應，固屬不經；一則曰命定不移，阻人進修，不若易之。積善餘慶，積不善餘殃。書之惠迪吉，從逆凶爲正。若于公待興于高門，嚴母掃墓于東海，李廣不侯于殺降，宋庠發跡于救蟻，更僕數未盡，又不謂無其報應也。蓋嘗論之，善惡在人心，報應在當世，予奪在鬼神，何也？人惟一心，心惟一理，鬼神亦此理而已矣。爲善者不愧于心，即不愧于鬼神，而與休之理，會鬼神察其善機而降以福。爲惡者愧于心，即愧于鬼神，而與咎之理，會鬼神察其惡機而降以禍。是善惡者禍福之符，而人心則司其符者也。人心者善惡之機，而鬼神則察其機者也。是故或牖衷而篤其祜，或奪鑒而益其疾，或先號而後笑，或始吉而終凶，或榮瘁止于當年，或顯晦延及子孫。變化匪一，轉移靡定。若懸鑑持衡，錙銖不爽，神之于人嚴矣哉！余邑城隍廟，建自天順，修于弘正間，廟制甚狹。東魯任公令余邑，愛民以仁，事神以敬，下車謁廟，憫其頹且隘，飭工庀材，易廟後隙地，擴而新之。建寢殿三楹，團殿一楹，前後兩廡門垣，視昔增宏敞焉。屬余爲記，余曰：「我侯非徼福于神也，亦體朝廷彰癉之意，以襄人治之不逮耳。」蓋人或可欺，而神不容僞，凜然易惡遷善，而爲賢人君子之徒，則神之默相也多矣！爲吾民者，果能奉公守法，履規蹈矩，敦孝弟、習仁義、不失節，昭昭不墮行，冥冥顯不干。吏議陰不懼鬼責，其于皇古之風，可庶幾乎？時萬曆癸子歲也。

重修城隍廟記

王國永 邑人

夫域有善惡兩途有彰善癉惡兩法當世所爲是非榮辱後世所爲興廢絕續者在焉然而有司其符者有察其機者有握其權者世之論者吾惑焉一則曰輪迴報應固屬不經一則曰命定不移阻人進修不若易之積善餘慶積不善餘殃書之惠迪吉從逆凶爲正若于公待興於高門嚴母掃墓於東海李廣不侯於殺降朱序發跡於救蟻更僕數未盡又不謂無其報應也蓋嘗論之善惡在人心報應在當世予奪在鬼神何也人惟一心心惟一理鬼神亦此理而已矣爲善者不愧於心即不愧於鬼神而與休之理會鬼神察其善機而降以福爲惡者愧於心即愧於鬼神而與咎之理會鬼神察其惡機而降以禍是善惡者禍福之符而人心則司其符者也人心者善惡之機而鬼神則察其機者也是故或履衷而篤其祜或奪鑒而益其疾或先號而後笑或始吉而終凶或榮瘁止於當年或顯晦延及子孫變化匪一轉移靡定若懸鑑持衡錙銖不爽神之於人嚴矣哉余邑城隍廟建自天順修於宏正間廟制甚狹東魯任公令余邑愛民以仁事神以敬下車謁廟憫其頹且隘飭工庀材易廟後隙地擴而新之建寢殿三楹圜殿一楹前後兩廡門垣視昔增宏敞焉屬余爲記余曰我侯非徼福於神也亦體朝廷彰癉之意以襄人治之不逮耳蓋人或可欺而神不容僞凜然易惡遷善而爲賢人君子之徒則神之默相也多矣爲吾民者果能奉公守法履規蹈矩敦孝弟習仁義不失節昭昭不墮行冥冥顯不干吏議陰不懼鬼責其於皇古之風可庶幾乎時萬歷癸子歲也

一三、重修三官廟碑記

題解：

《重修三官廟碑記》收録于清·光緒二十四年（1898）《大城縣志·金石志》，鄧希臯撰文，刊刻于明·天啓元年（1621）。

碑文：

夫玄黄肇判，兩儀開奠麗之形；山嶽峙靈，萬國繁創造之址。凡以報洪庥，答玄貺，祈鞏遐昌于不替者也。是以里閈輻輳，精祠疊珪璐以盤空；闤闠集靈，廟貌聳雕甍而映日。况飫神穌而食帝德如三官之尊，可無専祠以崇祀者哉？小店村者，自平舒而東所稱仁里也。居民環聚，砧杵之聲相聞；淳篤爲風，循良之化久被。雖民義無闕，而神道未崇。添壽劉公，性多虔敬，雅尚修葺，嘗念其祖隱德君諱夏，鼎建三官神祠于店之吉壤。星序遭迴，致多圮壞。盲風怪雨，已摧畫棟之簾；夜鼠明烏，穿落丹碧之色。公慨其荒廢，爰謀修葺。歲在丙寅，挺爲己任。經始于春之孟月，落成于秋月中旬。凡費錢緡辦由公笴。于是棲神有宇，香供有資，鐘鏞有庀，薦饗有地。昔之漫漶者，塗之丹壁；昔之腐敗者，剔爲堅新。如公者，可不謂末流之崑柱，風塵之表率哉？夫自俗競貨利，至于慳貪滅性，鄙瑣相沿，孰有捐巨貲以崇神宇，任勞勩以修祖創者乎？如是倡義舉以破慳貪之習，俾鄙吝者慕義而成風，不可謂諂神也。食三官之帝德，而思崇報，于焉爲合經，不可爲瀆神也。非諂非瀆，可追于前徽，不可謂非邁種而超俗也。法得備書之，以詔來者。天啓元年，歲次丙寅秋月吉日立。

重修三官廟碑記

邑人　鄧希皋襄撰

夫元黃肇判兩儀開奠麗之形山岳峙靈爲國繁翀造之址凡以報洪庥答元貺所堇迺冐於不替者也是以畢閈輻輳精祠叠珪璐以盤空闕閣集靈廟貌犇雕甍而映日况餼神歆而食帝德如三官之尊可無專祠以崇祀者哉小店村者自平舒而東所稱仁里也居民環聚砧杵之聲相聞淊然爲風循良之化久被雖民義無闕而神道未崇添壽劉公性多虔敬雅尚修葺嘗念其祖隱德君諱夏鼎建三官神祠於店之吉壤星序迴迴致多圮壞盲風怪雨已摧畫棟之簾夜鼠明烏穿落丹碧之色公慨其荒廢爰謀修葺歲在丙寅挺爲己任經始於春之孟月落成於秋月中旬凡費錢緡辦由公籌於是棲神有宇香供有資鐘鏞有庀爲彝有地昔之漫漶者塗之丹雘昔之腐敗者剔爲堅新如公者可不謂末流之崑柱風塵之表率哉夫自俗競貨利至於慳貪鹹性鄙褻弗沾執有捐巨貲以崇神宇任勞勤以修祖創者乎如是倡義舉以破慳貪之習俾鄙吝者慕義而成風不可謂諂神也食三官之帝德而思崇報於焉爲合經不可爲瀆神也非諂非瀆可追於前徽不可謂非邁種而超俗也法得備書之以詔來者天啟元年歲次丙寅秋月吉日立

一四、邑侯劉父母生祠碑記

題解：

《邑侯劉父母生祠碑記》收録于清·光緒二十四年（1898）《大城縣志·金石志》，劉漢儒撰文，刊刻于明·天啓三年（1623）。

碑文：

賜進士出身徵仕郎行人司行人刘漢儒撰

鄉進士刘汝紹

鄉進士梁國棟

公宰余邑已五稔于茲矣。今因筦籌乏人，乃以樞曹需公，而公去矣。邑之若士若民，無可以留公者。僉謀祀公祠，以志去後之思，相與庀材鳩工，不日而告成焉。會余以使命過里，其攀留公之意與士若民同，而欲垂不朽以寄所思者，得士若民之舉而乃暢。遂援筆綴公之嘉惠余邑者，以識其大概云。公自癸亥六月分符平舒，值有徵兵索餉之檄，應接不及。三輔之地，所在俱疲于奔命。獨平舒尚有妻子而完其髪膚者，皆公以去就争利病，以轉移當緩急。此從古强項之吏，有其戇直，而無其斡旋也。公自莅任來，未嘗督期追呼，而急公賦者如流水。即蒲鞭可以不施，良田徵收一則乎？國額不以出入岐多寡，則民之感可知也。會審編一切，弊實絶之，徭役汰之，舞文之吏毫不得高下其手，真不假燃犀而魍魎立消者，道頌神君，人謂之照天燭，以其至公也。未及瓜期，際覲天之典，都御史及御史以課最聞，嘉其循良，乃褒父母以龍章，録卓異也。琴鶴重來，竹馬再躍，携日邊雨露，翩躚舒城。夾岸桃花，一簾秋水，皆足映帶仁侯之襟抱矣。最異者，澹泊無殊乎韋布，鎮静不擾于紛拏，茹冰蘗而清畏人知，理盤錯而才恥外炫。此公五年來喜怒不形于色，競絿均調于適者也。余邑最僻處一隅，近爲津門添設撫餉，輪蹄之苦，什佰于他邑。公爲之清假借、杜需索，則豪猾者含怨，而民獲有寧宇，是豈尋常撫摩所能調停者耶？于是人人含造化陽和，處處醉枌榆社影。至普文公之化，雲漢爲昭，一榜而獲兩人，皆公素所識拔者，其有造所及尚未艾也。登斯民

邑侯劉父母生祠碑記

劉漢儒　邑人

公宰余邑已五稔於茲矣今因著籌之人乃以樞曹需公

而公去矣邑之若士若民無可以留公者僉謀祀公祠以志去後之思相與庀材鳩工不日而告成焉會余以使命過里其攀留公之意與士若民同而欲垂不朽以寄所思者得士若民之舉而乃暢遂援筆綴公之嘉惠余邑者以識其大概云公自癸亥六月分符平舒值有徵兵索餉之檄應接不及三輔之地所在俱疲於奔命獨平舒尙有妻子而完其髮膚者皆公以去就爭利病以轉移當緩急此從古彊項之吏有其戇直而無其斡旋也公自蒞任來未嘗督期追呼而急公賦者如流水卽蒲鞭可以不施良由徵收一則乎國額不以出入岐多寡則民之感可知也會番編一切弊竇絕之徭役汰之舞文之吏毫不得高下其手眞不假燃犀而魍魎立消者道頌神君人謂之照天燭以其至公也未及瓜期際覲天之典都御史及御史以課最聞嘉其循良乃褒父母以龍章錄卓異也琴鶴重來竹馬再躍攜日邊雨露翩躚舒城夾岸桃花一簾秋水皆足映帶仁侯之襟抱矣最異者澹泊無殊乎韋布鎭靜不擾於紛拏茹冰蘗而清畏人知理盤錯而才恥外炫此公五年來喜怒不形於色競絿均調于適者也余邑最僻處一隅近爲津門添設撫餉輪蹄之苦什伯於他邑公爲之清假借杜需索則豪猾者含怨而民獲有甯宇是豈尋常撫

摩所能調停者耶於是人人含造化陽和處處醉枌榆社影至晉文公之化雲漢爲昭一榜而獲兩人皆公素所識拔者其有造所及尙未艾也登斯民於春臺開後學之長夜父母師保公其兼擅矣乎是以賢聲遠被畿輔之內負糗糧而質成者如市公片言折之桁楊不事可謂丹筆生春矣則波及傍邑者不又公之餘也耶一旦晉秩樞曹螭頭拜舞楓陛籌策天下皆想聞其丰采但河陽花色單父琴聲種種繫人心脾若士若民借寇無由不勝彷徨不勝祝願無已呼天而泣又呼父母而泣則今日祠堂之成也詎獨爲揄揚公之嘉美乎哉余謬附同籍之好實切庇厦之榮敢謂瑣瑣隴言有當於公之鴻勳懋猷然他日銘鍾鼎而勒太常余言不文或亦可當副本此石不朽公之留爲舒民思者亦不朽矣公諱景耀河南之登封人成壬戌進士同余觀戶部政亦一時奇遇也邑簿山西曹諱茂才邑尉福建鄧諱長春均有事於此祠焉例得並書以傳謹記

于春臺，開後學之長夜，父母師保，公其兼擅矣乎。是以賢聲遠被，畿輔之内，負糗糧而質成者如市，公片言折之，桁楊不事，可謂丹筆生春矣。則波及傍邑者，不又公之餘也耶。一旦晋秩樞曹，螭頭拜舞，楓陛籌策，天下皆想聞其丰采。但河陽花色，單父琴聲，種種繫人心脾。若士若民，借寇無由，不勝徬徨，不勝祝籲無已。呼天而泣，又呼父母而泣，則今日祠堂之成也，詎獨爲揄揚公之嘉美乎哉！余謬附同籍之好，實切庇厦之榮，敢謂瑣瑣颺言，有當于公之鴻勳懋猷。然他日銘鍾鼎而勒太常，余言不文，或亦可當副本。此石不朽，公之留爲舒民思者亦不朽矣。公諱景耀，河南之登封人，成化壬戌進士，同余觀户部政，亦一時奇遇也。邑簿山西曹諱茂才，邑尉福建鄧諱長春，均有事于此祠焉，例得並書以傳。謹記。

時天啟七年歲次丁卯季秋月穀旦

一五、劉公（景曜）誌文

題解：

《劉公（景曜）誌文》收録于清・光緒二十四年（1898）《大城縣志・金石志》，劉漢儒撰文，刊刻于明・天啓七年（1627）。

誌文：

邑通和門外，創修賜進士文林郎知大城縣事嵩曙劉公生祠一所，立木主，春秋奉蒸嘗焉。庶民子來于丁卯南吕月告厥成功，扁曰「慈愛祠」。經其地者，侯實式臨之。邑尉鄧公督其事，復捐俸金置地四十畝，所以飾簠簋也。即命陶應登居于斯，稽于斯，晨昏供香火于斯。祠成，量其地七間，五分寬，廳堂三間，祠東屋三間。丹堊輝煌，翬飛鳥勒。峴山甘棠，其劉公之謂與？聯曰：「雒下擅詞名，筆底花生嵩帶曙；燕城推卓吏，階前春暖柳含煙。」又曰：「對客譚民心自赤，焚香告夜意常清。」可歌可詠者此也。軍興值子午之衝，寧益下不妨損上，慨然勞怨不避，民其瘳矣。檄飛來癸庚之呼，既裕國兼以恤民，惻乎調停惟艱。帝曰欽哉！宛然寫生手也。鼎爐兩座，篆文皆出新裁；几案一新，俯仰依稀面對。萬年之遺澤不朽，一方之保障無窮。睹庭柏而萊柏常鮮，盼門石而金石不渝。此去後思可永，帶礪而勿替者也。謹誌。

誌文　　劉漢儒　邑人

邑通和門外粉修文林郎知大城縣事嵩膳劉公生祠一所立木主春秋奉蘸嘗庶民子來於丁卯南呂月告厥成功扁曰慈愛祠經其地者俟實式臨之邑尉鄧公督其事復捐俸金置地四十畝所以飾饗蓋也卽命陶應登居於

斯禋於斯晨昏供香火於斯祠成量其地七間五分寬廳堂三間祠東屋三間丹堊輝煌翬飛鳥勒峴山甘棠其劉公之謂與聯曰雉下擅詞名筆底花生嵩帶膳燕城推卓東堵前春睃柳含煙又曰對客譚民心自赤焚香告夜意常清可歌可詠者此也軍興值子午之衝甯益下不妨損上慨然勢怨不避民其瘳矣檄飛來癸庚之呼既裕國兼以恤民惻乎調停惟艱帝曰欽哉宛然寫生手也鼎爐兩座篆文皆出新裁几案一新俯仰依稀面對萬年之遺澤不朽一方之保障無窮覩庭柏而萊柏常鮮盼門石而金石不渝此去後思可永帶礪而勿替者也謹誌

一六、重修大城縣迤東交河村龍泉寺碑

題解：

《重修大城縣迤東交河村龍泉寺碑》收録于清・光緒二十四年（1898）《大城縣志・金石志》，知縣劉景耀撰文，刊刻于明・崇禎元年（1628）。

碑文：

粵稽東平舒郡，久著輿圖，接壤畿輔。邑東有村，名曰交河，流通灌溉，生民之利溥矣。其寺名曰龍泉，泉甘龍見，天地之秀鍾焉。是地也，時嘗金光耀露，祥雲上騰。允矣潮音之聖境，誠哉天竺之遺風也。恭惟大佛之塔廟，端宜于此肇基，以故弘治十年建寺，迄今風雨摧殘，漸就傾圮。凡含生秉氣稍有佛性者，皆興荒烟蔓草之悲；而善人信士保護佛法者，每起革故鼎新之念。今上崇禎元年，住持僧真玉暨儒生馬元升，共發菩提心，合謀募化。整飭正殿，壯其觀瞻，修補兩廊，除其樸陋。以暨鐘樓、鼓樓，無非寶坊之點綴也。虔誠不二，善願無邊，借十方之資財，繼當年之盛舉。假百工之建造，爲佛土之莊嚴。敘初敘末，無綺語以陳詞；書姓書名，按檀施以輯録。庶幾爲之前者，既有以彰其美；爲之後者，又有以傳其盛。奕奕乎！碑記貽垂，偕碧殿珠林而生色；赫赫焉佛光普照，與龍宮鷲嶺而騰輝。由是近悦遠來，香火日盛。祈福祥者，咸入法雲之地；皈净域者，大開甘露之門。護國祐民，永垂不朽。而爲之領袖者，其聲施寧有窮期乎？不佞出舍觀風目擊，村和疃厚，萬善同歸，不覺生大歡喜心而爲之序。崇禎元年秋月穀旦。

重修大城縣迤東交河村龍泉寺碑

河南登封人進士 劉景耀 知縣

粵稽東平舒郡久著輿圖接壤畿輔邑東有村名曰交河流通灌溉生民之利溥矣其寺名曰龍泉泉甘龍見天地之秀鍾焉是地也時睿金光耀露祥雲上騰允矣潮音之聖境誠哉天竺之遺風也恭惟大佛之塔廟端宜於此肇基以故弘治十年建寺迄今風雨摧殘漸就傾圮凡含生秉氣稍有佛性者皆興荒烟蔓草之悲而善人信士保護佛法者每起革故鼎新之念今上崇禎元年住持僧眞玉暨儒生馬元陞共發菩提心合謀募化整飭正殿壯其觀瞻修補兩廊除其樸陋以暨鐘樓鼓樓無非寶坊之點綴也虔誠不一善願無邊借十方之資財纔當年之盛舉假百工之延造爲佛土之莊嚴敘初敘末無綺語以陳詞書姓書名挨檀施以輯錄庶幾爲之前者既有以彰其美爲之後者又有以傳其盛奕奕乎碑記貽垂偕碧殿珠林而生色赫赫焉佛光普照與龍宮鷲嶺而騰輝由是近悅遠來香火日盛祈福祥者咸入法雲之地皈淨域者大開甘露之門護國祐民永垂不朽而爲之領袖者其聲施寧有窮期乎不佞出舍觀風目擊村和疃厚萬善同歸不覺生大歡喜心而爲之序 崇禎元年秋月穀旦

一七、皇清敕授文林郎累晉承德郎加奉直大夫原任盛京京兆尹加一級弱水李公（翼鵬）墓誌銘

題解：

《皇清敕授文林郎累晉承德郎加奉直大夫原任盛京京兆尹加一級弱水李公（翼鵬）墓誌銘》收録于清·光緒二十四年（1898）《大城縣志·金石志》，劉楗撰文，刊刻于清·康熙十一年（1672）。

誌文：

君子生而具濟世之才，乘時利見，宰試荒城，弦歌四訖，尹承上國，政教彰明，猷爲間不可易量。一朝溘逝，大才有未殫之施，蒼生觖霖雨之望。如我弱水李年翁，真可爲太息者也。令嗣晉卿述公行，請誌于予。予與公少同蘭譜，繼結姻盟，知公最悉，雖愧不文，情何能已？用是揮淚濡毫而直誌之。公諱翼鵬，字弱水，號翥九。先世晉之太原人，自明永樂二年徙于平舒，越數傳至公。高祖父寬，有文名。寬生四子：曰綱、曰綸、曰紀、曰緒，咸翩翩焉。紀生謹，謹生佩，公之大父也，著有隱德，邦人稱之。生子二：伯氏夢桂，仲氏夢春，字和宇，敕贈奉直大夫。少孤，事太孺人畢以孝聞。太孺人因得頤養優游，享年九十有六。事伯兄友于無間，存心仁恕，慷慨樂施，鄉里奉爲長者。晚歲舉公，人以爲德報。公生而穎異，有陸佃之目。十歲能文，聲噪童烏。年舞象，即補邑弟子員，屢試冠軍，食廩餼。姿品豐腴，聲響噌吰。口無擇言，坦率而真摯；博通淹雅，爲滄漭而不羈。乙酉科，升書司馬。丁亥，爲副卷第一人，例副進士，當居外翰時，丁太安人艱，公哀毁骨立，閉門讀禮，不詈不矧，即二連無多讓焉。己丑服闋，授順德府平鄉縣學博。講學明倫，巖巖自重，樸棫菁莪之化，蔚然振起，可與袁隗、張侗爲頡頏。迎養太公于鱣堂，蔬水承歡，融融養志。平邑士子多感興焉。公不徒教人以本業，且能率人以本性也。後太公旋里，忽爲北幽游。公聞訃星馳，躃踊哀號，幾不欲生。時值凶歲，一切襄事，無不竭蹶如禮，遠邇以孝傳焉。丁酉，起復

皇清敕授文林郎累晉承德郎加奉直大夫原任　盛京

皇清敕授文林郎累晉承德郎加奉直大夫原任　盛京

京兆尹加一級弱水李公墓誌銘　　劉　樾邑人

君子生而具濟世之才乘時利見牢試荒城弦歌四訖尹承上國政教彰明猷爲罔不可易量一朝溘逝大才有未殫之施蒼生欲霖雨之望如我弱水李年翁眞可爲太息者也令嗣簪卿述公行請誌於予予與公少同蘭譜繼結姻盟知公最悉雖愧不文情何能已用是揮淚濡毫而直誌之公諱翼鵬字弱水號翥九先世晉之太原人自明永樂二年徙於平舒越數傳至公高祖父寬有文名寬生四子曰綱曰綸曰紀曰緒咸翩翩焉紀生蓮蓮生佩公之大父也著有隱德邦人稱之生子二伯氏夢桂仲氏夢春字

和宇敕贈奉直大夫少孤事太孺人畢以孝聞太孺人因得頤養優游享年九十有六事伯兄友于無間存心仁恕慷慨樂施鄉里奉爲長者晚歲舉公人以爲德報公生而穎異有陸佃之目十歲能文聲噪童烏年舞象卽補邑弟子員屢試冠軍食廩餼姿品豐腴聲稱嘈呟口無擇言坦率而質學博通淹雅爲滄瀛而不羈乙酉科升書司馬丁亥爲副卷第一人例副進士當居外翰時丁太安人艱公哀毀骨立閉門讀禮不啻不剏卽二連無多讓焉已丑服闋授順德府平鄉縣學博講學明倫嚴嚴自重樸棫菁莪之化蔚然振起可與袁隗張侗爲頡頏迎養太公於鱣堂

蔬水承歡融融養志平邑士子多感興焉公不徒教人以本業且能率人以本性也後太公旋里忽爲北幽遊公聞訃星馳躃踊哀號幾不欲生時值凶歲一切襄事無不竭蹶如禮遠邇以孝傳焉丁酉起復爲眞定無極教諭以龐公愛士之心篤郭泰成才之雅多士悉彬彬矣戊戌陞廣東西甯令甯邑遠在南服界連西粵當草昧初闢之日犖犖部屋悉刀鋸之餘生時而烏合鹿聚時而星散鴻驚最難撫字者也且地方八百餘里皆祟山峻嶺瘴霧蠻烟虎豹偪人猺獞梗化最難催科者也公甫下車虎卽渡河遠去民爲俚歌梓傳之焚疏投虎之治已見一斑矣公保子遺如保赤子善者加以奬勵獷者諭以禍福不競不絿立

威立信勒石以減米價緩征以寬舊逋立市以資貿遷葺學宫以大文教建衙署以肅規爲善政秩秩有序庚子分闈所得皆名下士時有大役民實難之公連章飛牘爲民請命得終免焉如是逃者返匿者出頑者梗者革面革心喁喁向化方面鮑君常致書於公云低僑凋瘁之邦病者以甦勞者以息反側者以靖此等功德當不在紀勳考績中求之又云非具理煩治劇之才而出以至誠動物之本者談何容易計冊兩次皆注循良第一辛丑恭遇　覃恩授文林郎嗚呼如此盤根錯節人之咄嗟莫辯者公出慧

爲真定無極教諭，以龐公愛士之心，篤郭泰成才之雅，多士悉彬彬矣。戊戌，升廣東西寧令。寧邑遠在南服，界連西粵，當草昧初闢之日，犖犖蔀屋，悉刀鋸之餘生，時而烏合鹿聚，時而星散鴻驚，最難撫字者也。且地方八百餘里，皆崇山峻嶺，瘴霧蠻煙，虎豹傴人，猺獞梗化，最難催科者也。公甫下車，虎即渡河遠去，民爲俚歌梓傳之，焚疏投虎之治，已見一斑矣。公保孑遺，如保赤子。善者加以獎勵，獷者諭以禍福。不競不絿，立威立信。勸石以減米價，緩徵以寬舊逋，立市以資貿遷，葺學宮以大文教，建衙署以肅規爲善政，秩秩有序。庚子分闈，所得皆名下士。時有大役，民實難之。公連章飛牘，爲民請命，得終免焉。如是逃者返，匿者出，頑者梗者，革面革心，喁喁向化。方面鮑君常致書于公云：「仳儺痌瘝之邦，病者以甦，勞者以息，反側者以靖，此等功德，當不在紀勳考績中求之。」又云：「非具理煩治劇之才，而出以至誠動物之本者，談何容易。」計册兩次，皆注循良第一。辛丑，恭遇覃恩，授文林郎。嗚呼！如此盤根錯節，人之咄嗟莫辯者，公出慧鋒智劍而爲之，真恢恢乎游刃有餘矣。甲辰秋，擢承德京尹。德邑乃興王重地，又爲新造之邦，諸凡悉屬創舉，非德以立威，誠以昭信，勤以莅事，未易善根本之圖。公建縣治，編里社，課耕稼，崇祀典，修學宮，立廛市，揆文教，奮武衛者，無不畢至，仁聲嘖嘖。不惟士民豫附，即勳貴皆嚴憚焉。安在南陽可問，而弘農不可問也哉！績上銓曹，紀録十四次。丁未，蒙恩詔，欽賜表裏二襲加一級。戊申，恭遇覃恩，晋承德郎加奉直大夫，復蒙欽賞表裏各一襲，數膺宸眷如此。歸田來，裹足不入公庭，郭外建茅屋三楹，日與園夫農父坐臥其上，話桑麻，比畎畝，較晴量雨，鞭青犢而聽黃鸝。回則挑燈課子，含飴弄孫。有酒即醉，既醉必詩。詰旦而出，日晡而入，往來城闉間，乘一羸馬，隨一蒼頭，飄飄然流水行雲自若也。一時無病而逝，既無刀圭藥餌之煩，又無呻吟床褥之苦，斯豈非快丈夫事耶！公生于萬曆癸丑年六月十一日寅時，卒于皇清康熙壬子年十二月初六日酉時，享年六十歲。元配劉氏，任浙江杭州府税課司晶玉劉公長女，崇禎己卯年卒，贈安人。繼娶劉氏，晶玉劉公次女，順治庚寅年卒，贈安人。續娶張氏，邑庠生汝愛張公次女，封安人，康熙丙午年卒。男二：長從繩，貢監生，候選州同知，娶邑處士薛公國賢次女，繼娶邑進士江南鳳陽泗州知州馬公璣妹、太學生馬公希憲次女。元配安人劉氏出。次從楷，聘邑貢生候選州同知梁公之才女，不禄。女二：長適江南太倉州知州楷弟長子太學生榕；次適（以下闕）。

鋒智劍而爲之真恢恢乎游刃有餘矣甲辰秋擢承德京
尹德邑乃 興王重地又爲新造之邦諸凡悉屬創舉非
德以立威誠以昭信勤以蒞事未易善根本之圖公建縣
治編里社課耕稼崇祀典修學宮立廛市揆文教奮武衛
者無不畢至仁聲嘖嘖不惟士民豫附即勳貴皆嚴憚焉
妥在南陽可問而宏農不可問也哉續上銓曹紀錄十四
次丁未蒙 恩詔欽賜表裏二襲加一級戊申恭遇 覃
恩晉承德郎加奉直大夫復蒙欽賞表裏各一襲數膺
宸眷如此歸田來兹足不入公庭郭外建茅屋三楹日與
圃夫農父坐臥其上話桑麻比畎畝較晴量雨驅青犢而

聽黃鸝回則挑燈課子含飴弄孫有酒即醉既醉必詩詰
旦而出日晡而入往來城闉間乘一羸馬隨一蒼頭飄飄

然流水行雲自若也一時無病而逝既無刀圭藥餌之煩
又無呻吟牀褥之苦斯豈非快丈夫事耶公生於萬歷癸
丑年六月十一日寅時卒於 皇清康熙壬子年十二月
初六日酉時享年六十歲元配劉氏任浙江杭州府稅課
司鼎玉劉公長女崇禎己卯年卒贈安人繼娶劉氏鼎玉
劉公次女順治庚寅年卒贈安人續娶張氏邑庠生汝愛
張公次女封安人康熙丙午年卒男女二長從繩貢監生
候選州同知娶邑處士薛公國賢次女繼娶邑進士江南
鳳陽泗州知州馬公璣妹太學生馬公希憲次女元配安
人劉氏出次從楷聘邑貢生候選州同知梁公之才女不
祿女二長適江南太倉州知州楷弟長子太學生榕次適
以下闕

一八、刑部尚書謚端敏劉公（楗）墓誌銘

題解：

《刑部尚書謚端敏劉公（楗）墓誌銘》收録于清·光緒二十四年（1898）《大城縣志·金石志》，户部尚書李霨撰文，刊刻于清·康熙二十年（1681）。

誌文：

公諱楗，字玉壘，別號公愚。先世爲山東汶上人，後遷順天府大城者，公始祖士元也。代有隱德，明農不仕，數傳至公王考諱灝者，贈通奉大夫，劉氏乃漸顯。是生公考副憲公，諱漢儒，舉壬戌進士，仕至都察院左副都御史，歷官所至，著名績，鄉里尤稱長者。配王夫人，則公妣也。公爲副憲公仲子，幼而嗜學，工制舉業，補博士弟子，有聲，以順治二年乙酉舉于鄉，明年成進士。值國初特典，選授户科給事中，旋轉左右，歷吏兵二科，以劾外吏罣誤罷歸。居久之，以薦起原官，補兵科。甲午，典試閩中，會世祖皇帝講求官人之法，内外互用，乃出公爲山西按察司副使，分巡河東道。歷河南布政司參政，分守河南道，升湖廣按察使，遷布政使。以母憂歸，繼丁外艱。服闋，補江西布政使，内升太常寺卿，轉大理卿、左副都御史。以疾請告，不允。進吏部侍郎，隨擢刑部尚書。履任未幾，復以病力辭，得請。甫抵里，卒，康熙己未五月十三日也。訃聞，天子爲之軫悼，褒恤有加，特賜謚曰「端敏」。遣官致祭，立碑墓道，典禮之盛，朝野榮之。公胚胎世美，處厚席豐，器宇沉静，幹具閎敏。少而刻苦于文學，壯而奮揚于政事。用能丕紹前徽，卓樹遠大，官守言責，克自表見，足以照今垂後。其官諫垣，建白無虚月，民生、吏治諸務，指陳尤力。如議緩徵、拯流移、給牛種諸疏，皆關民生之切者；飭巡方、糾撫鎮、慎考選、察大吏諸疏，皆關吏治之要者。其爲副憲，造膝而陳，多屬軍國大計。其見于封事者，如請蠲江右亂後之逋賦，密陳間道進剿之機宜，皆見諸施行，卒有成效。在河東則招降萑苻，

寬諭赤子，以不濫誅。在河南則釐革罰贖，痛絶苞苴，吏以無骫。法司臬憲，則弘淑問之規，持風紀之度，寬猛得中，而民頌不冤。其領藩伯，則田野所必闢，芻糗所必偫，軍民利賴而績登上考。其由卿寺院部，洊履華要，所處職靡弗舉，以恭勤結主知，以信義孚僚友，生平無刻礉之言、矯激之行，近古所稱鉅人長德焉。蓋公揚歷中外，其大而可紀者如此。他懿美遺事，詳之家乘者，未遑書，然足以傳矣。公生于丁巳，得年六十有三。配封夫人陳氏，前乙卯舉人遵義府推官國維女，妾南氏、宋氏。子男五：長性，歲貢生，候選國子監學正，娶丁亥進士前任四川巡撫羅公森女，陳夫人出；次伫，庠生，娶壬辰進士前任雲南布政使崔公之瑛女，早世，南氏出；次憬，太學生，娶己丑進士翰林院侍讀學士李公儀古女，乃公五弟遺孤，撫爲己子者；次憓，聘丙戌進士原刑部侍郎于公嗣登女；次憘，尚幼，俱宋氏出。女一，配己丑進士監察御史高公爾修子歲貢生恒升，陳夫人出。孫男一，琬，性出，孫女一，伫出，俱幼。性卜以今年辛酉八月二十二日葬公于張街村北原之兆域。以余與公同里閈，同舉鄉會試，同官于朝，遊處之久，而知公之稔也，匄銘其墓。嗚呼！副憲公、王夫人之殁也，余既先後銘之矣，而茲復銘公。今昔盛衰之感，豈直爲公慟哉！爰系以詞曰：

御龍世望，沛國彭城。由汶而燕，乃啓高閎。發祥奕葉，篤生名卿。以熙庶績，以颺大廷。翼翼司寇，升華天造。起家掖垣，厥囊維早。經營出入，屏毗是效。進長秋官，亮工弼教。仁心爲質，利溥肺喜。不懈于位，德音孔遐。嬰疾屢請，天寵彌加。嚮用伊始，殄瘁俄嗟。帝曰吁哉，失我良士。節惠飾終，宸章攸紀。鬱鬱佳城，平舒之里。鐫石幽宮，永綏後祉。

刑部尚書謚端敏劉公墓誌銘

高陽人任戶部尚書李霨

公諱楗字玉壘別號公愚先世爲山東汶上人後遷順天
府大城者公始祖士元也代有隱德明農不仕數傳至公
王考諱灝者贈通奉大夫劉氏乃漸顯是生公考副憲公
諱漢儒舉壬戌進士仕至都察院左副都御史歷官所至

著名績鄉里尤稱長者配王夫人則公妣也公爲副憲公
仲子幼而嗜學工制舉業補博士弟子有聲以順治二年
乙酉舉於鄉明年成進士値國初特典選授戶科給事中
旋轉左右歷吏兵二科以劾外吏罣誤罷歸居久之以薦
起原官補兵科甲午典試閩中會　世祖皇帝講求官人
之法內外互用乃出公爲山西按察司副使分巡河東道
歷河南布政司參政分守河南道陞湖廣按察使遷布政
使以母憂歸繼丁外艱服闋補江西布政使內陞太常寺
卿轉大理卿左副都御史以疾請告不允進吏部侍郎隨
擢刑部尚書履任未幾復以病力辭得請甫抵里卒康熙

己未五月十三日也訃聞　天子爲之軫悼褒卹有加特
賜謚曰端敏遣官致祭立碑墓道典禮之盛朝野榮之公
胚胎世美處厚席豐器宇沈靜幹具閎敏少而刻苦於文
學壯而奮揚於政事用能丕紹前徽卓樹遠大官守言責
克自表見足以照今垂後其官諫垣建白無虛月民生吏
治諸務指陳尤力如議緩征拯流移給牛種諸疏皆關民
生之切者飭巡方糾撫鎮慎考選察大吏諸疏皆關吏治
之要者其爲副憲造膝而陳多屬軍國大計其見於封事
者如請蠲江右亂後之逋賦密陳閩道進勦之機宜皆見
諸施行卒有成效在河東則招降萑苻寬諭赤子以不濫

誅在河南則釐革罰贖痛絕苞苴吏以無亂法司臬憲則
弘淑問之規持風紀之度寬猛得中而民頌不寃領藩伯
則田野所必闢芻糗所必偫軍民利賴而績登上考其由
卿寺院部洊履華要所處職靡弗舉以恭勤結主知以信
義孚僚友生平無刻覈之言矯激之行近古所稱鉅人長
德焉蓋公歷中外其大而可紀者如此他懿美遺事詳
之家乘者未遑書然足以傳矣公生於丁巳得年六十有
三配封夫人陳氏前乙卯舉人遵義府推官國維女妾南
氏朱氏子男五長性歲貢生候選國子監學正娶丁亥進
士前任四川巡撫羅公森女陳夫人出次忙庠生娶壬辰

進士前任雲南布政使崔公之瑛女早世南氏出次憬太
學生娶已丑進士翰林院侍讀學士李公儀古女乃公五
弟遺孤撫爲已子者次憰聘丙戌進士原刑部侍郎于公
嗣登女次憘尙幼俱朱氏出女一配已丑進士監察御史
高公爾修子歲貢生恒升陳夫人出孫男一琬性出孫女
一忙出俱幼性卜以今年辛酉八月二十二日葬公於張
街村北原之兆域以余與公同里閈同舉鄉會試仝官於
朝遊處之久而知公之稔也匄銘其墓嗚呼副憲公王夫
人之歿也余既先後銘之矣而茲復銘公今昔盛衰之感
豈直爲公慟哉爰系以詞曰御龍世望沛國彭城由汶而

燕乃啟高閎發祥奕葉篤生名卿以熙庶績以颺大廷襄
翼司寇升華天造起家掖垣厥襄維早總管出入屏翰是
效進長秋官亮工弼教仁心爲質利溥肺喜不懈於位德
音孔遐嬰疾屢請天寵彌加綸用伊始殄瘁俄嗟　帝曰
吁哉失我良士節惠飾終宸章攸紀鬱鬱佳城平舒之里
鐫石幽宮永綏後祉

一九、擢用陝右延安府安定縣令監河務王公（照乘）墓碑

題解：

《擢用陝右延安府安定縣令監河務王公（照乘）墓碑》收録于清・光緒二十四年（1898）《大城縣志・金石志》，淮安府知府王穀章撰文，刊刻于清・康熙三十三年（1694）。

碑文：

公諱照乘，字孟犀，號允大，順天大城人也。其先宋元間世居中州，逮明建文末靖難兵起，有諱安者，才力恢宏，以武功底燕京，因家于大城，是爲公之始祖。再傳諱建，有聲于憲宗之朝，生二丈夫子，同時官錦衣。又傳諱經，即錦衣指揮使也，武宗目以爲能。又傳至臨江公，則公之高祖，以子貴封文林郎。曾祖志菴公，神宗廟明經，尹汶上，多惠政。祖考樸源公，亦以明經秉真定鐸。考省畿公，領袖郡庠，志未大伸，士論惜之。王氏遷大城後，歷以棨戟顯。自安鄉伯張公女，省畿公之配，公之妣也。懷宗季年，闖賊蹂躪畿輔，妣負烈士性，駡賊而死。有司以其事上聞，旌之，今載在郡志。

公幼負奇氣，且罹世變，遭坎壈，强敏綜練，莫與爲儔。人或勸之仕，則曰：「古人捧檄而喜，蓋爲親屈也。吾淚枯血盡，安事縻禄爲？俟值盤錯，試吾利器可耳。」今天子御極十四年，關中不靖，禁旅西征。我公乃按劍奮然曰：「是桀驁者，輒敢梗化乎？」免胄而馳，所向無敵，人咸壯之。嗣欲滅此朝食，馬驚躓焉。公謂以身殉國，固臣之分，會須伺隙以有爲耳。後果克復延安，悉由密算。大將軍紀功奏凱，補安定尹。安定，巖邑也，潢水盜笄後，民率鳥獸散。公扶傷恤災，曲爲撫字，不知有兵革慘，方之召杜，覺彼處其常，此獨處其變焉。尹苟曲事要津，自無簿書愆，乃公爲薑桂，不爲脂韋，早賦歸來，意泊如也。由是寄興風塵，絶口不言天下事。比者淮揚兩郡河伯肆虐，當寧每廑南顧之憂，特簡大司馬靳公督其事。靳公念臂指乏人，績何由奏，

稔公之名，既一時士大夫又僉以公爲能，因羅之幕下，曰：「凡兹櫛風沐雨之員，皆賢豪間者流。尹其悉心監理之，予將移尹爲干城寄焉。」公受剳膺符，不遑啓處，一畚一鍤一石，罔不悉心籌畫。迄今淮揚兩郡，耕夫織婦樂業如初，公之功爲最。逝之日，悼慟之聲合萬如一轍。噫嘻！生榮死哀，公豈偶然也哉！公配茹氏，生冢子鎮，現登仕版；次子欽，國學生。皆有父風，功名俱未可量。諸孫沛沆，冀英玉立，詢益熾益昌云。君幽宅卜于淮甸，勒名銘勳，生者事也。兹余濫守淮郡，與公共事，知公最深，因敬爲辭以表之。辭曰：

起中州，適畿輔，溯閥閱，兼文武。鍾偉人，光宗譜，奮志勇，殲豺虎。尹巖疆，民安堵，慵折腰，風斯古。纘禹功，莅淮浦，挽狂瀾，成樂土。景鴻勳，衆所睹，安窀穸，歷寒暑。摹豐碑，高如許，史載筆，于斯取。

康熙三十三年歲次甲戌孟冬朔旦。

擢用陝右延安府安定縣令監河務王公墓碑

進士淮安府知府 王穀撰

公諱照乘字孟犀號允大順天大城人也其先宋元間世居中州逮明建文末靖難兵起有諱安者才力恢宏以武功底燕京因家於大城是爲公之始祖再傳諱璉有聲於憲宗之朝生二丈夫子同時官錦衣又傳諱經郎錦衣指揮使也武宗目以爲能又傳至臨江公則公之高祖以子貴封文林郎曾祖志菴公神宗廟明經尹汶上多惠政祖考樸源公亦以明經秉貢定鐸考省識公領袖郡庠志未大伸士論惜之王氏遷大城後歷以槃戟顯自安鄉伯張公女省識公之配公之妣也懷宗季年闖賊蹂躪畿輔妣貞烈士性屬賊而死有司以其事上聞旌之今載在郡志公幼負奇氣且罹世變遭坎壈强敏綜練莫與爲儔人或勸之仕則曰古人捧檄而喜蓋爲親屈也吾淚枯血盡安

事糜祿爲俟值盤錯試吾利器可耳今 天子御極十四年關中不靖禁旅西征我公乃按劍奮然曰是鴑鶩者輒敢梗化乎免胄而馳所向無敵人咸壯之嗣欲滅此朝食馬驚躓焉公謂以身殉國固臣之分會須何隙以有爲耳後果克復延安悉由密算大將軍紀功奏凱補安定尹安定巖邑也潢水盜弄後民率鳥獸散公扶傷恤災曲爲撫字不知有兵革慘方之召杜龔彼處其常此獨處其變焉尹茍曲事要津自無彌書徵乃公爲薑桂不爲脂韋早賦歸來意泊如也由是寄興風塵絕口不言天下事比者淮揚兩郡河伯肆虐當宁每廑南顧之憂特簡大司馬靳公督其事靳公念臂指乏人積何由奏稽公之名既一時士大夫又僉以公爲能因羅之幕下曰凡茲櫛風沐雨之員皆賢豪間者流尹其悉心監理之予將移尹爲干城寄焉公受剖膺符不遑啟處一畚一鍤一石罔不悉心籌畫迄今淮揚兩郡耕夫織婦樂業如初公之功爲最逝之日悼慟之聲合萬如一欷噓嘻生榮死哀公豈偶然也哉公配茹氏生冢子鎮現登仕版次子欽國學生皆有父風功名俱未可量諸孫沛沆冀英玉立詢益熾益昌云君幽宅卜於淮甸勒名銘勳生者事也茲余鑑守淮郡與公共事知公最深因敬爲辭以表之辭曰

起中州適畿輔溯閥閱兼文武鍾偉人光宗譜奮志勇飛貔虎尹巖疆民安堵慵折腰風斯古繼禹功蒞淮浦挽狂瀾成樂土景鴻勳眾所覩安窀穸歷寒暑舉豐碑高如許史載筆於斯取 康熙三十三年歲次甲戌孟冬朔旦

二〇、周太師尚父釣臺廟碑

題解：

《周太師尚父釣臺廟碑》收録于清・光緒二十四年（1898）《大城縣志・金石志》，牛天宿撰文，刊刻于清・康熙四十五年（1706）。

碑文：

大邑城北四十里，土益腴，徑益曲，林深而水駛。古堤東西立，各丈餘許，中來兩河，相比而北下。介兩河之間有土突出，高僅三尺，廣可數十步，摇蕩于波光雲影中，則周太師釣臺云。噫！亦神矣哉！水之爲物，善變而居，漳水下流，其性又至暴。當其泉枯水涸，雖五尺童子可褰裳而渡也。逮至河伯肆怒，浮地駭天，巨浪雄濤，朝夕不可方物，世之岸柳煙村，不崇朝而入蛟龍之窟者，豈可一二計哉。而是釣臺，高僅三尺，廣數十步，測其高下，僅得于堤四之一焉。而水時與堤争，不能與臺争。乃至兩河交會，狂瀾四出，不難掠堤而直下，顧此釣臺一片土高高獨立。其爲高三尺，廣數十步者，曾不能以尺寸減。世之儒者，多不樂言奇事，以視此者，竟何如也？得非大聖人之道德功業，必不磨滅于天地之間，而精神之所眷注，尤在深山密林，獨寐寤歌之地。故興周其後也，而渭水實先之，渭水又其後也，而東海之濱實先之，則夫東海片席中，舉夫鷹揚燮伐之偉烈，敬勝義勝之心傳，無不藴積于此。乘會際運則出其素所有者，以應之耳。否則龍羆之夢不作，雖孤舟蓑笠，寒江終老可也。此大聖人之眷眷不能忘情于此，而天地爲之默佑，鬼神爲之護持者也。臺之上有祠，不知建于何代。即《燕山叢録》一書備載：「大城子牙堽，隨水高下，雖大浸不没。」亦不言祠，故無所考。舊傳明季台上有高像，仍坐時狀。噫！此其歷代之遺製歟。至萬曆二年，李公名似海，乃更爲祠，冕旒南面，配以後世善兵法者六人，遵唐制也。明末臧莊李公尹生截石爲碣，將欲詳誌其本末。會有土寇之擾，事遂寢。嗣此本邑大司寇劉端敏公修之，雲貴總督王公諱繼文者，過此又修之，而碑記獨缺。李公玉友，尹生先生賢嗣也。丕承先志，偕弟侄謀諸宗族，出舊石于敗土中，鐫文以記，亦可見聖人爲百世之師，而懿好允有同然者矣。李公玉友，邑貢生，諱蕚，性孝友，其家同居者七世，有張公藝、陳兢之遺風。諸上司屢有旌表，蓋賢而隱者也。其不能無情于一臺也，亦宜。康熙丙戌仲秋立。

周太師尚父釣臺廟碑

進士牛天宿靜海人

大邑城北四十里土益腴徑益曲林深而水駛古堤東西立各丈餘許中來兩河相比而北下介兩河之間有土突出高僅三尺廣可數十步搖蕩於波光雲影中則周太師釣臺云噫亦神矣哉水之爲物善變而居窪水下流其性又至暴當其泉枯水涸雖五尺童子可褰裳而渡也逮至河伯肆怒浮地駭天巨浪雄濤朝夕不可方物世之岸柳煙村不崇朝而入蛟龍之窟者豈可一二計哉而是釣臺高僅三尺廣數十步測其高下僅得於堤四之一焉而水時與堤爭不能與臺爭乃至兩河交會狂瀾四出不難掠堤而直下顧此釣臺一片土高高獨立其爲高三尺廣數十步者曾不能以尺寸減世之儒者多不樂言奇事以覩此者竟何如也得非大聖人之道德功業必不磨滅於天地之間而精神之所眷注尤在深山密林獨寐寤歌之地故興周其後也而渭水實先之渭水又其後也而東海之濱實先之則夫東海片席中舉夫鷹揚檿伐之偉烈敬勝義勝之心傳無不蘊積於此乘會際運則出其素所有者以應之耳否則龍影之夢不作雖孤舟蓑笠寒江終老可也此大聖人之眷眷不能忘情於此而天地爲之默佑鬼

神爲之護持者也臺之上有祠不知建於何代郎燕山叢錄一書備載大城子牙堝隨水高下雖大浸不沒亦不言祠故無所考舊傳明季台上有高像仍坐時狀噫此其歷代之遺製歟至萬歷二年李公名似海乃更爲祠兒旒南面配以後世善兵法者六人遵唐制也明末臧莊李公尹生截石爲碣將欲詳誌其本末會有土寇之擾事遂寢嗣此本邑大司寇劉端毅公修之雲貴總督王公諱繼文者過此又修之而碑記獨缺李公玉友尹生先生賢嗣也丕承先志偕弟姪謀諸宗族出舊石於敗土中鐫文以記亦可見聖人爲百世之師而懿好尤有同然者矣李公玉友邑貢生諱蕙性孝友其家同居者七世有張公藝陳兢之遺風諸上司屢有旌表蓋賢而隱者也其不能無情於一臺也亦宜 康熙丙戌仲秋立

二一、釣臺碑記

題解：

《釣臺碑記》收録于清·光緒二十四年（1898）《大城縣志·金石志》，都察院右副都御史高承爵撰文，刊刻于清·康熙四十六年（1707）。

碑文：

大邑之東北四十里許，有子牙村在焉。村旁有河，曰子牙河。河干有臺，曰釣臺者，邑志所載即太公垂綸處，孟子所云「居東海之濱」者也。川源幽秀，雲樹蒼深，河水自南來，繞臺之左，而支流繞出其右。兩岸皆爲大防，防上林木扶疏，參差掩映。自

釣臺碑記

都察院右副都御史高承爵

大邑之東北四十里許有子牙村在焉村旁有河曰子牙河河干有臺曰釣臺者邑志所載即太公垂綸處孟子所

云居東海之濱者也川源幽秀雲樹蒼深河水自南來繞臺之左而支流繞出其右兩岸皆爲大防防上林木扶疏參差掩映自臺而北邐迤至王家口河勢奔注匯爲藪澤水與天際杳無涯畔雖去海上百有餘里而煙霞飄渺若別有一天地焉意當商周之世必爲荒僻之區人跡之所罕至故公得避世而居於此厥後蜚熊入夢遇文王於渭水之濱則就養後發跡所自而是臺固其幽棲之鄉也臺故有亭肖太公像其中一竿一笠猶然漁父時狀耳至萬歷二年其裔孫貢士呂小　等始因其故址而更新之擴亭爲廟像以冕旒略仿武成王廟舊制而以漢唐來名臣

臺而北，迤邐至王家口，河勢奔注，匯爲藪澤，水與天際，杳無涯畔。雖去海上百有餘里，而煙霞飄渺，若別有一天地焉。意當商周之世，必爲荒僻之區，人跡之所罕至，故公得避世而居于此。厥後蜚熊入夢，遇文王于渭水之濱，則就養後發跡所自，而是臺固其幽棲之鄉也。臺故有亭，肖太公像其中，一竿一笠，猶然漁父時狀耳。至萬曆二年，其裔孫貢士吕小□等，始因其故址而更新之。擴亭爲廟，像以冕旒，略仿武成王廟舊制，而以漢唐來名臣之知兵者配之。但世遠年湮，階下僅有斷碣，字跡漫滅。今康熙之四十六年，吕大生、吕潭、吕興鎬，丕承前志，復書其事于石，以垂久遠。嗟夫！公固百世殊絶人物，跡其鷹揚著績，開八百年之姬録，夫豈湖海中人哉！而世運未光，則寧淪于荒寒寂寞之區而不悔。蓋隱居行義，爲因其時。自古聖賢，未有心不超乎天下之外而能浮雲富貴，霖雨蒼生者。故公當日必有是臺之煙波蓑笠，以自樂其樂，而後有他年之旄鉞丹書，以憂人之憂。此以知聖人之心，憂樂同原。窮達原無所加損，而前後顯晦之各異者，則運會使然也。後之君子登斯臺者，其亦可悠然想見古聖人素位而行之道也夫。

之知兵者配之但世遠年湮堦下僅有斷碣字跡漫滅今
康熙之四十六年吕大生吕潭吕興鎬丕承前志復書其
事於石以垂久遠嗟夫公固百世殊絶人物跡其鷹揚著
績開八百年之姬錄夫豈湖海中人哉而世運未光則甯
淪於荒寒寂寞之區而不悔蓋隱居行義爲因其時自古
聖賢未有心不超乎天下之外而能浮雲富貴霖雨蒼生
者故公當日必有是臺之煙波蓑笠以自樂其樂而後有
他年之旄鉞丹書以憂人之憂此以知聖人之心憂樂同
原窮達原無所加損而前後顯晦之各异者則運會使然
也後之君子登斯臺者其亦可悠然想見古聖人素位而

行之道也夫

二二、重修碧霞元君祠碑記

題解：

《重修碧霞元君祠碑記》收録于清・光緒二十四年（1898）《大城縣志・金石志》，禮部尚書陳元龍撰文，刊刻于清・康熙六十一年（1722）。

碑文：

鬼神之有無，皆起于人心，而其自無而之有也。雖情狀奇幻，要以有功于蒸民，而不悖于聖人之道，則典禮之君子，亦秩而祀之。何則？三代之典，未始有淫祀也。凡社稷嶽瀆，先聖先師，固皆神之宜祀者。降自秦漢，釋老之道日行日盛，然後名山大川像設，諸天仙佛多至不可究詰，而求其福濟群生，保護百物如碧霞元君者，蓋鮮也。元君祠祀泰山，自泰山而外，所在祠廟不一，而圻墠之祠有五類，無不祀元君者。使非神靈多所感應，何以深入乎匹夫匹婦之心，而崇信不衰也。如是，夫泰山爲五嶽之一，古者非封内之諸侯不得旅，非有道之天子不得封且禪。今肖其神爲婦人，且建祠遍四方，吾不知典禮之君子當以爲何如。然吾嘗聞碧霞元君乃軒轅黃帝之所出，垂衣而治，有功于萬世，則其女豈非神明之胄，宜乎有感于人心，而爲祠官之所不廢也。且泰山膚寸之雲，不崇朝而遍雨天下，其澤及于人而有功于世也，尤信而有徵。是其神不必專食報于齊魯之郊，又理之可以無疑者矣。順天屬縣大城良臺村舊有祠，明萬曆年何守經創立。歲久，殿宇傾圮。本村何公諱玉柱捐資重建，闢而爲三，增修禪堂、配殿、客舍、山門。經始于康熙五十九年八月，落成于六十一年四月。欂櫨丹黝，煥然改觀，而來請記于予。予爲發明其有功可記，得附于社稷、嶽瀆、先聖、先師之秩，而不悖于聖人之道，如此則何公之功，不且與是殿同永也？康熙壬寅六月立。

重修碧霞元君祠碑記

禮部尚書陳元龍

鬼神之有無皆起於人心而其自無而之有也雖情狀奇幻要以有功於蒸民而不悖於聖人之道則典禮之君子亦秩而祀之何則三代之典未始有淫祀也凡社稷岳瀆先聖先師固皆神之宜祀者降自秦漢釋老之道日行日盛然後名山大川像設諸天仙佛多至不可究詰而求其福濟羣生保護百物如碧霞元君者蓋鮮也元君祠祀泰山自泰山而外所在祠廟不一而圻埠之祠有五類無不祀元君者使非神靈多所感應何以深入乎匹夫匹婦之心而崇信不衰也如是夫泰山爲五岳之一古者非封內之諸侯不得旅非有道之天子不得封且禪今付其神爲婦人且建祠徧四方吾不知典禮之君子當以爲何如然吾嘗聞碧霞元君乃軒轅黃帝之所出垂衣而治有功於萬世則其女豈非神明之胄宜乎有感於人心而爲祠宮之所不廢也且泰山膚寸之雲不崇朝而徧雨天下其澤及於人而有功於世也尤信而有徵是其神不必專食報於齊魯之郊又理之可以無疑者矣順天屬縣大城艮臺村舊有祠明萬歷年何守經創立歲久殿宇傾圮本村何公諱玉柱捐資重建潤而爲三增修禪堂配殿客舍山門經始於康熙五十九年八月落成於六十一年四月構檻丹黝煥然改觀而來請記於予予爲發明其有功可記得附於社稷岳瀆先聖先師之秩而不悖於聖人之道如此則何公之功不且與是殿同永也康熙壬寅六月立

二三、奉文禁盜決廣安鎮堤工碑記

題解：

《奉文禁盜決廣安鎮堤工碑記》收録于清・光緒二十四年（1898）《大城縣志・金石志》，謝鍾齡撰文，刊刻于清・乾隆四年（1739）。

碑文：

嘗稽堤防之設，自古已然。況行水另有其地，而藉以保一邑之城郭田廬，兼以庇鄰封數境之廣。則堤之關係（以下缺二十八字）合流，至天津歸海，由來舊矣。邑西二十里廣安村前成字號報部堤，長九里零八步，接河邑孟橋至舒城，乃舊千里長堤也。（以下缺三十餘字）利淺近，濱河另築，孟橋以上舊堤弃而不修，而大邑則常守昔人之成規爲謹。若失此，不但廣安，而本邑（以下缺二十餘字）康熙三十二年，河邑王華村濱河堤决，直冲此堤，而一州三縣沉溺數載。當事詳請題奏，蒙聖祖仁皇帝發帑興修。又雍正三年，河邑張各村河水漫溢，前令李君開王凡村前大堤，放水歸河，又以此堤齧于波浪，請題修葺。蒙世宗憲皇帝簡員發帑，重修完固。誠以行水另有其地，而四邑之命脉，萬井之安危，具在此堤，不可不加謹以從事也。乃乾隆三年，獻縣高官河流泛漲，潰堤東下，余目擊浩蕩情形，會河邑佐朱丞及城守施君復開王凡大堤，力爲疏消，及春可涸。詎河邑菩塔等村民，不以東開大堤疏洩爲感，反目此爲横堤壅遏。秋冬間三越月，每聚數十舟，夤夜持械抗守扒堤，即欲一洩而盡（缺五六字）。嗟乎！河民亦忍矣哉！下而長堤圍繞，河高地下水入則不能出矣。抱性命之憂者，不獨在大邑，而大邑之士民最先受害。時有生員李煦等，廉知盜扒確控，經具文通詳，合蒙直隸分巡天津、河間布政司參政兼管河務道憲陳熟悉河道堤段情形，區别利害軒輊，一面請帑工賑興修，一面親至堤審究。研訊之下，分别情僞，洞鑑幽微，河民氣阻辭塞，惟有叩首階前，懇恩超釋。復蒙憲仁如天，原其被淹情急，姑從寬典。于連月盜扒之趙某，照不應重律，擬杖八十。知情之保長金某邀衆之趙某，照不應重律加一等，杖九十。兼令後有水患，稟官移會，在王凡大堤開洩。如敢再行盜扒，即照故決河堤防律治罪。勒石禁詳。宫保尚書總督部堂孫批：趙某等盜決廣安堤埝，狡不承認，而屢次盜扒，確有實據，又不肯供盜扒之人，明係知情同夥。本應按律究辦，姑念被淹情急如詳，趙某照不應重律，杖八十。保長金某，知情不舉，縣舊役趙某，扛帮附合，照不應重律加一等，杖九十。均按擬熱審減等八折發落，以儆將來。並飭河、大二邑：嗣後偶有水潦，即速會勘，開王凡大堤，洩水歸河，毋許再行盜決廣安堤工等因。藩憲移咨道憲，行河捕分府轉行到縣。蒙此。除批檄存案外，仰遵憲仁明斷，勒石記德，永垂不朽。

乾隆四年立。縣丞朱永望書。

奉文禁盜決廣安鎮堤工碑記　邑令　謝鍾齡

嘗稽隄防之設自古已然況行水另有其地而藉以保一邑之城郭田廬兼以庇鄰封數境之廣則堤之關係以下缺二十八字合流至天津歸海由來舊矣邑西二十里廣安村前成字號報部堤長九里零八步接河邑孟橋至舒城乃舊千里長隄也以下缺三十餘字利淺近濱河另築孟橋以上舊堤棄而不修而大邑則常守昔人之成規爲謹若失此不但廣安而本邑以下缺二十餘字康熙三十二年河邑王華村濱河堤決直沖此堤而一州三縣沈溺

數載當事詳請題奏蒙

聖祖仁皇帝發帑興修又雍正三年河邑張各村河水漫溢前令李君開王凡村前大堤放水歸河又以此堤齧於波浪請題修葺蒙

世宗憲皇帝簡員發帑重修完固誠以行水另有其地而四邑之命脈萬井之安危具在此堤不可不加謹以從事也乃乾隆三年獻縣高官河流泛漲潰堤東下余目擊浩蕩情形會河邑佐朱丞及城守施君復開王凡大堤力爲疏消及春可涸詎河邑菩塔等村民不以東開大堤疏洩爲憾反目此爲横堤壅遏秋冬間三越月每聚數十舟簣夜持械抗守扒堤卽欲一洩而盡缺五六字嗟乎河民亦忍矣哉下而長堤闈繞河高地下水入則不能出矣抱性命之憂者不獨在大邑而大邑之士民最先受害時有生員李煦等廉知盜扒確控經具文通詳合蒙　直隸分巡天津河間布政司參政兼管河務道憲陳熟悉河道堤段情形區別利害軒輊一面請帑工賑興修一面親至堤審究研訊之下分別情僞洞鑑幽微河民氣阻辭塞惟有叩首階前懇恩超釋復蒙　憲仁如天原其被淹情急姑從寬典於連月盜扒之趙某照不應重律擬杖八十知情之保長金某邀衆之趙某照不應重律加一等杖九十兼令後有水患稟官移會在王凡大堤開洩如敢再行盜扒卽

照故決河堤防律治罪勒石禁詳

宮保尚書總督部堂孫批趙某等盜決廣安堤埝狡不承認而屢次盜扒確有實據又不肯供盜扒之人明係知情同夥本應按律究辦姑念被淹情急如詳趙某照不應重律杖八十保長金某知情不舉縣舊役趙某扛幫附合照不應重律加一等杖九十均按擬熱審減等八折發落以儆將來並飭河大二邑嗣後偶有水潦卽速會勘開王凡大堤洩水歸河毋許再行盜決廣安堤工等因

藩憲移咨道憲行河捕分府轉行到縣蒙此除批檄存案外仰遵憲仁明斷勒石記德永垂不朽乾隆四年立縣丞朱永堃書

二四、新改河堤碑文

題解：

《新改河堤碑文》收録于清・光緒二十四年（1898）《大城縣志・金石志》，刊刻于清・乾隆十二年（1758）。

碑文：

竊維皇仁洪鈞，水土治而萬世永賴；憲德誕敷，平成奏而億兆蒙休。遐邇歡騰，士民慶溢。兹因子牙正河乃滹沱之下流也，境屬大邑地方，而西北則有文安、霸州、保定相鄰，地勢窪下，忽值河水溢出，則積水數年，而民不聊生。恭奉聖祖皇帝愛民如子，不惜數百萬金修築河西堤岸，以防水患。但子牙河水流通海，地勢甚紆，一遇河水漲發，西堤即遭冲決，必須支河以分水勢，欽堤方保無虞。適于乾隆二年，自楊家口河唇決口北灌，地經静邑，歸海甚順，西堤不遭水患，可保安堵如故。即静邑地方，又有泥淤之利，此天假數郡以有益無害之道也。幸蒙邑侯謝公、静邑韓公、青邑田公，三縣會議，順勢開河，現有遵依在案，于是如結轉詳。前任天津道陳公，親歷查勘，移會永定道憲，又蒙憲委三家淀分府徐公查此俱應開河廢堤緣由，據實詳報。會詳上憲，荷蒙總河部院顧、總督部院孫會核題于乾隆五年二月二十八日，奉硃批：大學士會同該部速議具奏。據内閣大學士鄂勘得，應于楊家口河唇舊口處順勢開挖，按地除糧。邇來水不揚波，共慶安瀾，静邑漸成膏腴；西堤奠如磐石，霸、保、文、大永無積水之災，常享粒食之樂矣。俟後倘有假公濟私之徒，恣意杜閉，則上干國典，下違憲令，法所宜懲，律有明條。幸蒙邑侯劉公，歷查前案，據實詳明，以准仍順支道，不准堵塞。附近村莊，永免夫役。皇天之恩膏，大如乾坤；道憲之德澤，深同雨露。淪肌浹髓，刻骨銘心，敬述來歷，以垂永久云爾！乾隆十二年二月十六日，文、大邑士民公立。

新改河堤碑文

竊維

皇仁洪鈞水土治而萬世永賴

憲德誕敷平成奏而億兆蒙休遐邇懽騰士民慶溢茲因子牙正河乃滹沱之下流也境屬大邑地方而西北則有文安霸州保定相鄰地勢窪下忽值河水溢出則積水數年而民不聊生恭奉

聖祖皇帝愛民如子不惜數百萬金修築河西堤岸以防

水患但子牙河水流通海地勢甚紆一遇河水漲發西堤即遭沖決必須支河以分水勢欽堤方保無虞適於乾隆二年自楊家口河唇決口北灌地經靜邑歸海甚順西堤不遭水患可保安堵如故即靜邑地方又有泥淤之利此天假數郡以有益無害之道也幸蒙邑侯　謝公靜邑　韓公青邑　田公三縣會議順勢開河現有遵依在案於是如結轉詳前任天津道　陳公親歷查勘移會永定道憲又蒙憲委三家淀分府　徐公查此俱應開河廢堤緣由據實詳報會詳

上憲荷蒙

總河部院顧 總督部院孫 會核題於乾隆五年二月二十八日奉

硃批大學士會同該部速議具奏據

內閣大學士鄂勘得應於楊家口河唇舊口處順勢開挖拔地除糧邇來水不揚波共慶安瀾靜邑漸成膏腴西堤奠如磐石霸保文大永無積水之災常享粒食之樂矣俟後倘有假公濟私之徒恣意杜閉則上干

國典下違　憲令法所宜懲律有明條幸蒙邑侯　劉公歷查前案據實詳明以准仍順支道不准堵塞附

近村莊永免夫役

皇天之恩齊大如乾坤

道憲之德澤深同雨露淪肌浹髓刻骨銘心敬述來歷以垂永久云爾

乾隆十二年二月十六日文大邑士民公立

二五、重修白楊橋碑記

題解：

《重修白楊橋碑記》收録于清·光緒二十四年（1898）《大城縣志·金石志》，王建中撰文，刊刻于清·乾隆二十六年（1761）。

碑文：

子牙河亦名沿河，蓋滹沱、漳、滏諸水之支流。自西南迤邐入境，北折而東，會淀池，達津門，歸于溟海。環經縣治百有餘里，設興梁者有五，曰：白楊橋、南趙扶橋、姚馬渡橋、子牙橋、王家口橋。而白楊橋爲山左入都之孔道。厥橋創始未詳何時，廢者久之。至前邑令王公諱績與邑士民興議重修，又經邑王公諱植、黃公諱可潤兩次重修。緣河水渾濁湍悍，伏秋汛發，則奔騰湧溢，故舊制于橋外復設小橋，以分水勢。迨後歷年已久，漸有殘缺。余莅任數載來，差務絡繹，又無不時時驚心，是以未遑經理，亦慮重累我士民也。己卯秋，上游諸水漲發，小橋漂没，而正橋亦復傾圮。余思事之廢興由乎天，長堤古渡聽其廢而不修，當事者之恥也！爰圖爲鼎新之舉，捐薄俸以首倡，而紳士、商民俱各樂襄厥事。于是鳩工庀材，不數月而橋落成。長十三丈六尺，寬二丈四尺六寸，爲柱八，爲空九。列以兩廊，佐以小橋，引以垤道，一一次第修整，計費千餘金，則衆腋所集也。從此，車鄰馬邁，行人輻輳，日往來于天子蕩平正直之宇者，庶不至臨河病涉矣。雖然，莫爲之前，雖美弗彰；莫爲之復，雖盛弗繼。余幸與士民得繼王、黃諸公之志，而將來之永垂不朽者，尤不能無望于接踵之君子焉！是爲記。

重修白楊橋碑記 乾隆二十六年

王建中

子牙河亦名沿河蓋滹沱漳滏諸水之支流自西南迤運入境北折而東會淀池達津門歸於溟海環經縣治百有餘里設輿梁者有五曰白楊橋南趙扶橋姚馬渡橋子牙橋王家口橋而白楊橋爲山左入都之孔道厥橋創始未詳何時廢者久之至前邑令王公諱續與邑士民興議重修又經邑王公諱植黃公諱可潤兩次重修緣河水渾濁湍悍伏秋汛發則奔騰漫溢故舊制於橋外復設小橋以分水勢迨後歷年已久漸有殘缺余涖任數載來差務絡繹又無不時時驚心是以未遑經理亦慮重累我士民也己卯秋上游諸水漲發小橋漂没而正橋亦復傾圮余思事之廢興由乎天長堤古渡聽其廢而不修當事者之恥也爰圖爲鼎新之舉捐薄俸以首倡而紳士商民俱各樂襄厥事於是鳩工庀材不數月而橋落成長十三丈六尺寬二丈四尺六寸爲柱八爲空九列以兩廊佐以小橋引以堙道一一次第修整計費千餘金則衆腋所集也從此車鄰馬邁行人輻輳日往來於 天子蕩平正直之宇者庶不至臨河病涉矣雖然莫爲之前雖美弗彰莫爲之復雖盛弗繼余幸與士民得繼王黃諸公之志而將來之永垂不朽者尤不能無望於接踵之君子焉是爲記

二六、公修黑龍港河岸記

題解：

《公修黑龍港河岸記》收録于清・光緒二十四年（1898）《大城縣志・金石志》，大城知縣喬峻撰文，刊刻于清・乾隆四十五年（1780）。

碑文：

大邑河南共四十八村，地勢低污，歲患漫溢。西南患沿河，東北患黑龍港河，居民苦之。沿河自康熙中建有大堤，當即丈量段落，于近堤三十村，無論士民，按地均分，作爲堤埝，春築秋防。又于各村設立看堤堤長，查催修理。由是沿河水患，可保無虞。立碣于白楊橋旁，相沿遵守。黑龍港河亦係滹沱河下游，兼受河間、獻縣一帶大澤之水。春雖涸竭，而夏秋泛漲，勢與沿河相埒。先是，專責夾居黑龍港之十八村，通力合作，亦春築秋防，歲以爲常。嗣恐人力不齊，官委工正、工副各一人，督催辦理，與沿河各就其所近者，而分防之，此往日舊例也，遵行七十年，相安無異議。自乾隆二十年以後，法久漸弛，舊堤日殘，不獨水患倍前，而各該村既廢其業。官因令其供役于河北之堤岸，令此十八村協修三十村之堤，自救不贍，而復迫之舍其塋墓田廬，而往防他所，獄訟爭起，案牘日煩矣。余因查勘堤埝，細心諮訪，遂廉得其實。夫秋水漲發，沿河與黑龍河皆可慮也，分地防護，三十村與十八村皆赤子也，爲民父母，而不爲酌劑其平，烏乎可？因諭令各村居民，各按厥役，仍照往例遵行。又訪知楊家莊民楊士義、王召莊民王省言，樸實勤謹，堪充工正、工副，乃使爲十八村之督。部署一定，同聲稱便。而又恐其日久廢弛，仍滋訐訟，公請爲文，勒諸黑龍港河險要之處。余惟地方官不能興利除弊，而幸有舊章可循，爲斯民均徭役、杜爭端，亦責之無容諉者。竊願與後之莅斯土者共安之矣，遂允其請，而爲之記。乾隆四十五年庚子七月上浣。

公修黑龍港河岸記　　喬　峻 大城知縣

大邑河南共四十八村地勢低洼歲患漫溢西南患沿河東北患黑龍港河居民苦之沿河自康熙中建有大堤當即丈量段落於近堤三十村無論士民按地均分作爲堤埝春築秋防又於各村設立看堤堤長查催修理由是沿河水患可保無虞立碣於白楊橋旁相沿遵守黑龍港河亦係滹沱河下游兼受河間獻縣一帶大澤之水春雖涸竭而夏秋泛漲勢與沿河相埒先是尊責夾居黑龍港之十八村通力合作亦春築秋防歲以爲常嗣恐人力不齊官委工正工副各一人督催堤頭與沿河各就其所近者而分防之此往日舊例也遵行七十年相安無異議自乾隆二十年以後法久漸弛堤埝日殘不獨水患倍前而各該村既廢其業胥因令其併役於河北之堤岸令此十八村協修三十村之隄自救不暇而復迫之舍其塋墓田廬而往防他所獄訟爭起案牘日煩矣余因查勘堤埝細心

諮訪遂廉得其實夫秋水漲發沿河與黑龍河皆可慮也分地防護三十村與十八村皆赤子也爲民父母而不爲酌劑其平烏乎可因諭令各村居民各按厥役仍照往例遵行又訪知楊家莊民楊士義王召莊民王省吉朴實勤謹堪充工正工副乃使爲十八村之督部署一定同聲稱便而又恐其日久廢弛仍滋訐訟公請爲文勒諸黑龍港河險要之處余惟地方官不能興利除弊而幸有舊章可循爲斯民均徭役杜爭端亦責之無容諉者竊願與後之莅斯土者共安之矣遂允其請而爲之記乾隆四十五年庚子七月上浣

十八村曹家寺孫召莊李召莊楊家莊白廟王召莊呂召莊前窪艾辛莊固家莊周家莊廣惠屯良台前流莊中窪後流莊任前莊蓋益莊

二七、重修白楊橋碑記

題解：

《重修白楊橋碑記》收録于清·光緒二十四年（1898）《大城縣志·金石志》，刊刻于清·乾隆五十二年（1787）。

碑文：

白楊橋古名利濟，其創始也，不知何年。自康熙五十一年至今，凡經五邑侯修葺，要皆好仁勸善而成。在昔滏陽之水迤邐而來，其勢緩而物價廉，故成功也易。繼此滹沱之水與漳水、滏水、洺水匯注于斯，其勢大而物價倍，故成功也難。自乾隆二十六年，邑侯王公建修，已大費經營矣。至四十九年，水勢迅急，橋被衝折，往來行人，群苦病涉。前任杜公，發心捐修，厥志未逮而榮升。幸我邑侯胡公來莅兹土，接任之初，即留心民瘼，而于白楊橋尤廑念焉。客歲捐廉倡義，凡我士庶，莫不踴躍，樂襄盛事。因而構材鳩工，肇修于上巳之辰，落成于端陽之日。由是北赴帝都，南之山左者，莫不歡欣載道。厥利溥哉，厥濟衆哉，厥德懋哉。因思我胡父母下車以來，其存心也法以廉，其御衆也寬以和，其執法也嚴以平。懔四知于清夜，關節不通；存三畏于寸衷，錙銖不染。培學校而青衿色動，剔夙弊而閭左氣揚。而且省差役以舒民力，議公費以惜民財。官事無留滯，三農乏失時之虞；約信不輕發，四野絶豪吏之呼。《詩》云「樂只君子，民之父母」，其以此也。夫則豈特杠梁之成，與川流並千古哉？望等幸沐德涯，莫測滄溟，許大雅，蒙和煦，始知寒谷生春，所慮者天章日下，不次内擢，區區百里烏足羈驥足耶！因草俚言，永誌不忘，且望後之君子莅斯土而經是橋者，知我胡父母之善政，固如是也。是爲記。

重修白楊橋碑記乾隆五十二年

邑人　鄧民望億瞻

白楊橋古名利濟其創始也不知何年自康熙五十一年至今凡經五邑侯修葺王王王黃張要皆好仁勸善而成在昔滏陽之水迤邐而來其勢緩而物價廉故成功也易繼此滹沱之水與漳水滏水洺水匯注於斯其勢大而物價倍故成功也難自乾隆二十六年邑侯王公建修已大費經營矣至四十九年水勢迅急橋被衝折往來行人羣苦病涉前任杜公發心捐修厥志未逮而榮陞幸我邑侯胡公來蒞茲土接任之初即留心民瘼而於白楊橋尤㢂念爲客歲捐廉倡義凡我士庶莫不踴躍樂襄盛事因而搆材鳩工肇修於上巳之辰落成於端陽之日由是北赴帝都南之山左者莫不歡欣載道厥利溥哉厥濟衆哉厥德懋哉因思我胡父母下車以來其存心也法以廉其御衆也寬以和其執法也嚴以平慄四知於清夜關節不通存三畏於寸衷錙銖不染培學校而青衿色動剔夙弊而閭左氣揚而且省差役以舒民力議公費以惜民財官事無留滯三農之失時之虞約信不輕發四野絕豪吏之呼詩云樂只君子民之父母其以此也夫則豈特杠梁之成與川流并千古哉望等幸沐德涯莫測滄溟許大雅蒙和煦始知寒谷生春所慮者天章日下不次內擢區區百里烏足羈驥足耶因草俚言不誌不忘且望後之君子蒞斯土而經是橋者知我胡父母之善政固如是也是爲記

二八、重修南趙扶村通濟橋記

題解：

《重修南趙扶村通濟橋記》收録于清·光緒二十四年（1898）《大城縣志·金石志》，大城知縣陳鉶撰文，刊刻于清·嘉慶十四年（1809）。

碑文：

河橋之名，肇于秦昭王五十年，《史記》載之綦詳。橋者，趫也。矯然而立，所以便往來。古者徒杠輿梁成，而政體昭然，義在斯也。大城南趙扶，乃東西往來衝衢，沿河略界其前，舊有木橋一座。丁卯冬，予自津門遷是邑，見其形勢傾圮，過者心驚。詢之父老，乃知是橋自乾隆壬寅經應楫杜令重修，遺有碑記。迄今二十餘年，水災屢告，民將自顧之不贍，又豈能爲征人行方便乎？余莅任之明年，風雨以時，歲稱大熟，餘糧棲畝，家室盈寧。越己巳春，遂集父老而謀此舉。捐俸首倡，紳士商民，靡不歡忻鼓舞，樂襄厥事。于乘東作之餘，聚千金之重，鳩工庀材，月兩匝而大功告成。嗟乎！此橋之爲利久矣。觀邑志作于康熙之時，惜未詳其創于何日。即杜令碑記，傳開河之初已設之，而于其由來亦略焉。殆年遠而無可考與。今日革故鼎新，民請書其事于石，余豈敢自爲功，亦不過繼杜公之志云爾。然是橋也，以木爲之，非若石之可垂久遠也，安保歷數十年不又傾圮乎哉！鎸諸石，庶幾覽斯記者，諒予紳士商民，因其共繼杜公之志，有舉莫廢，于萬斯年。俾遠邇之人咸樂王道之平平也，是則賴諸後人君子。

重修南趙扶村通濟橋記

大城知縣陳鉶

河橋之名肇於秦昭王五十年史記載之綦詳橋者趫也矯然而立所以便往來古者徒杠輿梁成而政體昭然義在斯也大城南趙扶乃東西往來衝衢沿河畧界其前舊有木橋一座丁卯冬予自律門遷是邑見其形勢傾圮過者心驚詢之父老乃知是橋自乾隆壬寅經廳楫杜令重修遺有碑記迄今二十餘年水災屢告民將自顧之不贍又豈能爲征人行方便乎余莅任之明年風雨以時歲稱大熟餘糧棲畝家室盈甯越巳巳春遂集父老而謀此舉捐俸首倡紳士商民靡不歡忻鼓舞樂襄厥事於乘東作之餘聚千金之重鳩工庀材月兩而大功告成嗟乎此橋之爲利久矣觀邑志作於康熙之時惜未詳其創於何日即杜令碑記傳開河之初巳設之而於其由來亦略焉殆年遠而無可攷與今日革故鼎新民請書其事於石余豈敢自爲功亦不過繼杜公之志云爾然是橋也以木爲之非若石之可垂久遠也安保歷數十年不又傾圮乎哉鐫諸石庶幾覽斯記者諒予紳士商民因其共繼杜公之志有舉莫廢於萬斯年俾遠邇之人咸樂王道之平平也

是則賴諸後人君子杜公碑記今已無字

二九、彭邑侯創修書院碑

題解：

《彭邑侯創修書院碑》收録于清·光緒二十四年（1898）《大城縣志·金石志》，任聯第撰文，刊刻于清·同治五年（1866）。

碑文：

鳳臺書院立定條規，謹敘其事，預告後之董事者。我朝文教覃敷，各處設立書院，以培養人才，甚盛典也。大城舊有義塾而無書院，官斯土者有志創修，以無款可籌而中止。縣治東沿莊有官荒地二十頃有奇，向爲遊牧地。後河水淤爲膏腴，鄰近居民盗種焉，往往争奪成訟。邑侯諭示種地户出租，積爲書院費。時地無糧，未蕆厥事。同治中，賢侯春圃彭公甫下車，即召紳耆議立書院。時值兵差絡繹，兼攝他邑篆，未果。及回任，憲文催官荒地升科，復召紳耆議，乃上詳藩憲，地歸書院完糧。奉旨交户部註册，合邑捐銀一千伍百餘兩，爲辦理一切費，終年乃成。維我賢侯，屢詳上憲，大費心思，成此盛舉。捐廉猶其餘事，非爲一時計，蓋爲百世計也。從來善作者不必善成，善始者不必善終，事之廢興全在董事者加意與否。茲議定城鄉董事二十餘人輪轉知年，開課日齊集院議事，及冬日止課時，核算一年費若干，議明年事。每課以六人監察，有年邁不能任事者，即公議一人代之，永遠爲例，世世如斯，竊有望于後世之賢者。

彭邑侯創修書院碑

任聯第 邑人

鳳臺書院立定條規謹敘其事預告後之董事者我 朝文教覃敷各處設立書院以培養人才甚盛典也大城舊有義塾而無書院官斯土者有志創修以無款可籌而中止縣治東沿莊有官荒地二十頃有奇向為遊牧地後河水淤為膏腴鄰近居民盜種焉往往爭奪成訟邑侯諭示種地戶出租積為書院費時地無糧未蕆厥事同治中賢侯春圃彭公甫下車即召紳耆議立書院時值兵差絡繹兼攝他邑篆未果及回任憲文催官荒地升科復召紳耆議乃上詳藩憲地歸書院完糧奉 旨交戶部註冊合邑捐銀一千伍百餘兩為辦理一切費終年乃成維我賢侯屢詳上憲大費心思成此盛舉捐廉猶其餘事非為一時計蓋為百世計也從來善作者不必善成善始者不必善終事之廢興全在董事者加意與否茲議定城鄉董事二十餘人輪轉知年開課日齊集院議事及冬日止課時核算一年費若干議明年事每課以六人監察有年邁不能任事者即公議一人代之永遠為例世世如斯竊有望於後世之賢者

三〇、創修鳳臺書院碑記

題解：

《創修鳳臺書院碑記》收録于清・光緒二十四年（1898）《大城縣志・金石志》，任聯第撰文，刊刻于清・同治五年（1866）。

碑文：

子輿子曰：「知者無不知也，當務之爲急。仁者無不愛也，急親賢之爲務。」夫時當龍蛇起陸，虎豹臨戎，爲宰者方應接不暇，而亟亟于講學興賢。修其三物，張其四維，直欲以忠信爲甲胄，禮義爲干櫓，效投戈講藝者之所爲，鮮不笑爲不急之務。然使天下之爲宰者皆能建學興賢，與士民修三物、張四維，又何至龍蛇虎豹之紛紛哉？天下事未有本不治，而其末不亂者也。知仁之爲治，亦溥本肇末而已。粵稽書院之設，與學校相表裏，風教之攸關，人才之所出。自京師以至郡邑皆有之，而平舒無之，獨何歟？蓋莅斯邑者，或憚其難而不爲，或欲爲之而不果，則信乎非常之事必待非常之人也。同治五年，崇安春圃彭公來理平舒。甫下車，即謂予曰：「典制代有更張，學校則古今不易，今邑有學校而無書院，何以丕振文風乎？」縣北沿莊現有官荒地廿餘頃，詳請升科爲書院，經費余倡之，諸君贊之，可以集事。聯第等深知其難，然心壯其言，不敢不勉。于是總籌全局，收租幾何，捐金幾何，書院之賃價，院中之器具，同長之修金，諸生之膏火，共須幾何。以至官齋之課期，月幾何日，城鄉之董事，年幾何人，詳加酌核，復諸彭公。公遂通詳大憲，奏請升科，而鳳臺書院立焉。豈非有志者事竟成哉？夫創修于今日，亦綦難矣。盜賊縱横，軍書旁午，雖素有之書院，亦多以兵燹廢。而我公獨能殲馬賊以救民，復啓鳳臺以育士，厥功懋矣！其特簡知府，賞戴花翎也宜哉！獨是善作者不必善成，今觀成于一時，賢侯與僕等之責也。至繼成于百世，則不能無望于後賢矣。邑人喜書院落成，將勒碑以記。以予始終其事，知其成之難，且深悉賢侯之用心，有合于急先務、急親賢之旨也。因大書其事，誌賢侯之德，且以勸來茲云。

創修鳳臺書院碑記　任聯第

子輿子曰知者無不知也當務之爲急仁者無不愛也急親賢之爲務夫時當龍蛇起陸虎豹臨戎爲宰者方應接不暇而亟亟於講學興賢修其三物張其四維直欲以忠信爲甲冑禮義爲干櫓效投戈講藝者之所爲鮮不笑爲不急之務然使天下之爲宰者皆能建學興賢與士民修三物張四維又何至龍蛇虎豹之紛紛哉天下事未有本

不治而其末不亂者也知仁之爲治亦尃本肇末而已粵稽書院之設與學校相表裏風教之攸關人才之所出自京師以至郡邑皆有之而平谷無之獨何歟蓋莅斯邑者或憚其難而不爲或欲爲之而不果則信乎非常之事必待非常之人也同治五年崇安春圃彭公來理平舒甫下車即謂予曰典制代有更張學校則古今不易今邑有學校而無書院何以丕振文風乎縣北沿莊現有官荒地廿餘頃詳請升科爲書院經費余倡之諸君贊之可以集事聯第等深知其難然心壯其言不敢不勉於是總籌全局收租幾何捐金幾何書院之賃僦院中之器具同長之脩金諸生之膏火共須幾何以至官齋之課期月幾何日城鄉之董事年幾何人詳加酌核復諸彭公公遂通詳大憲奏請升科而鳳臺書院立焉豈非有志者事竟成哉夫創修於今日亦綦難矣盜賊縱橫軍書旁午雖素有之書院亦多以兵燹廢而我公獨能殲馬賊以救民復啟鳳臺以育士厥功懋矣其　特簡知府　賞戴花翎也宜哉獨是善作者不必善成今觀成於一時賢侯與僕等之責也至繼成於百世則不能無望於後賢矣邑人喜書院落成將勒碑以記以予始終其事知其成之難且深悉賢侯之用心有合於急先務急親賢之旨也因大書其事誌賢侯之

德且以勸來茲云

三一、重築格淀堤碑記

題解：

《重築格淀堤碑記》收録于清・光緒二十四年（1898）《大城縣志・金石志》，知縣蔡壽臻撰文，刊刻于清・同治十一年（1872）。

碑文：

興衆修築，以防災患，有司之事也。身家自衛，居民之務也。至于勢處難爲，工不易就，臨民者憂之。不得不亟爲籌畫，以集其事，則又一時之權變，而非所云是經是程也。格淀堤由來舊矣，向章民力修，不得動帑，東西十五里，界文、大兩境之間，障淀水不使南溢。而其南則東爲沿河堤，西爲千里堤。三堤之内，惟大城之王家口、茁頭段堤、三村田園廬墓盡在于茲。自有是堤以來，歲慶綏豐，淀水無害則是堤也，三村之保障也。同治初年，河水爲患，邑北諸堤盡潰，而格淀堤衝決尤甚，三村因亦爲瀦。嗚呼！此堤成，爲三村之利；此堤廢，爲三村之害。余自壬申歲來宰是邑，憫洚水爲災，亟思治之。會文邑稟憲，憲委牧翟公、游府陳公總辦文、大工程。先開引溝洩積水，繼修堤防北漲。督憲過境，尤殷殷以格淀堤爲至要，諭以急修。因款之難籌也，乃奏撥春撫銀兩以工代撫爲修堤之費。而格淀堤文、大兩段，皆令大城承辦。余查勘大城堤段，殘缺已甚，需役孔多，且此項銀兩原爲春撫之款，遂于飭令三村承修外，諭堤外被水各村，皆同得赴工就撫。于是衆力併集，是板是築，不數月而告成。是歲也，北水復漲而淀水不得爲災，則三村獲益，豈淺鮮哉！夫有其舉之莫敢廢也，而無以善後則弊滋。茲爲大城堤段定修守章程，以示將來。一于堤上築汛房二間，募雇妥人看守，以便當秋大汛時堤捷于照應。一每歲春間多栽柳樹，固護堤土，待其長成，亦可備搶險樁料。一每歲多堆土牛，以備防險之用，而取土必于五尺之外，不得以堤土補堤。一以上修守諸費，皆王家口與三村按年輪出，即遇衝決築塞，亦由三村承辦，不得援此次辦法，扳堤外各村，致推諉誤事。定此章程，勒石示後。總願堤内居民，各自盡力，以奠厥室家也。

更望後之莅斯土者，鑒于茲焉。

重築格淀堤碑記　　蔡壽臻 知縣

興衆修築以防災患有司之事也身家自衛居民之務也至於勢處難爲工不易就臨民者憂之不得不亟爲籌畫以集其事則又一時之權變而非所云是經是程也格淀堤由來舊矣向章民力修不得動帑東西十五里界文大兩境之間障淀水不使南溢而其南則東爲沿河堤西爲千里堤三堤之內惟大城之王家口苗頭段堤三村田園廬墓盡在於茲自有是隄以來歲慶綏豐淀水無害則是堤也三村之保障也同治初年河水爲患邑北諸堤盡潰

而格淀堤衝決尤甚三村因亦爲淤嗚呼此隄成爲三村之利此堤廢爲三村之害余自壬申歲來宰是邑憫滓水爲災亟思治之會文邑稟　憲憲委牧翟公遊府陳公總辦文大工程先開引溝洩積水繼修堤防北漲　督憲過境尤殷殷以格淀堤爲至要諭以急修因款之難籌也乃奏撥春撫銀兩以工代撫爲修堤之費而格淀堤文大兩段皆令大城承辦余查勘大城堤段殘缺已甚需役孔多且此項銀兩原爲春撫之款遂於飭令三村承修外諭堤外被水各村皆同得赴工就撫於是衆力併集是板是築不數月而告成是歲也北水復漲而淀水不得爲災則三村獲益豈淺鮮哉夫有其舉之莫敢廢也而無以善後則弊滋茲爲大城堤段定修守章程以示將來一於堤上築汛房二間募雇妥人看守以便當秋大汛時堤捷於照應一每歲春間多栽柳樹固護堤土待其長成亦可備搶險樁料一每歲多堆土牛以備防險之用而取土必於五尺之外不得以堤土補堤一以上修守諸費皆王家口與三村按年輪出即遇衝決築塞亦由三村承辦不得援此文辦法扳堤外各村致推諉誤事定此章程勒石示後總願堤內居民各自盡力以奠厥室家也更望後之涖斯土者鑒於茲焉

三二、重修城隍廟碑文

題解：

《重修城隍廟碑文》收録于清・光緒二十四年（1898）《大城縣志・金石志》，景榕曾撰文，刊刻于清・同治十二年（1873）。

碑文：

蓋聞神所憑依者，賴有廟宇；人所肅敬者，藉以觀瞻。邑之城隍廟，自前明天順年創建，于正德、萬曆間重修，原爲保障一邑，庇祐萬民而設也。逮及我國朝，越百餘年矣。其間雖不乏補葺，而終未重修，以是墻垣日壞，殿宇漸傾。即歷任邑侯有志鳩工構造，又慮大功難就而不果。會有我邑台頭村郝公萬倉，見其廟貌荒凉，神威慘淡，遂慨然獨任重修之舉，興功起造，焕然維新。是歲爲道光之十有三年，迄于今又歷四十年矣。能無風雨催殘，日月損壞哉！我前邑侯蔡鶴君大令，亦嘗謂斯廟主一邑之福庇，爲萬民所尊崇，詎可任其坍塌而不亟爲修補？第莅任年餘，即升遷宛邑，雖有志焉，而實未之逮也。乃有静邑邊公諱重慶者，因公來平舒，寓于道舍之東偏，見夫棟樑已朽，刹宇將傾，躍然有補修之志。遂邀集邑之紳耆，卜吉興功，將正殿、兩廡、山門、群墻、馬殿、映壁逐一更新。不維畫宇雕樑，而且金身塑像，儼然神威顯赫，殿閣峥嶸。此舉需費三千餘緡，洵堪媲美郝公矣！惜值時季秋，歲聿云暮，不能不有待于來年耳。于戲！公于是歲之春，偶染微疴，竟于七月念六日棄捐館舍。公一生素有樂善好施之志，于本邑中修典廟、造義渡、賑貧窮、廣施濟，種種善行，難以枚舉。其哲嗣尊三，克繼先志，復于是年中秋望前彙集工人，續修寢宫、陪殿，加之以粉飾，施之以丹青，益見宫闕之巍峩，殿宇之壯麗。于是構石勒碑，以記告竣之時日。非欲矜我之好施，昭著于祀世，亦非欲求福于一己，獲報于後人也。蓋欲後之同志者，繼爲補葺增修，以垂永久歟。屬余爲記，余不揣譾陋，略述顛末，以誌不忘，並以達邊公之意也云爾。

重修城隍廟碑文

景榕曾 邑人

蓋聞神所憑依者賴有廟宇人所肅敬者藉以觀瞻邑之城隍廟自前明天順年創建於正德萬歷間重修原爲保障一邑庇祐萬民而設也逮及我　國朝越百餘年矣其間雖不乏補葺而終未重修以是牆垣日壞殿宇漸傾卽歷任邑侯有志鳩工搆造又慮大功難就而不果會有我邑台頭村郝公萬倉見其廟貌荒凉神威慘淡遂慨然獨任重修之舉興功起造煥然維新是歲爲道光之十有三年迄於今又歷四十年矣能無風雨催殘日月損壞哉我前邑侯蔡鶴君大令亦嘗謂斯廟主一邑之福庇爲萬民所尊崇詎可任其坍塌而不亟爲修補第莅任年餘卽陞灤宛邑雖有志焉而實未之逮也迺有靜邑邊公諱重慶者因公來平舒寓於道舍之東偏見夫棟樑已朽剎宇將

傾躍然有補修之志遂邀集邑之紳耆卜吉興功將正殿兩廡山門羣牆馬殿映壁逐一更新不維畫宇雕樑而且金身塑像儼然神威顯赫殿閣崢嶸此舉需費三千餘緍洵堪媲美郝公矣惜值時季秋歲聿云暮不能不有待於來年耳於戲公於是歲之春偶染微痾竟於七月念六日棄捐館舍公一生素有樂善好施之志於本邑中修典廟造義渡賑貧窮廣施濟種種善行難以枚舉其哲嗣尊三克繼先志復於是年中秋望前彙集工人續修寢宮陪殿加之以粉飾施之以丹青益見宮闕之巍峩殿宇之壯麗於是搆石勒碑以記告竣之時日非欲矜我之好施昭著於襮世亦非欲求福於一已獲報於後人也蓋欲後之同志者繼爲補葺增修以垂永久歟屬余爲記余不揣謭陋略述顛末以誌不忘並以達邊公之意也云爾

三三、重修文昌廟記

題解：

《重修文昌廟記》收録于清・光緒二十四年（1898）《大城縣志・金石志》，知縣蔡壽臻撰文，刊刻于清・同治十二年（1873）。

碑文：

考文昌六星昭垂天象，自陰騭之説興，而司録之事著。唐宋累封于西蜀，迨元加號爲帝君，天下學校始有祠祀，明因之。我國朝稽古右文，列入祀典。咸豐中葉，復允禮臣之請，升入中祀，典至盛也。大邑文昌閣之建，始于康熙丙子之年，風雨漫患，殆將傾圮。司鐸唐君文智顧而憂之，遂于同治十二年鼎新文廟，次及斯閣。前令莊君允端復捐俸百餘金，益以邑人之助，舊觀頓復。而丹堊之飾，因費絀而止。壽臻莅兹邑，下車展拜，悉其故。竊歎前令莊君任事之勇且勤，而惜其功之未獲竟焉。爰于今春，集貲鳩功，兩閱月告蕆。巍然焕然，誠足係一邑之觀瞻，崇斯文之主宰。臻何幸而得樂觀厥成也。謹識其顛末，以告後之牧斯土者。並附列捐貲姓名于後，示善與人同之意云。是爲記。

重修文昌廟記

知縣　蔡壽臻桐鄉人

攷文昌六星昭垂天象自陰隲之說興而司錄之事著唐宋累封於西蜀迨元加號爲帝君天下學校始有祠祀明因之我　國朝稽古右文列入祀典咸豐中葉復允禮臣之請升入中祀典至盛也大邑文昌閣之建始於康熙丙子之年風雨漫患殆將傾圮司鐸唐君文智顧而憂之遂於同治十二年鼎新文廟及斯閣前令莊君允端復捐俸百餘金益以邑人之助舊觀頓復而丹堊之飾因費絀而正壽臻蒞茲邑下車展拜悉其故竊歎前令莊君任事之勇且勤而惜其功之未獲竟焉爰於今春集貲鳩功兩閱月告藏巍然煥然誠足係一邑之觀瞻崇斯文之主宰臻何幸而得樂觀厥成也謹識其顛末以告後之牧斯土者並附列捐貲姓名於後示善與人同之意云是爲記

三四、李門節烈婦邢氏墓碑記

題解：

《李門節烈婦邢氏墓碑記》收録于清·光緒二十四年（1898）《大城縣志·金石志》，宋實琨撰文，刊刻于清·光緒元年（1875）。

碑文：

光緒紀元之夏四月，予以久除川吏，板輿道遠，侍養家居。適聞陳村李節婦事，肅然動容，洵足勵人心而維風化。急商之同人述詞，聯名呈邑侯莊公。據詳請旌，並因續修縣志，擬立傳以垂久遠。其合族爲之建碑修墓，敦請爲文，以表其阡。予以呈名在列，不敢以不文辭。按：節婦氏邢，城南務農屯田家女，幼字李氏。其夫名連科，前明兵部侍郎諱松八世嫡派孫也。早失怙恃，終鮮弟昆，薄田十餘畝，饘粥自給。洎邢氏于歸，年十七，少夫五歲。居賤食貧，伉儷甚篤。饁餉佐耕作，辛苦備嘗。每届舅姑諱日，潔資盛，偕夫祭掃，盡哀盡恭。五年以來，鄉里藉藉有賢聲。去冬，夫染時疾甚劇，晨夕視湯藥，目不交睫者兩月。並禱于神明，誓以身代，孰意病竟不起。正月二日，氏泣浼族人經營窀穸，維時年僅二十一歲。零丁孤苦，生計艱難，而處之晏然，人僉以爲必無去志。其母乃急欲奪而嫁之，其姊又從而絮聒之。乃氏情深一往，節矢獨完，遂于三月初五日夜間閉户自經。戚族憫之，具棺殮合葬先塋，並擇近支侄行嗣之。嗚呼！節婦如此，可不謂烈乎？本農家之弱息，偏能慷慨以捐軀，明大義于芳年，特以從容而全節。金石堅而鬼神可質，貞珉建而日月争光。凡斯世之孤鸞寡鵠，未能自勵于衾影間者，聞邢氏節烈之風，亦可以奮然興矣。

李門節烈婦邢氏墓碑記　道光丙午科舉人　宋寶瑚　邑人

光緒紀元之夏四月予以久除川吏板輿遄侍養家居適閭陳村李節婦事肅然動容洵足勵人心而維風化邑商之同人謀詞聯名呈邑侯莊公採詳請旌並因續修縣志擬立傳以垂久遠其合族爲之建碑修墓敦請爲文以表其阡予以呈名在列不敢以不文辭按節婦氏邢城南

務農屯田家女幼字李氏其夫名遠科前明兵部侍郎諱松八世嫡派孫也早失怙恃煢鮮弟昆薄田十餘畝饘粥自給洎邢氏于歸年十七少夫五歲居賤食貧伉儷甚篤饁餉佐耕作辛苦備嘗每届舅姑諱日潔貢盛偕夫祭掃盡哀盡恭五年以來鄉里藉藉有賢聲去冬夫染時疾甚劇晨夕視湯藥目不交睫者兩月並禱於神明誓以身代孰意病竟不起正月二日氏泣浼族人經營窀穸維時年僅二十一歲零丁孤苦生計艱難而處之晏然人僉以爲必無去志其母乃急欲奪而嫁之其姊又從而絮聒之乃氏情深一往節矢獨完遂於三月初五日夜閻閉戶自經戚族憫之具棺殮合葬先塋並擇近支姪行嗣之嗚呼節婦如此可不謂烈乎本農家之弱息偏能慷慨以捐軀明大義於芳年特以從容而全節金石堅而鬼神可質貞珉建而日月爭光凡斯世之孤鸞寡鵠未能自勵於衾影間者聞邢氏節烈之風亦可以穡然興矣

三五、劉封翁星池偕配趙宜人墓誌

題解：

《劉封翁星池偕配趙宜人墓誌》收録于清・光緒二十四年（1898）《大城縣志・金石志》，吕式槤撰文，刊刻于清・光緒八年（1882）。

誌文：

封翁姓劉，諱濬源，字星池，順天大城人也。其先世籍山西洪洞縣，故明永樂間徙晋民以實畿輔，乃卜宅于邑北之王家口，遂家焉。十一世公父孔及公，德行著于鄉，配氏楊，有婦德，生子四人，公其季也。生而聰穎，性端慤。少長受書，過目成誦。未冠，從學于同里王砥如先生，學爲詩文，落筆輒軼其儕輩，先生器重之。既冠，補博士弟子員，益嗜學，切切以振家聲爲志。家極貧，雖日不舉火而下帷誦不輟。恒終歲不入市廛，即林園中亦尠見屐痕也。公元配趙宜人，生子三，女一。長子元亨，字會廷；次元戎，次元獻，幼皆受經。而會廷最慧，公每以光大門閭期之。以貧故艱于儋石，歲携會廷課讀于外。宜人撫二子一女于内，教養分任之。公意殊適，至忘境遇之艱。每自課、課兒之暇，輒對酒吟詩。又博習群書，而于數理尤精悉焉。無何，趙宜人以疾終。公以缺内助，攖心米鹽，遂無意上進，而以素志期諸會廷。于是會廷游郡庠，咸豐辛酉領鄉薦。光緒戊寅，以倉差勞績，迭蒙倉憲保奏，奉旨以知縣儘先選用，加同知銜，準予五品封典，尋授唐山縣教諭。公以子貴遇覃恩封奉政大夫，公配贈宜人。公喜形于色曰：「吾所望于吾子者，原不止此。然余老矣，猶及見吾子登仕版，于願已慰，雖冷署微官，亦可就養，豈澀飯稀羹不足養吾老耶！」會廷甫抵唐山學署，即擬以安車迎公，而車未抵里，公竟以痰喘疾終于家。時光緒壬午四月二十四日也，壽七十有五。趙宜人終于道光二十三年三月二十八日，壽四十。先後合葬于村西北一里先塋，乾山巽嚮。銘曰：

公學淹博，公品清超。處逆若順，其樂陶陶。方古賢士，詩伯酒豪。緊惟宜人，天水賢媛。其身淑慎，其心塞淵。克勤克儉，以相所天。望厥封兮若堂，鬱松柏兮蒼蒼。松柏敷蔭兮，其下蘭茁而桂芳。枝葉永茂兮，長發其祥。

劉封翁星池偕配趙宜人墓志　呂式槤

封翁姓劉諱濬源字星池順天大城人也其先世籍山西洪洞縣故明永樂間徙晉民以實畿輔遒卜宅於邑北之王家口遂家焉十一世公父孔及公德行著於鄉配氏楊有婦德生子四人公其季也生而聰穎性端慤少長受書過目成誦未冠從學於同里王䃾如先生學爲詩文落筆輒軼其儕輩先生器重之既冠補博士弟子員鋭意學切切以振家聲爲志家極貧雖日不舉火而下帷誦不輟恆終歲不入市廛郎林園中亦尠見屐痕也公元配趙宜人生子三女一長子元亨字會廷次元戎次元勳幼皆受經而會廷最慧公每以光大門閭期之以貧故艱於儋石歲攝會廷課讀於外宜人撫二子一女於內教養兼任之公意殊適至忘境遇之艱每自課課兒之暇輒對酒吟詩又博習羣書而於數理尤精悉焉無何趙宜人以疾終公以缺內助攖心米鹽遂無意上進而以素志期諸會廷於是會廷遊郡庠咸豐辛酉領鄉薦光緒戊寅以倉差勞績洪

蒙倉憲保奏奉旨以知縣儘先選用加同知銜準予五品封典尋授唐山縣教諭公以子貴遇覃恩封奉政大夫公配贈宜人公喜形於色曰吾所望於吾子者原不止此然余老矣猶及見吾子登仕版於願已慰雖冷署微官亦可就養豈遜飯稀羹不足養吾老耶會廷甫抵唐山學署即擬以安車迎公而車未抵里公竟以痰喘疾終於家時光緒壬午四月二十四日也壽七十有五趙宜人終於道光二十三年三月二十八日壽四十先後合葬於村西北一里先塋乾山巽向銘曰

公學淹博公品清超處逆若順其樂陶陶方古賢士詩伯酒豪緊惟宜人天水賢媛其身淑慎其心塞淵克勤克儉以相所天望厥封兮若堂鬱松柏兮蒼蒼松柏敷蔭兮其下蘭茁而桂芳枝葉永茂兮長發其祥

三六、九聖祠碑記

題解：

《九聖祠碑記》收録于清·光緒二十四年（1898）《大城縣志·金石志》，吕式棲撰文，刊刻于清·光緒十五年（1889）。

碑文：

《易》曰：「聖人以神道設教，而天下服。」孔子曰：「使天下之人，齊明盛服，以承祭祀，神之爲道昭昭也。」或曰：「神在人心，誠至斯顯。然以實有監察于冥冥中者著靈應，而人斯讋慄欽信焉。」東萬燈村九聖祠，創建不知年所，而村人世賴庇佑。歲時伏臘，祈福禳災，往往有應。然祠之摧敗于風霜淋潦，將爲墟者數十年矣。里中李母杜安人，故千總武略騎尉諱崇嶸公配也。己丑八月，安人病篤，禱于九聖，默以祝。越日而安人之病瘳，又數日大痊。九聖之靈，何響應如斯也。其明年春，安人以重修神祠之意白村衆，且曰：「余自捐資，不累村人也。」乃擇吉興工，閲月而工竣。殿宇崇宏，基扃固護，密瓦鱗布，重簷翼舒。甍棟則丹赭交輝，榱題則金碧耀采，九聖列像其中，巍然肅然，深人敬悚，壯哉觀乎！視昔三人獲庇佑，神無棲止也奚若？是舉也，費錢千餘緡，皆安人所捐，于村人無累焉。然則有是舉，而安人之誠志昭，善行著，武略公之世德亦彰。而村人賴以獲九聖之庇佑也，未有艾矣。督修諸君，將勒石以誌不忘，索余言而授以意，乃述重修之始末，而贅詞于左曰：神道福善應所求兮，重修祠宇答神庥兮。綏爰有衆惠同儔兮，九聖之靈、安人之德並千秋兮。

九聖祠碑記

呂式楗 邑人

易曰聖人以神道設教而天下服孔子曰使天下之人齊明盛服以承祭祀神之爲道昭昭也或曰神在人心誠至斯顯然以實有監察於冥冥中者著靈應而人斯讋慄欽信爲東萬燈村九聖祠創建不知年所而村人世賴庇佑歲時伏臘祈福禳災往往有應然祠之摧敗於風霜淋潦將爲墟者數十年矣里中李母杜安人故千總武略騎尉諱崇嶸公配也己丑八月安人病篤禱於九聖默以祝越日而安人之病瘳又數日大痊九聖之靈何響應如斯也其明年春安人以重修神祠之意白村衆且曰余自捐貲不累村人也迺擇吉興工閱月而工竣殿宇崇宏甚扃固護密瓦鱗布重簷翼舒甍棟則丹赭交輝榱題則金碧耀采九聖列像其中巍然肅然深人敬悚壯哉觀乎視昔三人獲庇佑神無棲止也奚若是舉也費錢千餘緡皆安人所捐於村人無累焉然則有是舉而安人之誠悫昭善行著武略公之世德亦彰而村人賴以獲九聖之庇佑也永有艾矣督修諸君將勒石以誌不忘索余言而授以意迺述重修之始末而贅詞於左曰

神道福善應所求兮重修祠宇答神庥兮綏爰有衆惠同儔兮九聖之靈安人之德並千秋兮

三七、重修文廟記

題解：

《重修文廟記》收録于清·光緒二十四年（1898）《大城縣志·金石志》，吕式棟撰文。

碑文：

天地，載道者也；堯、舜、禹、湯、文、武行道者也；孔子，傳道者也。天地有壇，歷代帝王有廟，崇祀皆不出京國。孔子一布衣，無權無位，不等天地帝王而有廟，且通祀于京國郡邑，非因其上律下襲，祖述憲章，而傳道于天下後世哉！此所以爲萬世師表，而大都小邑皆立廟也。我大邑文廟由來已久，自同治某年重修，迄今三十餘年矣。風雨所侵，日剥月蝕，廟貌不復壯觀。邑侯趙父母蔚然，于去歲下車後，即倡捐重修城隍廟。雖隱有重修文廟之心，而工費較鉅，又不能謀諸市儈商民，待時乘勢，固未嘗一日忘也。今正鳳臺書院團拜，張廣文琴軒言于趙公曰：「書院團拜，會萃人文，欲修文廟，此其時矣。」因知王公霞村樂善好施，延之籌畫修款，首倡捐資，並延劉公雨亭、竹生廣募闔邑士民。集腋既多，于是擇期舉事，鳩工庀材，邀李公均、王公澤元監修焉。二公皆非富紳，而自備資斧，不染公款絲毫，一切銀錢出入，悉商之于縣尉張公、營總王公。次第修補，佈置有條。垣墉之圮者築之，材木之蠹者易之，丹漆黝堊之漫漶髹飾而增新之。中夏興工，彌月而蕆事。翼然焕然，頓改舊觀，允可妥神依緜道教矣。異日登堂拜奠，觀瞻既肅，奉祀彌虔，尊禮先師與尊祀天地帝王庸有異耶？斯舉也，邑尊趙公倡其始，王公霞村總其成，而協理則營總王公、縣尉張公，並竹生、雨亭兩劉公也。至監修之李、王二公，負介任勞，不費公款，尤爲可敬可嘉云。

重修文廟記

呂式樺 邑人

天地載道者也堯舜禹湯文武行道者也孔子傳道者也天地有壇歷代帝王有廟崇祀皆不出京國孔子一布衣無權無位不等天地帝王而有廟且通祀於京國郡邑非因其上律下襲祖述憲章而傳道於天下後世哉此所以爲萬世師表而大都小邑皆立廟也我大邑文廟由來已久自同治某年重修迄今三十餘年矣風雨所侵日剝月蝕廟貌不復壯觀邑侯趙父母蔚然於去歲下車後即倡捐重修城隍廟雖隱有重修文廟之心而工費較鉅又不能謀諸市儈商民待時乘勢固未嘗一日忘也今正鳳臺書院團拜張廣文琴軒言於趙公曰書院團拜會萃人文欽修文廟此其時矣因知王公霞村樂善好施延之籌畫修款首倡捐資並延劉公雨亭竹生廣募闔邑士民集腋既多於是擇期舉事鳩工庀材邀李公均王公澤元監修焉二公皆非富紳而自備資斧不染公款絲毫一切銀錢出入悉商之於縣尉張公營總王公次第修補佈置有條垣墉之圮者築之材木之蠹者易之丹漆黝堊之漫漶髹飾而增新之中夏興工彌月而蕆事翼然煥然頓改舊觀允可安神依縣道教矣異日登堂拜奠觀瞻既肅奉祀彌虔尊禮先師與尊祀天地帝王廟有異耶斯舉也邑尊趙

公倡其始王公霞村總其成而協理則營總王公縣尉張公並竹生雨亭兩劉公也至監修之李王二公員介任勞不費公款尤爲可敬可嘉云

三八、修葺文廟碑記

題解：

《修葺文廟碑記》收録于清・光緒二十四年（1898）《大城縣志・金石志》。

碑文：

凡天下，亘古今，皆民也。合天下古今之民，而各遂其生，各正其性，各安于君臣、父子、夫婦、昆弟、朋友之倫，士農工賈之業而不相傾軋，不相遺棄，孰爲之？道也。道何以一，天下古今教也？道統開自堯舜，而其教宏于孔子。孔子紹列聖之傳，啓百王之緒，垂教萬世，罔不蒙休被澤，涵濡于大道之中而不自知。休哉厥功，蔑以尚矣。然下者之率從，由上之表率，上之崇奉不誠，則下之率由不謹，異端其而撓之。

惑于異端者，將叛而去之。周、秦以來，佛、老、申、韓、管、商、楊、墨其已事也，而一綫微言必不可絶。是以崇祀之典，代有加禮。漢高章祀以太牢，唐奉牲幣悉視上公，周太祖躬親拜奠，元加封文宣王。有明洪武之世，易王爲師。嘉靖之朝，更像爲主。要皆隆其典禮以崇道，俾天下知所率從罔或越。我朝車書一統，聖教昌明，統遐邇内外，胥歸同倫之化，則聖天子隆禮師儒，表章正學之功，其徵諸庶民，著爲治績者，視往代爲尤盛也。大邑爲皇畿至善之地，其民純樸，其俗敦龐。蕞爾一隅，絶無畔道離經之輩，謂非沐浴聖化者久而遷善不知歟？然天下之大，後世之久，烏知無殊方異類，倡邪説以誘斯民者耶？鄉黨之間，顓愚之衆，烏知無厭故喜新，爲邪説所惑者耶？吾甚願斯民之守正教，而不爲奇邪所誤也。吾深恐斯民之奉教不篤，而易爲奇邪所誘也。莅任以來，與司鐸亟以正人心、厚風俗爲念，展謁先師，奉行祀典，而見其周垣傾仆，棟榱朽蠹，心焉負疚如疢疾之不釋于懷。夫宮墻不葺則瞻視不尊也，威儀不肅則心志不懾也，因循之漸成爲玩褻，其何以篤崇師表，而動斯人畏神服教之思哉？乃集紳耆，飭材鳩工，以襄厥事。環堵既建，宗桷欂櫨之殘缺者易之，丹雘髹漆之漫漶者新之，締構既堅，典制大備。工成，蠲日舍菜，將集多士于茲，講德行道義，明親義序別。俾圜橋觀聽者，耳濡目染，庶浸淫于先聖之教，知斯道之不容背而去也。則此舉也，非爲侈華美、壯觀瞻，實以正人心、厚風俗，範一邑之人于聖道焉爾。

修葺文廟碑記

凡天下亘古今皆民也合天下古今之民而各遂其生各正其性各安於君臣父子夫婦昆弟朋友之倫士農工賈之業而不相傾軋不相遺棄孰爲之道也道何以一天下古今教也道統開自堯舜而其教宏於孔子孔子紹列聖之傳啟百王之緒垂教萬世罔不蒙休被澤涵濡於大道之中而不自知休哉厥功蔑以尙矣然下者之率從由上之表率上之崇奉不誠則下之率由不謹異端其間攙之惑於異端者將叛而去之周秦以來佛老申韓管商楊墨其已事也而一綫微言必不可絕是以崇祀之典代有加禮漢高章祀以太牢唐奉牲幣悉視上公周太祖躬親拜奠元加封文宣王有明洪武之世易王爲師嘉靖之朝更像爲主要皆隆其典禮以崇道俾天下知所率從罔或越

我　朝車書一統聖教昌明統遐邇內外胥歸同倫之化則

聖天子隆禮師儒表章正學之功其徵諸庶民者爲治績者覩往代爲尤盛也大邑爲皇畿至善之地其民純樸其俗敦龐蕞爾一隅絕無畔道離經之輩謂非沐浴聖化者久而遷善不知歟然天下之大後世之久烏知無殊方異類倡邪說以誘斯民者耶鄉黨之間顓愚之衆烏知無厭故喜新爲邪說所惑者耶吾甚願斯民之守正教而不爲奇袤所誤也吾深恐斯民之奉教不篤而易爲奇袤所誘也涖任以來與司鐸　亟以正人心厚風俗爲念展謁

先師率行祀典而見其周垣傾仆棟榱朽蠹心焉負疚如疢疾之不釋於懷夫宮牆不葺則瞻視不尊也威儀不肅則心志不懾也因循之漸成爲玩褻其何以篤崇師表而動斯人畏神服教之思哉乃集紳耆飭材鳩工以襄厥事環堵既建宋桷欂櫨之殘缺者易之丹雘髹漆之漫漶者新之絺搆既堅典制大備工成鐲日舍菜將集多士於茲講德行道義明親義序別俾圜橋觀聽者耳濡目染庶浸淫於　先聖之教知斯道之不容背而去也則此舉也非爲修葺美壯觀瞻實以正人心厚風俗範一邑之人於聖道焉爾

三九、里坦鎮南小橋碑文

題解：

《里坦鎮南小橋碑文》收録于清・光緒二十四年（1898）《大城縣志・金石志》。

碑文：

蓋慶康年者，不忘水旱，有偶值之天災；履平地者，不廢橋梁，有預防之人事。相厥村南，實維下隰，爲商旅往來之要路，亦街市出入之通衢。若大道果可常遵，固無慮蜀道之驚陷馬。而潦水倘逢未盡，將不免淇水之歎漸車。蒹葭掩映，人在一方。雲樹蒼茫，虹藏百尺，臨涯多阻，利涉奚從？恭維啓堂劉老先生，承好善之家傳，兄終弟繼；推濟人之素志，身體力行。周族屬鄉閭之急，由來篤厚可風；憫行人厲揭之艱，爰是綢繆未雨。運木石而我任我輦，鳩工肇始于三春；策輿馬而載驟載馳，成梁不待于十月。擬仲舒之捐帶而築，事本周詳；較大宋之編竹而成，德尤懋介。偶爾鴉頭泛渌，誰栽步步之蓮！相看雁齒排紅，我折條條之柳。宛似河填烏鵲，詎須游泝于陳川；居然港近黑龍，可任經過于圯上。工竣于今日，而樂其澤者，將及乎百年；事便于此方，而出其路者，遂由之四達。稱誦不間于疏戚，佩戴豈比于尋常。雖爲善不求報，非思要譽于鄉鄰；而揚善有同心，固已遍乎于遐邇。凡我衆人共欽盛德。仰義士之風，僉謂修同薛惠，荷仁人之利，允宜名著。崔公言：「是芻蕘匪等贊颺之失實，壽諸金石，用誌銘勒于弗忘。告厥成功，昭茲來許。」

里坦鎮南小橋碑文

蓋慶康年者不忘水旱有偶値之天災履平地者不廢橋梁有預防之人事相厥村南實維下隰爲商旅往來之要路亦街市出入之通衢若大道果可常遵固無慮蜀道之驚陷馬而潦水偶逢未盡將不免淇水之歎漸車蒹葭掩映人在一方雲樹蒼茫虹藏百尺臨涯多阻利涉奚從恭維啟堂劉老先生承好善之家傳兄終弟繼推濟人之素志身體力行周族屬鄉閭之急由來篤厚可風惆行人厲揭之艱爰是綢繆未雨運木石而我任我輦鳩工肇始於三春策輿馬而載驟載馳成梁不待於十月擬仲舒之捐帶而築事本周詳較大宋之編竹而成德尤懋介偶爾鴉頭泛漲誰栽步步之蓮相看雁齒排紅我折條條之柳苑似河塡烏鵲詎須游泝於陳川居然港近黑龍可任經過於圯上工竣於今日而樂其澤者將及乎百年事便於此方而出其路者遂由之四達稱誦不間於疏戚佩戴豈比於尋常雖爲善不求報非思要譽於鄉鄰而揚善有同心固已遍乎於遐邇凡我衆人共欽盛德仰義士之風僉謂修同薛惠荷仁人之利允宜名著崔公言是芻蕘匪等賛颺之失實壽諸金石用誌銘勒於弗忘告厥成功昭茲來許

四〇、重修玉皇殿宇記

題解：

《重修玉皇殿宇記》收録于清・光緒二十四年（1898）《大城縣志・金石志》，田見龍撰文。

碑文：

若夫仙樓白玉，窈冥崑閬之墟；神闕黃金，寂寞蓬瀛之浦。斯則岡巒彷彿，稽鳳册而空存；島嶼憑陵，艤龍舟而罕迨。豈若據坤軸之寶地，載闢宸宮；占象緯而圖基，聿修昭事者哉。矧夫弭災消沴，大千仰覆育之仁；慧雨和風，六宇荷生成之德。非精祇承，奚迓帝佑。大城縣玉皇殿者，誌稱唐鄂公所建也。爾其旁臨崇阜，睨疊巘之蜿蜒；俯瞰深潭，羨波心之澄澈。長林蔚薈，清飈奏隔水之簧；豐草爛斑，平野鋪天孫之錦。聽過橋鳴瀑，晴日懸溜；挹舞風纖條，半空摇翠。時有鶴來華表，燕拂林梢。遵回廊而徙倚，疑躡紫霧于瑶階；循瑀楹而上馳，恍見碧桃于洞口。豈直玉臺爲觀，僅標形勝于蜀中；朝天有宮，徒肇浩眇于西京也哉。歷代遭迴，久失締造。登碣有路，恨苔蘚之侵衣；柱礎欲傾，恣野藤之轇轕。薦蘋藻者，因之愾歎；過宇下者，相視咨嗟。有川道人，一日謂蔡文學曰：「此殿肇造蓋有年矣，上雨旁風，摧圮殆甚，墻棘路卉，漸就榛蕪，吾儕不葺，誰其任者。」乃相與募金營造。採荊峽之松檟，改造山門；輂燕山之堅珉，疊爲石礎。前後費金二萬餘緡，于是重欒複棟，霧緝霞張，繡桷雕欄，鸞伸翬飛。珍臺控景，義和有練轡之因；綺榭裁氛，屏翳得停鑣之所。似出重昏之境，如連不夜之城。會毛邑侯來自晋陽，旱魃爲災，侯中虔告，乃桑林步禱，雨達沖漢之中；甘澍滂沱，旋滿郊原之外。自非誠參元化，道叶鉉機，烏能捷應若此乎？爰有黃冠又鉉等，咸謂纖毫細德，猶篆美而垂芳；鐘鼎微榮，尚銘勳而作鑒。况乎神威自在，方傳葺造之功；豈可棟宇常存，不勒金石之蹟。乃託幽鄙，俾誌貞珉。第才非夢鳥，難題黃絹之詞；技僅雕蟲，聊記修葺之歲云爾。道人姓杜名川，蔡文學名拱樞，俱邑人。毛侯名雲漢，山右人。其捐施姓氏勒碑陰。

迴久失締造登碣有路恨苔蘚之侵衣柱礎欲傾忝野藤之轇轕蔦蘋藻者因之慨歎過宇下者相覿咨嗟有川道人一日謂蔡文學曰此殿肇造蓋有年矣上雨旁風摧圮殆甚牆棘路卉漸就榛蕪吾儕不葺誰其任者乃相與募金營造採荆峽之松櫃改造山門葦燕山之堅珉疊爲石礎前後費金二萬餘緡於是重欒複棟霧綃霞張繡桷雕欄鸞伸翬飛珍臺揑景羲和有練響之因綺榭裁氛屏翳得停鑣之所似出重昏之境如連不夜之城會毛邑侯來自晉陽旱魃爲災侯申虔告乃桑林步禱雨逹沖漢之中甘澍滂沱旋滿郊原之外自非誠參元化道叶鉉機烏能捷應若此乎爰有黃冠又鉉等咸謂纖毫細德猶彖美而埀芳鐘鼎微榮尙銘勳而作鑒况乎神威自在方傳葺造之功豈可棟宇常存不勒金石之蹟乃託幽鄙俾誌貞珉第才非夢鳥難題黃絹之詞技僅雕蟲聊記修葺之歲云爾道人姓杜名川蔡文學名拱樞俱邑人毛侯名雲漢山右人其捐施姓氏勒碑陰

重修玉皇殿宇記

田見龍 邑人

若夫仙樓白玉窈冥崑閬之墟神闕黃金寂寞蓬瀛之浦斯則岡巒彷彿稽鳳冊而空存島嶼憑陵犧龍舟而罕造豈若據坤軸之寶地載闢宸宮占象緯而圖基聿修昭事者哉矧夫弭災消沴大千仰覆育之仁慧雨和風六宇荷生成之德非精祇承奚延帝佑大城縣玉皇殿者誌稱唐鄂公所建也爾其旁臨崇阜睨叠巘之蜿蜒俯瞰深潭羨波心之澄澈長林蔚薈清飈奏隔水之簧豐草爛斑平野鋪天孫之錦聽過橋鳴瀑晴日懸溜挹舞風纖條半空搖翠時有鶴來華表鷺拂林梢遵回廊而徙倚疑躡紫霧於瑶階循珥楹而上馳恍見碧桃於洞口豈直玉臺爲觀僅標形勝於蜀中朝天有宮徒擊浩耿於西京也哉歷代遭

四一、廣安鎮三官廟水陸殿碑記

題解：

《廣安鎮三官廟水陸殿碑記》收録于清·光緒二十四年（1898）《大城縣志·金石志》，劉漢儒撰文。

碑文：

平舒居燕趙之分，地連瀛海達津門。西去縣治二十里，鎮名廣安，適當孔道，而輪蹄輶使每至止焉。鎮地脉較他處稍阜而厚，桑麻梨棗之美，頗甲一邑。其居廬錯繡，亦比櫛若也。往有三官廟，初不悉其創自何年。其基址僅三楹，後草椽稱之，一二頭陀輩僦居，不蔽風雨。會少司馬小峰李公，稍爲葺補，已有崛然改觀之勢矣！其僧廣成，正李公拔之于行脚者，想亦五百年劫種有善因乎？僧少最獰，人咸嗾之，然正爲獰也，機心不起，一味作如來護法。暨其徒福春，持鉢盂，肩行李，往來吴越間幾萬里，沿門募化，得金若干，一種無賴，方且剖腹而藏。乃竟于殿後舊椽改造大殿三楹，爲水陸殿，兩角各起禪室者二。其東西雲連，榻明几秀，又不可十指數也。于是步留都虔，諸水陸像輝煌耀麗，令人一仰，對之不覺面孔欲唾而塵心盡洗也。説者曰：「佛氏以净爲宗，以無爲教，斷絶一切，而獨瓊宫瑶宇，不幾令寂滅者顧而反走乎？」余獨曰不然。世情迷于塵網，偶提以清凉之境，不啻于火宅溽暑中，赤脚踏層冰耳。但一意淡漠，索之無味，捫之無跡，易使人厭而思遁。則鷲峰雪嶺，金璧珠衣，未始非接引一妙筏也。頭陀輩能作是果，不大愈脱離慾海，未斬魔根，乃執色空空色之説，妄欲與彌勒諸天争坐位也耶？且上方別刹，雲影山光，每足增游人問津之想，而廣安鎮添此一段勝概，觀風諸君子一睇覽之，恍見靈氣之萃集，而爲人文增色也。廣成詎止爲釋氏之功臣乎！余曾習業于殿之左廡，禪燈慧性，未必無默照之因。因序水陸之盛，而並記之云爾。

廣安鎮三官廟水陸殿碑記　都憲　劉漢儒　邑人

平舒居燕趙之分地連瀛海達津門西去縣治二十里鎮名廣安適當孔道而輪蹄輻輳每至止焉鎮地脈較他處稍阜而厚桑麻梨棗之美頗甲一邑其居廬錯綉亦比櫛

若也往有三官廟初不審其刱自何年其基址僅三楹後草椽稱之一二頭陀輩僦居不蔽風雨會少司馬小峰李公稍爲葺補已有煥然改觀之勢矣其僧廣成正李公拔之於行脚者想亦五百年刼種有善因乎僧少最獰人咸蹙之然正爲獰也機心不起一味作如來護法曁其徒福春持鉢盂肩行李往來吳越間幾萬里沿門募化得金若干一種無賴方且剖腹而藏乃竟於殿後舊椽改造大殿三楹爲水陸殿兩角各起禪室者二其東西雲連榻明几秀又不可十指數也於是步留都度諸水陸像輝煌耀麗令人一仰對之不覺面孔欲匝而塵心盡洗也說者曰佛氏以淨爲宗以無爲教斷絕一切而獨瓊宮瑤宇不幾令寂滅者顧而返走乎余獨曰不然世情迷於塵網偶提以清涼之境不啻於火宅海暑中赤腳踏層冰耳但一意淡漠索之無味捫之無跡易使人厭而思遯則鷲峰雪嶺金璧珠衣未始非接引一妙筏也頭陀輩能作是果不大愈脫離慾海未斬魔根乃執色空空色之說妄欲與彌勒諸天爭坐位也耶且上方別刹雲影山光每足增遊人問津之想而廣安鎮添此一段勝槪觀風諸君子一睇覽之恍見靈氣之萃集而爲人文增色也廣成詎止爲釋氏之功臣乎余曾習業於殿之左廡禪燈慧性未必無默照之因

因序水陸之盛而並記之云爾

四二、天妃廟碑記

題解：

《天妃廟碑記》收録于清·光緒二十四年（1898）《大城縣志·金石志》。

碑文：

天地間盛衰，理也；成敗，勢也。即衰而復盛，敗而復盛，亦一定之數也。故卦有泰否，月有盈虧。四時之寒而暑，暑而寒者，何一非盛衰成敗之寓于其間。豈城郭村落，廟宇觀瞻，獨不然乎？即以吾鄉而論，當其盛也，泰山行宮與藥王行宮，金碧相映。復以柳陰横遮，绿波環繞，游人行至橋東，見樓影倒垂，目迷五色，幾不知其爲水中岸上。然佛閣僧廬，星羅棋布，參差于菰蒲竹樹之中者，實景幽而地僻也。今雖柳殘橋斷，游人跡希，父老猶能爲余言曰，某也樓，某也閣，某也静室，某也臺榭，可不謂一時之盛乎！未幾，明運式微，天將大有盛衰于中土也。聖主東來，中原鼎革，近都三百餘里盡設旗丁。忽而林木陰森者，變爲荒榛蔓草；層樓飛閣者，變爲寒煙冷風；轂擊肩摩連袂成雲者，變爲瓦礫荆棘、鬼火狐鳴之域，能不令人動盛衰之感乎？幸而運不終衰，旗丁改戍，畿南漸有起色。會羅刹宇數亦當興，先大人與比丘輩商略指顧，按休咎，顧向背，漸次部署，闊大其規，曲折其徑。由柳陰而入，過菜園數武爲山門，由山門而入爲十王殿居左右，又入爲太山行宮，東西三楹，前後亦三楹，面供天妃三像，及司福禄、子嗣、災殃之神，無不畢具。背面嚮水，復供三大士及一切水府之神。于是游其地者，無不曰彩畫莊嚴，冠絶一時。蓋其爲地也，以林木勝，以水月勝。其爲僧也，以戒律勝，以詩畫勝，以幽淡枯寂勝。于是四方百里之遥，求福者無不于是奔，求禄者無不于是禱。即求名、求利、求子嗣、求免災殃者，亦無不于是祈也。使數不當盛，勢不當成，何以禱爲之應，祈爲之靈？凡有入廟干求，無不顯報而令數千萬人匍匐恐後也哉！今遠近數百里，共計千萬姓，咸欲勒石以誌其盛。吾知此地此刹，將有盛而無衰也，有成而無敗也，將由衰而盛，由敗而成，更咸與興而無窮也。于是爲之記。

天妃廟碑記

天地間盛衰理也成敗勢也即衰而復盛敗而復盛亦一定之數也故卦有泰否月有盈虧四時之寒而暑暑而寒者何一非盛衰成敗之寓於其間豈城郭村落廟宇觀瞻獨不然乎即以吾鄉而論當其盛也泰山行宮與藥王行宮金碧相映復以柳陰橫遮綠波環繞遊人行至橋東見樓影倒垂目迷五色幾不知其爲水中岸上然佛閣僧廬星羅碁布參差於菰蒲竹樹之中者實景幽而地僻也今雖柳殘橋斷遊人跡希父老猶能爲余言曰某也樓某也閣某也靜室某也臺榭可不謂一時之盛乎未幾明運式微天將大有盛衰於中土也　聖主東來中原鼎革近都三百餘里盡設旗丁忽而林木陰森者變爲荒榛蔓草層樓飛閣者變爲寒煙冷風轂擊肩摩連袂成雲者變爲瓦礫荆棘鬼火狐鳴之域能不令人動盛衰之感乎幸而運不終衰旗丁改戍畿南漸有起色會羅剎宇數亦當興先大人與比邱輩商略指顧按休咎顧向背漸次部署闊大其規曲折其徑由柳陰而入過茱圃數武爲山門由山門而入爲十王殿居左右又入爲太山行宮東西三楹前後亦三楹面供天妃三像及司福祿子嗣災殃之神無不

畢具背面向水復供三大士及一切水府之神於是遊其地者無不曰彩畫莊嚴冠絕一時蓋其爲地也以林木勝以水月勝其爲僧也以戒律勝以詩畫勝以幽淡枯寂勝於是四方百里之邇求福者無不於是奔求祿者無不於是禱即求名求利求子嗣求免災殃者亦無不於是祈也使數不當盛勢不當成何以禱爲之應祈爲之靈凡有入廟干求無不顯報而令數千萬人匍匐恐後也哉今遠近數百里共計千萬姓咸欲勒石以誌其盛吾知此地此剎將有盛而無衰也有成而無敗也將由衰而盛由敗而成更咸與興而無窮也於是爲之記

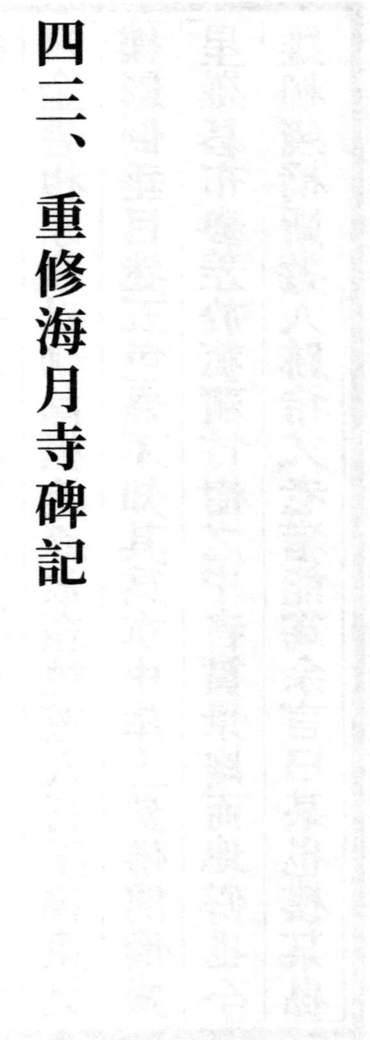

四三、重修海月寺碑記

題解：

《重修海月寺碑記》收録于清·光緒二十四年（1898）《大城縣志·金石志》，馬慎撰文。

碑文：

佛氏之教，其來遠矣。粵自周昭王甲寅二十四年，有大聖人生于西域，是名曰佛，中國尚未有也。迨漢明帝夜夢金人示瑞，請經像入中國，其教沛然大行。内而王都，外而群邑，以及名山勝水，靡不有寺有庵，以爲祝釐之所也。然重其教而崇其法，不特中國而已，雖九夷諸番，依歸趨向，亦與中國爲不殊。其教廣大而難量矣。邑之東北北樓堤村，西有海月閣寺，實爲古刹。歲月既深，傾頹已盡。至明正統間，孫友得、石明、孫繳祥等發心重建正殿三間。釋迦如來，左右伽藍殿，肖像奇古，金碧輝煌。至正德間，風雨湧浸，傾圮復如前日。又有石大章、孫大名、張元、孫景隆者，繼先人之志，捨田施財，發心乞化助緣。僧明海積聚銀糧，捐資鳩工，重建佛殿三間，大佛一尊，文殊、普賢、伽藍、祖師、天王等殿俱全。比之前大有所恢宏也。夫厥功落成，方嚮規模嚴整，清雅耀秀，林木暢茂，儼然一新。請僧明海爲住持，同功德主孫清乞言，以記其事。余維天下之道有二：曰善，曰惡而已。惟人有善惡之殊，天有禍福之報，如影隨形，若響隨聲，錙銖不爽，特遲速之間耳。故佛教雖宗派不同，不過俾人去惡爲善，同生極樂，無他道焉。吾所謂善，不特修佛造塔，供佛齋僧而已。凡守國法，孝父母，睦宗族，和鄉黨，存本分心，行平等事，一切濟乎人而利乎物，皆一念善心之所推也。殆見以善啓善，以心感心，普天率土同歸乎善，則人即太古之民，時即羲皇之世也。渾渾乎，噩噩乎，同享太平于無窮，斯非爲善之所驗乎！然則佛教大隆，法輪將與日月同光，江河同潤，天地同其悠久也。猗歟盛哉！不揣而爲記，併寺之形勢，以及施財姓名，共造于碑陰，以備將來有所考而知焉。

重修海月寺碑記

馬　愼　邑人

佛氏之教其來遠矣粤自周昭王甲寅二十四年有大聖人生於西域是名曰佛中國尚未有也迨漢明帝夜夢金人示瑞請經像入中國其教沛然大行內而王都外而郡邑以及名山勝水靡不有寺有庵以爲祝釐之所也然重其教而崇其法不特中國而已雖九夷諸番依歸趨向亦與中國爲不殊其教廣大而難量矣邑之東北北樓堤村西有海月閣寺實爲古刹歲月既深傾頹已盡至明正統間孫友得石明孫繳祥等發心重建正殿三間釋迦如來左右伽藍殿背像奇古金碧輝煌至正德間風雨漂浸傾

圮復如前日又有石大章孫大名張元孫景隆者繼先人之志捨田施財發心乞化助緣僧明海積聚銀糧捐資鳩工重建佛殿三間大佛一尊文殊普賢伽藍祖師天王等殿俱全比之前大有所恢宏也夫厥功落成方向規模嚴整淸雅耀秀林木暢茂儼然一新請僧明海爲住持同功德主孫淸乞言以記其事余維天下之道有二曰善曰惡而已惟人有善惡之殊天有禍福之報如影隨形若響隨聲錙銖不爽特遲速之間耳故佛教雖宗派不同不過俾人去惡爲善同生極樂無他道爲吾所謂善不特修佛造塔供佛齋僧而已凡守國法孝父母睦宗族和鄉黨存本分心行平等事一切濟乎人而利乎物皆一念善心之所推也殆見以善啟善以心感心普天率土同歸乎善則人卽太古之民時卽羲皇之世也渾渾乎噩噩乎同享太平於無窮斯非爲善之所驗乎然則佛教大隆法輪將與日月同光江河同潤天地同其悠久也猗歟盛哉不揣而爲記併寺之形勢以及施財姓名共造於碑陰以備將來有所考而知焉

四四、碧霞元君祠碑

題解：

《碧霞元君祠碑》收録于清・光緒二十四年（1898）《大城縣志・金石志》，劉鍾英撰文。

碑文：

蓋聞坤元載物，至静之德無疆；富媪資生，錫福之神有象。訪仙踪于西母，駕遠瑶池；贊元化于東皇，靈昭泰岱。粤若碧霞元君，固承天而時行者也。溯自震維配極，喬嶽降神，心正直而聰明，體含宏而廣大。璚霄朗照，佑四海之蒼黎；金闕高居，掌三天之亭毒。顯應久傳夫日觀，崇儀懋舉于興朝。歲四月十八日爲元君誕辰，皇帝欽命内侍御大臣一員，詣岱頂碧霞宫致祭，禮也。夫天子爲兆民祈福，既已殷薦其馨香，率土爲國家祝釐，豈可弗崇其祠廟。彼南嶽夫人之館，翠檻星浮；瀟湘帝子之宫，黄陵雲矗。況元君爲萬靈主宰，赤縣爲四方具瞻，棟宇未興，曷以慰閭閻之望；椒漿莫奠，曷以伸肸蠁之誠。平舒東十八里，有句鍊師法善者，宅心清浄，惟道是從，誦蕊珠之内篇，究元君之妙旨。每慨靈墟之廢，誓興福地之工。精誠極而白刃穿，善信至而滄溟動。建珍樓于碧落，珠綴衝風；架瑶殿于紫虚，鴛鴦覆瓦。林神在棟，勢贔屓而負虹梁；桂女臨窗，容婉孌而扶絳節。載瞻玉座，如到金庭。飈飈乎羽衛排雲，駐九都之法駕；肅肅乎霓旌翳日，列翠水之仙姝。輪奂高而碧樹無遮，天人合而元關洞啓。珠旛電轉，法鼓雷驚，瞻禮者衆一其心，趨赴者人萬其善。香煙滃鬱，疑屯岱頂之雲；磬管和鳴，妙合琅璈之韻。脱非元君之冲用，烏能神化無方乎！自時厥後三十載，有善女人王氏者，操堅崑玉，心慕飛瓊，道寄行詮，志因境立。蕊宫貝闕，思百千萬劫以朝真；齧雪餐風，歷四十八盤而皈命。洎還梓里，彌切霞思。鍼神度則組繡横飛，黼幄成而雲霞萬色。銖衣掩嫭，寶閣增輝，献九天真母之前，奪八紀夫人之巧。某也躬睹盛儀于琳宇，爰稽神蹟于瑶編。玉葉黄華，祇羽流之謬説；金虹太乙，亦道藏之虚辭。據禮典以綜觀，實地祇之宗主。所以神周萬宇，廟祀千齡。龍護窗則月鏡虚圓，鸞舞樹則天花亂下。或天孫晋謁，振環珮而流風；或神女來親，倚翠旗而行雨。從此留雲碧宙，聿增東嶽之行宫；效職玉京，永延北辰之寶祚，敢作頌曰：

二儀覆載，大德曰生。養精降德，泰岱峥嶸。于赫元君，福綏九有。承上帝命，爲天下母。于赫聖清，尊命敬神。崇修廟貌，慰此下民。下民欣欣，願伸私祝。各建靈祠，匪殫土木。芸生樂止，玉帛重重。元君戾止，和鸞雍雍。式是仙居，碧霞紫府。載勒穹碑，炳靈萬古。

碧霞元君祠碑

劉鍾英　邑人

蓋聞坤元載物至静之德無疆富媪資生錫福之神有象訪仙蹤於西母駕遠瑤池贊元化於東皇靈昭泰岱粤若碧霞元君固承天而時行者也溯自震維配極喬嶽降神

心正直而聰明體含宏而廣大璚霄朗照佑四海之蒼黎金闕高居掌三天之亭壽顯應久傳夫日覲崇儀懋舉於

興朝歲四月十八日爲元君誕辰

皇帝欽命內侍御大臣一員詣岱頂碧霞宫致祭禮也夫

天子爲兆民祈福既已殷薦其馨香率土爲　國家祝釐豈可弗崇其祠廟彼南岳夫人之館翠檻星浮瀟湘帝子之宫黄陵雲矗況元君爲萬靈主宰赤縣爲四方具瞻棟宇未興曷以慰閭閻之望椒漿莫奠曷以伸肸蠁之誠乎舒東十八里有句鍊師法善者宅心清淨惟道是從誦蘂珠之內篇究元君之妙旨每慨靈墟之廢誓興福地之工

精誠極而白刃穿善信至而滄溟動建珍樓於碧落珠綴
衡風架瑤殿於紫虛鴛鴦覆瓦林神在棟勢嶽肩而負虹
梁桂女臨窗容婉變而扶絳節載瞻玉座如到金庭飈颺
乎羽衛排雲駐九都之法駕肅肅乎霓旌翳日列翠水之
仙姝輪奐高而碧樹無遮天人合而元關洞啟珠旛電轉
法鼓雷驚瞻禮者衆一其心趨赴者八萬其善香烟滃鬱
凝屯岱頂之雲磬管和鳴妙合瑤璈之韻脫非元君之冲
用烏能神化無方乎自時厥後三十載有善女人王氏者
操堅崑玉心慕飛瓊道寄行詮志因境立藥宮貝闕思百
千萬刼以朝眞腦雪餐風歷四十八盤而皈命洎還梓里

彌切霞思鐵神度則羅繡橫飛黼幄成而雲霞萬色銖衣
掩婷寶閣增輝獻九天眞母之前奪八紀夫人之巧某也
躬覩盛儀於琳宇爰稽神蹟於瑤編玉葉黃華玉女卷言元君名玉葉在黃華山祇羽流之謬說金虹太乙見道藏亦道藏之虛辭據
禮典以綜觀實地祇之宗主所以神周萬寓廟祀千齡龍
護飈則月鏡虛圓鸞舞樹則天花亂下或天孫晉謁振環
珮而流風或神女來親倚翠旗而行雨從此留雲碧宙聿
增東嶽之行宮效職玉京永延北辰之寶祚敢作頌曰
二儀覆載大德曰生養精降德泰岱崢嶸於赫元君福綏
九有承上帝命爲天下母於赫　聖淸尊命敬神崇修廟
貌慰此下民下民欣欣顧伸私祝各建靈祠匪殫土木芸
生樂止玉帛重重元君戾止和鸞雝雝式是仙居碧霞紫
府載勒穹碑炳靈萬古祠在大流瀑村

目録

任丘

〇一、唐故鄭公（善）夫人楊氏墓誌……一〇三
〇二、清河张府君（曾）墓石……一〇五
〇三、明户部郎中封都察院右僉都御史邊公（永）合葬墓誌銘……一〇七
〇四、明倫堂題名記……一一一
〇五、開府田公湟中破虜碑記……一一三
〇六、明特進光禄大夫左柱國少師兼太子太師協理京營戎政兵部尚書贈太師次溪李公（汶）墓誌銘……一二〇
〇七、魏狀元（元禮）復葬墓記……一二七
〇八、任邱令周侯（詩）去思碑記……一三〇
〇九、北山鐵廠碑記……一三三
一〇、任邑金公（燦）去思碑記……一三六
一一、重修萬壽橋碑記……一三八
一二、劉使君（正）墓誌……一四〇
一三、六真居士劉公（鑣）墓表……一四四
一四、修治漢阿陵侯墓並建饗堂碑記……一四七
一五、桂巖書院碑記……一五〇
一六、河間會館碑記……一五三
一七、清誥授中議大夫兩淮鹽運使司霽峰邊公（廷掄）暨配井太淑人墓誌銘……一五五
一八、清誥授奉直大夫晉贈通議大夫内閣中書宗君（樹桐）墓誌銘……一五九
一九、籍忠宣墓誌……一六二
二〇、瑞州守古愚高公去思碑記……一六五
二一、黄州田公允中去思碑……一六八
二二、子方敷華二祠記……一七〇

任丘

〇一、唐故鄭公（善）夫人楊氏墓誌

題解：

《唐故鄭公（善）夫人楊氏墓誌》收録于中國文物研究所、河北省文物研究所：《新中國出土墓誌》（河北卷），北京：文物出版社，2012年，第39頁。刊刻于唐·麟德二年三月（665），誌石長31厘米、寬47厘米、厚6.5厘米。誌文18行，滿行10字。正行相間。誌石「文革」期間出土于任邱市鄭州鎮二鋪村，現藏于任邱市文化館。

誌文：

唐故鄭公夫人楊氏墓誌

公諱善，字士元，河間鄭人也。漢尚書令泉，公之遠祖也。公承茲褫祉，天不襲衷，至隋末卒于私第。晋之太傅，即婆之祖也。但以岷水難停，奄從隋運。父諱當，字當伯，氣勇陵雲，志侔霄漢。母楊，淑態嫣容，霞峰比峻。至貞觀八年卒于閨室。嗣子君信，恐天開若劍，陟岵無從；地裂呈巾，哀哀何及。粤以麟德二年三月十九日，合葬于鄭城西一里，禮也。乃爲銘曰：

恢恢我先，代代多賢。飛名周録，抗直晋年。巾移廣嶽，運誨蕭田。刊茲荊玉，萬古長全。

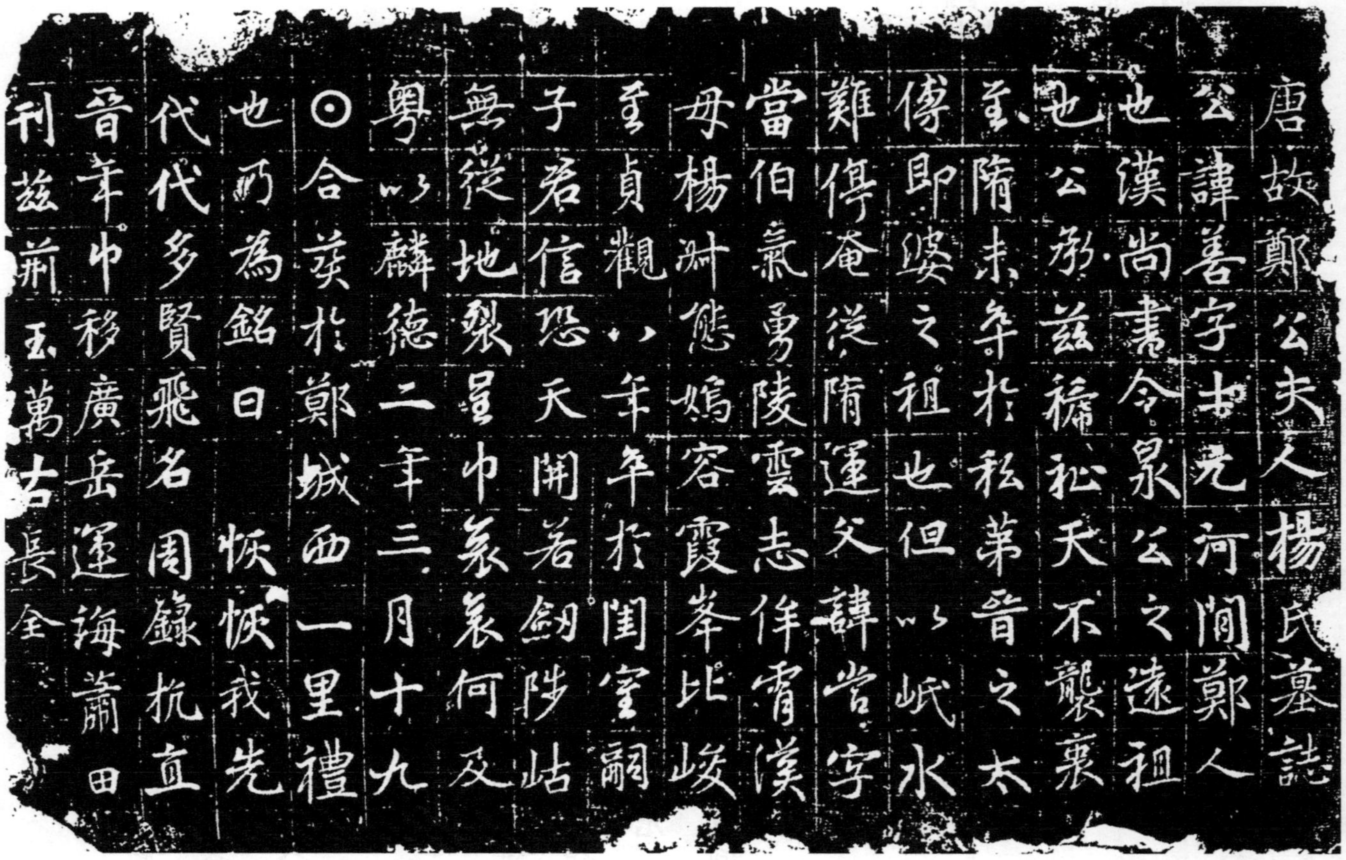
唐故鄭公夫人楊氏墓誌
公諱善字士元河間鄭人
也漢尚書令泉公之遠祖
也公承兹稀秘天不襲衷
至隋末年於私第晉之太
傅即婆之祖也但以岷水
難停奄從隋運父諱嘗字
當伯氣勇陵雲志伴霄漢
母楊淑態嫣容霞峯比峻
至貞觀八年年於閨室嗣
子君信恐天開若劍陟岵
無從地裂星巾氣氣何及
粤以麟德二年三月十九
⊙合葬於鄭城西一里禮
也乃為銘曰　恢恢我先
代代多賢飛名　周錄抗直
晉年中移廣岳運海蕭田
刊兹荊玉萬古長全

〇二、清河张府君（曾）墓石

題解：

《清河张府君（曾）墓石》收録于清・乾隆二十七年（1762）《任邱縣志・藝文志》，刺史柳宗元撰文，刊刻于唐・貞元二十年（804）。

蓋文：

貞元二十年六月一日，清河張公諱曾，寢疾，即世于莫亭嘉深里之私第，享年七十六。自屬纊至于移窆，朋從親暱，洎州里士君子無不慟怛。嗚呼！仁賢之云亡也哉！惟公受自軒黄而分，歷代茂盛，源流益别。公即清河之緒。曾祖皇太子諮議郎諱崇，祖皇中府折衝諱操，父皇太子内直郎諱禮，公即内直郎嗣也。早

清河張府君墓石　唐刺史柳宗元河東人

貞元二十年六月一日清河張公諱曾寢疾即世於莫亭嘉深里之私第享年七十六自屬纊至於移窆朋從親暱洎州里士君子無不慟怛嗚呼仁賢之云亡也哉惟公受自軒黄而分歷代茂盛源流益別公即清河之緒曾祖皇太子諮議郎諱崇祖皇中府折衝諱操父皇太子內直郎諱禮公即內直郎嗣也早歲有節亮壯　心拳拳禮容執德無倦逮夫弱冠遵道秉義汪汪然不可得而親不可得而友挺出常度機畧內蘊時薊州刺史御史中丞榮公籍公公才最

以從事情以道契三揖而進受靜塞軍營田判官恭儉涖職勳積明著甄錄奏聞受遊擊將軍守右領軍衛幽州開福府折衝都尉員外置同正員賜緋都尉公疎勢賤諂心不苟合恬淡爲頤年之用覩磐組爲伐性之具遂辭名晦迹高卧雲物因家於三河邑背郭而東得林巒之勝致也暨乎年逾不惑以長子瓊佐鄭亭侯嘉聲洋洋多歷年數由是閱實觀政巾車以來郡邑清暢禮容大備既釋我願斯不返駕每一迷人貞七談真空微妙之性探懸原迷賾之旨浩浩方寸洞豁塵境不其至歟嗟乎大道無涯天命有定

歲有節，克壯□心，拳拳禮容，執德無倦。逮夫弱冠，遵道秉義，汪汪然不可得而親，不可得而友，挺出常度，機略内蘊。時薊州刺史、御史中丞榮公、籍公才最以從事，情以道契，三揖而進，受静塞軍營田判官。恭儉莅職，勳績明著。甄録奏聞，受游擊將軍，守右領軍衛幽州開福府折衝都尉員外置同正員，賜騎都尉。公疏勢賊諂，心不苟合，恬淡爲頤年之用，視簪組爲伐性之具。遂辭名晦跡，高臥雲物。因家于三河邑，背郭而東，得林巒之勝致也。暨乎年逾不惑，以長子瓊佐鄚亭侯，嘉聲洋洋，多歷年數。由是閲實觀政。巾車以來，郡邑清暢，禮容大備。既釋我願，斯不返駕，每一迷人貞七，談真空微妙之性，探懸原迷賾之旨。浩浩方寸，洞豁塵境，不其至歟。嗟乎！大道無涯，天命有定，雖聖明不能越常運而超物外哉！公以疾起無妄，情不嗜藥，顒顒居易，悔咎莫有，星歲幾周，大漸長往。嗚呼！天富其道而闕于壽，謂之何哉！夫人北平田氏，哀而得禮。有子二人，瓊等卜祔先塋，龜筮告吉，以其年十一月一日窆于任邱東北長丘鄉原，禮也。二嗣號擗，痛深泣血哀告，以先遠有請以誌之。宗元承命不怍，刻之貞石。銘曰：

蘭茝其馨，金玉其貞。碎碎折之，何神不明？茂旌其英，德立行成。悠悠銘旌，洋洋懿聲。孝子令孫，宅兆郊原。龜筮叶從，慶流後昆。

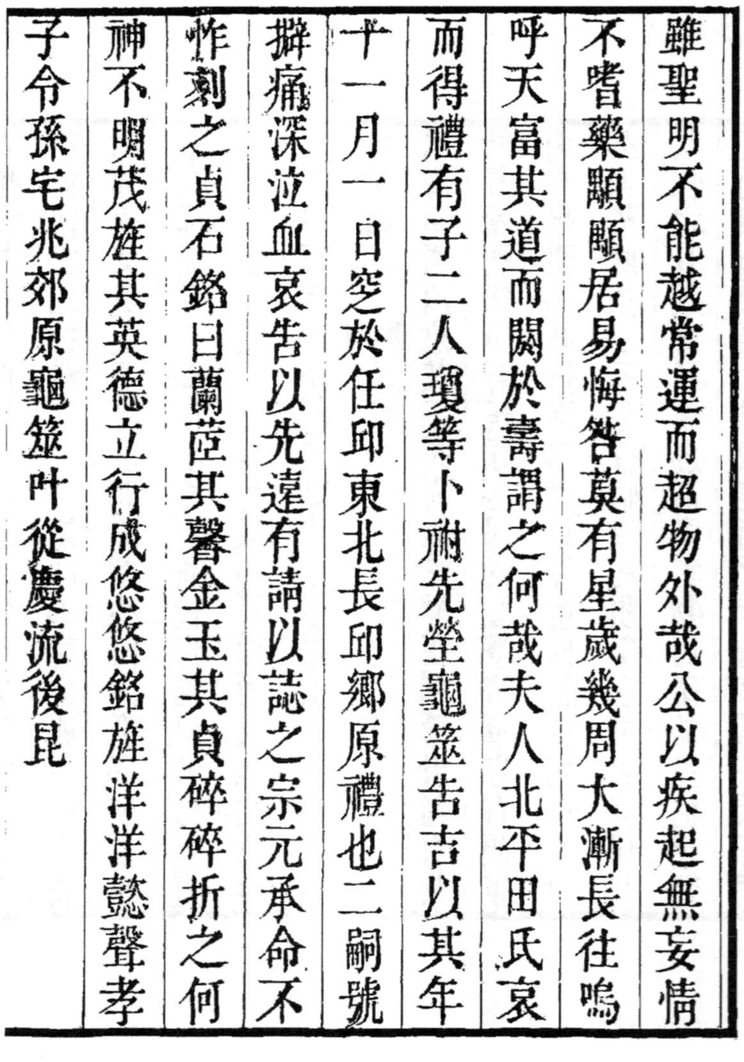
雖聖明不能越常運而超物外哉公以疾起無妄情不嗜藥顒顒居易悔咎莫有星歲幾周大漸長往嗚呼天富其道而闕於壽謂之何哉夫人北平田氏哀而得禮有子二人瓊等卜祔先塋龜筮告吉以其年十一月一日窆於任邱東北長邱鄉原禮也二嗣號擗痛深泣血哀告以先遠有請以誌之宗元承命不怍刻之貞石銘曰蘭茝其馨金玉其貞碎碎折之何神不明茂旌其英德立行成悠悠銘旌洋洋懿聲孝子令孫宅兆郊原龜筮叶從慶流後昆

〇三、明户部郎中封都察院右僉都御史邊公（永）合葬墓誌銘

題解：

《明户部郎中封都察院右僉都御史邊公（永）合葬墓誌銘》收録于中國文物研究所、河北省文物研究所：《新中國出土墓誌》（河北卷）北京：文物出版社，2012年，第131–132頁。劉吉撰文，馬紹榮書丹，田景暘篆，刊刻于明·成化二十一年（1485）。誌石長60厘米、寬60厘米、厚10厘米，蓋長59厘米、寬60厘米。蓋文5行，滿行5字，篆書。誌文40行，滿行46字，楷書。誌石「文革」期間出土于任邱市青塔鄉邊各莊村東。現藏于任邱市文化館。

蓋文：

明户部郎中封都察院右僉都御史邊公恭人鄭氏合葬墓誌銘

誌文：

明户部郎中封都察院右僉都御史邊公合葬墓誌銘

光禄大夫柱國太子太保禮部尚書兼武英殿大學士知制誥修國史兼經筵官博野劉吉撰

奉直大夫吏部員外郎直文淵閣東吴馬紹榮書

賜進士第嘉議大夫大理寺卿高陽田景暘篆

公諱永，字仕遠，姓邊氏，河間任邱人。其先有爲司馬者，卒葬任邱之陽，其後子孫塋塚彌望，見者知其族之大也。曾大父漢興，大父友成，皆不仕。父復初，入國朝以勤儉起家。值太宗文皇帝舉兵靖内難，率鄉人歸附，屢立戰功，授世襲百户。母李氏。公天性孝友寬恭，言不妄發，行不苟動。弱冠，入邑庠，肆力于學。正統辛酉□□□領鄉薦。乙丑，登進士第，拜官行人。嘗再使外國及諸大藩，足跡所至，殆半天下，而皆有賢譽聞于人。

初使安南，□詔書，欲拜于堂上，公□□□□□國素稱知禮儀，今天威不違顔咫尺，拜□□□□□□□拜于堂下。其使占城，國俗多鄙陋，人性狡詐，公惟以禮待，以誠感，皆加敬信。西域貢使回，公伴送□□□□饋，皆如法，而州縣亦無擾，使者皆感激傾慕。嘗兩典喪禮于親藩。在楚府時，每祭一壇，用白金□□□□□其實召有司如儀，造辦省費什七八，在代府亦然。或謂此故事□□□□□公曰：「費之所出，非民脂膏乎？省一分則民受一分之賜。况邊地苦寒，省此以裕民，俾足惟正之供，不亦□□□□□備修乎？」言者赧而退。公于處事盡心，類如此。滿九載，升户部員外郎。督糧儲于臨清，出納惟謹，宿弊盡革。未幾，□郎中，理司事井井不紊。成化戊子，以老乞致仕。公于事親極愛敬，飲食衣服，必致精潔，必適寒暖之宜。居喪，必□□□作浮屠事。撫諸侄如己子，婚娶禮無所偏。處鄉黨敬以和，恒出粟帛以助其婚喪不能舉者。而待族人尤加□。配宜人贈恭人鄭氏，同邑萊州府倅亨之女。性貞淑，有賢行，孝事舅姑，和處娣姒，織紝、酒漿、粢盛之事，必躬致其力。相夫教子，咸盡其道。子六人：長銓，襲百户；次錠，義官；鏞，舉人，初授監察御史，歷升通政司右參議，大理寺右少卿，俱南京，繼改右通政，進都察院右僉都御史；鑑、鋭、錞，亦皆義官。女二人，邑庠生謝源，

進士授知縣李棨，其婿也。孫男二十一人：□，襲百户；宗、寅、宥，俱邑庠生；憲，登甲辰進士；餘皆俊秀。孫女十人。曾孫男十人。初公入學時，父語之曰：「吾上世多儒官，而吾以武功顯，特一時遭際耳。汝宜業儒，以圖效用可也。」其後公課諸子姓，亦以務學爲訓，由是子孫多以學行顯。及鏞拜憲職，巡撫山西，兼提督雁門等三關，恒寓書勉以盡職報國。未幾，虜犯邊，邊將失利，鏞竭力督關兵捍禦，山西一省賴以無虞，人皆知其功，而不知由公家庭之訓有素也。及憲中進士，適公以鏞貴加封中憲大夫、都察院右僉都御史，益喜甚，雖衰老，猶冠服望闕謝恩。時賀客盈門，公賓接不厭。既而，呼孫宗謂曰：「我覺有微恙而心不寧，殆弗起歟？其爲我飭後事。」越數日，竟無疾而逝，時成化甲辰三月廿日也，距生永樂甲申，年八十有一。恭人卒成化己亥四月十四日，距生永樂乙酉，年七十有五。墓在司馬墳東北餘一里。鏞奔喪回，將以其年十一月十三日，啓恭人之窆合葬焉。有司以聞，時例有諭祭，上以鏞有軍功，命爲營葬事，蓋特恩云。鏞既拜命，于是持兵部尚書張君鵬所爲狀來，乞爲墓石之銘。吉惟孟軻氏論善士，自一鄉一國以至天下，雖大小不同，而皆有諸己之謂也。若公之爲人，在朝廷縉紳信其誠，處鄉黨閭閻化其德，其善有諸己，蓋無愧矣，是宜福禄之昌，子孫之盛，人不易及也。吉忝居鄰郡，素懷景仰，而又交于鏞久，銘其可辭。銘曰：

惟學之成，去武即文。惟德之修，外端内醇。惟身之昌，貴壽並臻。惟慶之積，足裕後昆。我思古人，伊誰與倫？潁川仲弓，燕山禹鈞。彼仕未達，而公顯聞。吁嗟乎公，百世不泯。

東吴楊潤鎸。

○四、明倫堂題名記

題解：

《明倫堂題名記》收録于清·乾隆二十七年（1762）《任邱縣志·藝文志》，大學士李時撰文，刊刻于明·正德三年（1508）後。

碑文：

國朝人材取于科舉，科舉之制有鄉試、有會試。雖官序有先後，其敷宣化理、服勤王事，則未始異也。鄉試合一省之郡縣試之，而拔其尤；會試合天下之郡縣試之，而拔其尤。與是選者其難矣。夫任邱爲畿内縣，畿内郡縣百四十有奇，登鄉試者，科百三十五

明倫堂題名記　明大學士李時 邑人

國朝人材取於科舉科舉之制有鄉試有會試雖官序有先後其敷宣化理服勤王事則未始異也鄉試合一省之郡縣試之而拔其尤會試合天下之郡縣試之而拔其尤與是選者其難矣夫任邱爲畿內縣畿內郡縣百四十有奇登鄉試者科百三十五人而任邱恒數人焉天下郡縣千四百有奇登會試者科

人，而任邱恒數人焉。天下郡縣千四百有奇，登會試者，科三百人。時或損益，其數不專三百人，而任邱恒數人焉。由是較之他郡縣之弗與者，奚啻什伯。以故海内稱科舉者，必曰任邱。任邱起洪武甲子，迄正德戊辰，鄉試七十有四人，會試二十有一人，可謂盛矣。其科次姓名舊扁于儒學堂東壁，歲久朽敗。邑侯胡公乃伐石易之，石成，走書屬予記。予惟今制進士登科者題名太學。太學，天下賢士所萃，天下之公議所在也。進士賢也，衆罔不指而稱之；不賢也，衆罔不指而議之。故題名者，雖曰昭久遠，抑以風天下也。儒學，一邑賢士所萃，一邑之公議所在也。登科者之賢不賢，指而稱之議之，如太學所以風一邑也。然太學皆四方之人，于其所謂賢不賢者，未能周知。知矣言之未必聽者之信之也。邑學則宗族姻黨交游之所在。某也賢，某也不賢，其所以稱之、議之，與夫所以聽之者，將不但如太學焉。嗚呼！可懼哉！夫誠得人焉，雖數科一人，邑之幸也；非其人，科雖數人，邑之疵也。是又不係人之多不多也。邑之先達立朝者，或司藩臬，典郡縣，嘉績休聞，輝映中外，咸足爲科第之光矣。其登名而未仕，與仕而在位，得不思所以勖之乎。此固胡公勒石之意也。

三百人時或損益其數不專三百人而任邱恒數人焉由是較之他郡縣之弗與者奚啻什伯以故海内稱科舉者必曰任邱任邱起洪武甲子迄正德戊辰鄉試七十有四人會試二十有一人可謂盛矣其科次姓名舊扁于儒學堂東壁歲久朽敗邑侯胡公乃伐石易之石成走書屬予記予惟今制進士登科者題名太學太學天下賢士所萃天下之公議所在也進士賢也衆罔不指而稱之不賢也衆罔不指而議之故題名者雖曰昭久遠抑以風天下也儒學一邑賢士所萃一邑之公議所在也登科者之賢不賢指

而稱之議之如太學所以風一邑也然太學皆四方之人于其所謂賢不賢者未能周知知矣言之未必聽者之信之也邑學則宗族姻黨交游之所在某也賢某也不賢其所以稱之議之與夫所以聽之者將不但如太學焉嗚呼可懼哉夫誠得人焉雖數科一人邑之幸也非其人科雖數人邑之疵也是又不係人之多不多也邑之先達立朝者或司藩臬典郡縣嘉績休聞輝映中外咸足爲科第之光矣其登名而未仕與仕而在位得不思所以勗之乎此固胡公勒石之意也

○五、開府田公湟中破虜碑記

題解：

《開府田公湟中破虜碑記》收録于清・乾隆二十七年（1762）《任邱縣志・藝文志》，參議張問仁撰文，刊刻于明・萬曆二十三年（1595）。

碑文：

萬曆二十三年九月，大中丞田公大破海虜永酋于西寧之南川，十月，再破于西川之鎮海，蓋二百年無前之奇捷也。先是永酋盤據青海，陽款陰凶，誘殺西寧副將李魁，戕衆二千餘。遂誘順義

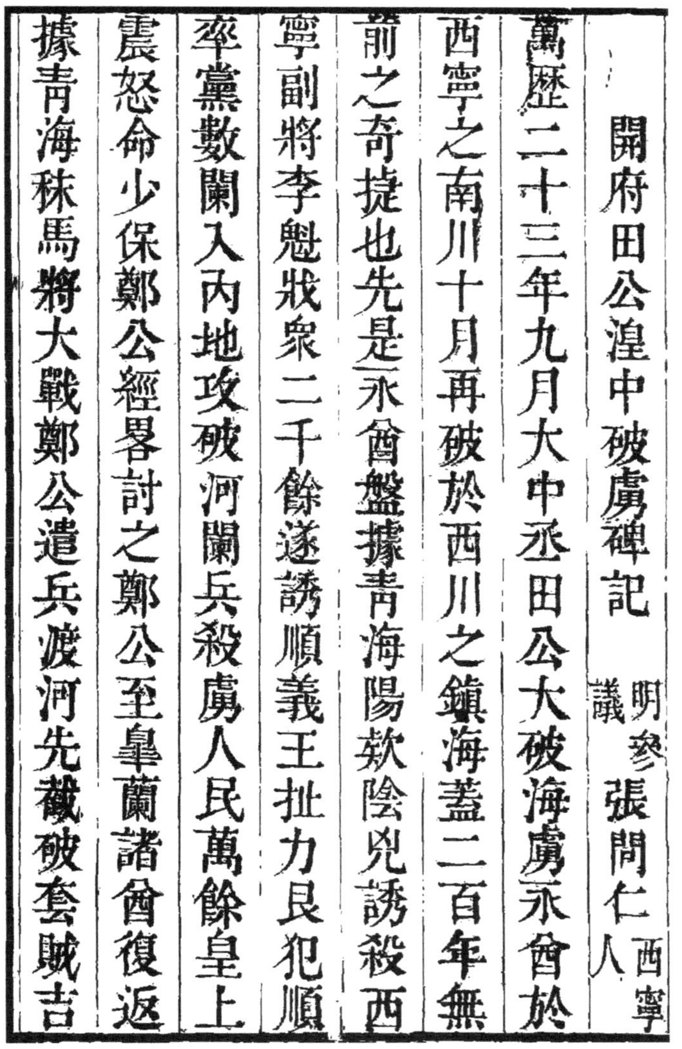
開府田公湟中破虜碑記　明參議張問仁西寧人
萬歷二十三年九月大中丞田公大破海虜永酋於西寧之南川十月再破於西川之鎮海蓋二百年無前之奇捷也先是永酋盤據青海陽欵陰兇誘殺西寧副將李魁戕衆二千餘遂誘順義王扯力艮犯順率黨數闌入內地攻破河關兵殺虜人民萬餘皇上震怒命少保鄭公經畧討之鄭公至阜蘭諸酋復返據青海秣馬將大戰鄭公遣兵渡河先藏破套賊吉

王扯力艮犯順，率黨數闌入內地，攻破河、闌兵，放騎大掠彌月未已，殺虜人民萬餘。皇上震怒，命少保鄭公經略討之。鄭公至皋蘭，諸酋復返據青海，秣馬將大戰。鄭公遣兵渡河，先截破套賊吉囊于涼州。力艮歸路既絕，窮蹙歸命。皇上念將士久征，重擾元元，赦順義令歸穴，各酋解散，詔鄭公班師還朝。而永酋率殘虜劫掠番人，與其黨仍潛居海上，大兵既還，則又以所掠李副將敝甲數十、牛羊百餘頭，虛詞請罰，窺我虛實，計圖復逞。直指以聞，皇上乃命田公自涼、永兵備巡撫甘肅，假便宜以制禦之。酋矜凶恃狡，誘遠番以張勢，挾近羌以力和，志在必逞，以要封賞。田公多方密計，懸重賞，鼓番潛偵動靜以聞。還將治戎，諸酋未之覺也。田公會諸將議方略，擬先定青酋，後治永酋。青酋者，青把都，猛而狡，諸將皆難之。田公曰：「青酋近窺甘泉，永酋逼穴湟中。我西則青酋東舉，我東則永酋西發，使我首尾牽制，疲于奔命耳。青酋恃強無備，今出不意，勢可必克。青酋既克，則得專力青海，而永酋可擒也。」乃潛師擣青酋，覆其衆，青酋單騎走。詳在破青語中。于是盡檢甘、永、涼、莊騎卒，爲三伏以待永酋。密與西寧兵備劉公會計，乃以方略諭參將達君。分布既定，諸番密報，永酋已聚衆猊馬，相與計曰：「田公適勝于東，必不暇虞我，我可得勝，大可要順義之爵，次不失報青部之讎，

囊於涼州力艮歸路既絕窮蹙歸命皇上念將士久
征重擾元元赦順義令歸穴各酋解散詔鄭公班師
還朝而永酋率殘虜刼掠番人與其黨仍潛居海上
大兵既還則又以所掠李副將敝甲數十牛羊百餘
頭虛詞請罰窺我虛實計圖復逞直指以聞皇上乃
命田公自涼永兵備巡撫甘肅假便宜以制禦之酋
矜兇恃狡誘遠番以張勢挾近羌以力和志在必逞
以要封賞田公多方密計懸重賞鼓番潛偵動靜以
聞還將治戎諸酋未之覺也田公會諸將議方畧擬
先定青酋後治永酋青酋者青把都猛而狡諸將皆

難之田公曰青酋近窺甘泉永酋逼穴湟中我西則
青酋東舉我東則永酋西發使我首尾牽制疲於奔
命耳青酋恃強無備今出不意勢可必克青酋既克
則得專力青海而永酋可擒也乃潛師擣青酋覆其
衆青酋單騎走詳在破青語中於是盡檢甘永涼莊
騎卒爲三伏以待永酋密與西寧兵備劉公會計乃
以方畧諭叅將達君分布既定諸番密報永酋已聚
衆猊馬相與計曰田公適勝於東必不暇虞我我可
得勝大可要順義之爵次不失報青部之讐且西寧
之番可以盡收五郡可圖也又曰九月九日漢兒重

且西寧之番可以盡收，五郡可圖也。」又曰：「九月九日，漢兒重陽，必不設備。」乃率衆突出，伏千餘騎于後，先以千餘騎佯呼曰：「與我款乎？」蓋猶欺我兵弱，恐不敢應，故先以其半誘我，欲其既合而夾乘之，而不知已在伏中也。達君率精甲短兵直接鎮海游擊，合諸番截其後，番兵剌卜爾擊其左，隆卜、申中擊其右。賊前後受敵，不相救應，死戰數十合，遂披靡不支。官軍前後斬首七百有奇，其爲番兵殺傷者無算。殘兵逃竄，膽墮心驚，巢海皆夜徙海西。羊、牛、家帳，多爲諸番所獲，諸番前被掠者，多相率而來歸。此其初捷，即九月重陽之日也。田公屈指曰：「永酋雖大創，而火酋獨完。真相、納剌等全部猶盛，齒脣相依，衆力必齐，此非諸將所能辦也。」乃帥中坚，所過檢其精健，晨夜赴西寧，而諸番諜报已紛至矣。各酋果聚衆，永酋空穴而出，納剌、沙剌卜囊在前，真相、火酋後繼，精甲數千，號二萬，連絡數十里，先圖剌卜爾寨。田公曰：「贼以忿来，本欲致死于我，而先圖孤番者，誘我也。」乃募番語剌卜曰：「若力能守者，堅守十日，我必破賊。力不能，相機從違，勉圖後績。」圍剌卜急，剌卜佯合于賊，諸將讙焉。田公曰：「剌卜非心背我者也，我已密約，必左紿賊，且天寒草枯，賊馬力已竭。驅剌卜返走，此爲上計。而氣驕輕我，將必直前。我攻其外，剌卜應于内，破之必矣。」

陽必不設備乃率衆突出伏千餘騎於後先以千餘
騎佯呼曰與我欵乎蓋猶欺我兵弱恐不敢應故先
以其半誘我欲其旣合而夾乘之而不知已在伏中
也達君率精甲短兵直接鎮海游擊合諸番截其後
番兵剌卜爾擊其左隆卜申中擊其右賊前後受敵
不相救應死戰數十合遂披靡不支官軍前後斬首
七百有奇其爲番兵殺傷者無算殘兵逃竄膽墮心
驚巢海皆夜徙海西羊牛家帳多爲諸番所獲諸番
前被掠者多相率而來歸此其初捷即九月重陽之
日也田公屈指曰永酋雖大創而火酋獨完真相納

剌等全部猶盛齒脣相依衆力必齊此非諸將所能
辦也乃帥中堅所過檢其精健晨夜赴西寧而諸番
諜報已紛至矣各酋果聚衆永酋空穴而出納剌沙
剌卜囊在前真相火酋後繼精甲數千號二萬連絡
數十里先圖剌卜爾寨田公曰賊以忿來本欲致死
於我而先圖孤番者誘我也乃募番語剌卜曰若力
能守者堅守十日我必破賊力不能相機從違勉圖
後績圍剌卜急剌卜佯合於賊諸將讙焉田公曰剌
卜非心背我者也我已密約必左紿賊且天寒草枯
賊馬力已竭驅剌卜返走此爲上計而氣驕輕我將

乃合諸營，令達君統之，諸將咸受節度，營于康纏溝，下令曰：「明日，破賊時也。我在此與諸君禍福同，用命與否，我親見之。」衆皆踴躍歡呼，無不一當十者。賊又圍康纏溝堡以誘我，見我軍，乃大譁曰：「今日必無漢兒矣！」揮衆四面齊攻，矢下如雨。達君鼓衆，分其鎗砲、弓弩，更番疊代以應之。從辰至申百餘合，虜人馬死傷者，環我疊塹，而猶未肯已也。忿甚，復驍悍重鎧，奮長槍鈎桿，單犯西寧兵。西寧兵厚集以待後，故終不能得入，賊于是氣竭力窮矣。又見田公戰鼓，大懼，乃收營奔回。田公曰：「虜創甚，無力再戰，且懼我追，必夜走矣。」乃令鎮海游擊間道先伏于前，令通判龍君帥諸將方陣于後以迫之。田公與劉公自按中道，又諜密呼剌卜爾，剌卜爾收精壯，斬虜奔出，鎮海兵失期不至，故賊竟得逸去。田公發前鋒追奔數十里，斬首數十餘級。然賊死亡傷重于陣已不下千餘，其沿途所弃焚首缺支者，不可數也。其再捷于西川，蓋十月二十二日也。當兵之交，田公披甲帥牙下，勉以義勇，無不一當十者，前後三捷，殺傷數千，亦百世之一時矣。北虜爲患，歷代迄今，訖無上策以制。我高皇帝迅掃疾驅之後，虜又以二百年生聚，遂至控弦數十萬，合其騎衆，不滅冒頓之强。穆宗皇帝權宜許款羈縻，欲實内以徐圖，而將吏奉行失旨，以至暮四朝三，黠虜反摻之以愚我，至覆軍殺將、寇門庭而無忌。

必直前我攻其外剌卜應於內破之必矣乃合諸營令達君統之諸將咸受節度營於康纏溝下令曰明日破賊時也我在此與諸君禍福同用命與否我親見之衆皆踴躍歡呼無不一當十者賊又圍康纏溝堡以誘我見我軍乃大譁曰今日必無漢兒矣揮衆四面齊攻矢下如雨達君鼓衆分其鎗砲弓弩更番疊代以應之從辰至申百餘合虜人馬死傷者環我疊塹而猶未肯已也忿甚復驍悍重鎧奮長鎗鈎桿單犯西寧兵西寧兵厚集以待後故終不能得入賊於是氣竭力窮矣又見田公戰鼓大懼乃收營奔回

田公曰虜創甚無力再戰且懼我追必夜走矣乃令鎮海游擊間道先伏於前令通判龍君帥諸將方陣於後以迫之田公與劉公自按中道又諜密呼剌卜爾剌卜爾收精壯斬虜奔出鎮海兵失期不至故賊竟得逸去田公發前鋒追奔數十里斬首數十餘級然賊死亡傷重於陣已不下千餘其沿途所棄焚首缺支者不可數也其再捷於西川蓋十月二十二日也當兵之交田公披甲帥牙下勉以義勇無不一當十者前後三捷殺傷數千亦百世之一時矣北虜爲患歷代迄今訖無上策以制我高皇帝迅掃疾驅之

此我皇上所以拒群議而授廟略，以西事專付田公。惟田公忠誠義烈，奇才天授，夫是以受重任而不辭，克成大勳于俄頃也。問仁才非班、馬，豈足揄揚國家豐功偉烈，輒以陋辭，記其大都，以俟職國史者，他日有所考徵焉耳。是役也，兼總文武，分憂定難，則大中丞田公樂鼓兵布衆，慷慨決機；則西寧兵備副憲劉公敏寬忠憤勇略，使三軍樂于用命；則西寧參將達君雲挺身共濟，贊畫多方；則監督兵餉郡司馬龍君膺分總固殊，忠謀無異。故能量敵慮勝而計得必成，功得必就也。賈勇揮戈，搴旗斬將，則柴國柱、王汝翼、劉衍祚；監軍，則莫負時；督陣，則田夢松、趙用賢；星夜赴敵，虎馳熊賁，則莊浪參將張君應學；標下游擊，余君德榮，碾伯鄭君恕、古鄯守備鄧君榮祖、莊浪協守魯君光國；警柝巡垣，撫衆安內，則監理屯兵郡司馬高君第、指揮袁桂、周時相、史守寧、李愈茂、李希梅、祁秉忠、冶爲鑑；效謀周旋，不辭勞劇，則經歷張榮、教授楊登科。乃若居中制外，綱維遠邇，則督府李公汶；身禦松酋，悉兵西趨，冒艱險以濟同舟，則莊浪兵備大參朱公朝聘；威嚴彈壓，營壘安輯，俾田公得專意西征，則鎮守甘肅總戎王公賦業；深機遠計，伐謀招番，卒以得力收功，則前經略少保鄭公洛、贊畫兵部主事、今陝西總憲梁公云龍、陝西僉憲今山西總憲萬公世德。至于築垣塞險，足練兵士，急固内以壯根本，密先圖以俟

後虜又以二酉年生聚遂至控弦數十萬合其騎衆不減冒頓之强穆宗皇帝權宜許款羈縻欲實內以徐圖而將吏奉行失旨以至暮四朝三黠虜反撩之以愚我至覆軍殺將寇門庭而無忌此我皇上所以拒羣議而授廟畧以西事專付田公惟田公忠誠義烈奇才天授夫是以受重任而不辭克成大勳於俄頃也問仁才非班馬豈是揄揚國家豐功偉烈輒以陋辭記其大都以俟職國史者他日有所考徵焉耳是役也兼總文武分憂定難則大中丞田公樂鼓兵布衆慷慨決機則西寧兵備副憲劉公敏寬忠憤勇

畧使三軍樂於用命則西寧叅將達君雲挺身共濟贊畫多方則監督兵餉郡司馬龍君膺分總固殊忠謀無異故能量敵慮勝而計得必成功得必就也賈勇揮戈搴旗斬將則柴國柱王汝翼劉衍祚監軍則莫負時督陣則田夢松趙用賢星夜赴敵虎馳熊賁則莊浪叅將張君應學標下游擊余君德榮碾伯鄭君恕古鄯守備鄧君榮祖莊浪協守魯君光國警柝巡垣撫衆安內則監理屯兵郡司馬高君第指揮袁桂周時相史守寧李愈茂李希梅祁秉忠冶爲鑑效謀周旋不辭勞劇則經歷張榮教授楊登科乃若居

時機，則先西寧兵備總憲石公櫝、兵備總憲今中丞劉公光國、副憲調浙江余公良樞。是以離任雖久而謳歌不忘，有不可得而泯者，故併書焉。其辭曰：

于惟我明，列聖相承，薄海内外，罔不來庭。惟兹犬孽，敗亡餘熄，乾坤泰大，卵育生息。二百餘載，醜類實繁，跳踉叫噪，擾我邊關。惟我穆皇，厭其煩狡，曰兹蠢蠢，何足與校？譬彼蛇虺，恩以生存，譬彼鴟梟，懷以好音。撫之摩之，食之貨之，厥恩浩蕩，寔然罔思。朝而飽肉，暮而決藩，暑得其衣，冬又號寒。適賞于東，旋掠其西，糾凶聚醜，左順右違。其欲既得，厥詐遂甚，大肆厥毒，邊垣孔震。皇帝曰吁！是豈可容？將軍虎士，束手何庸？乃下明詔，乃治邊臣，克詰戎兵，三令五申。皇帝曰吁！來汝卿樂，授汝斧鉞，往治其虐。公拜稽首，天子明聖，敢不對揚，帝之休命。聚米屈指，虜在目中，乃上方略，以達宸聰。皇帝曰吁！惟爾從事，假爾便宜，我不中制。田公稽首，先擣青酋，覆其巢穴，兵行不留。是歲之秋，永瓦乃猖，密合醜衆，欲掩不防。闌入我腹，兩戰皆奔，我武惟揚，霆擊雷喧。長戟短刀，截背穿胸，殲厥渠魁，遂及脇從。孰謂虜强，摧枯拉朽，弃甲曳兵，狐駭兔走。孰謂我怯，如熊如貔，投石揮戈，山摇海沸。捷書備具，既達九重，皇帝曰吁！卿樂之功。功懋懋賞，嘉乃丕績，峻秩崇階，寵以三錫。公拜固辭，天子聖神，公卿碩輔，

中制外綱維遼邇則督府李公汶身禦松會悉兵西趨冒鄿險以濟同舟則莊浪兵備大參朱公朝聘威嚴彈壓營壘安輯俾田公得專意西征則鎮守甘肅總戎王公賦業深機遠討伐謀招番卒以得力收功則前經畧少保鄭公洛贊畫兵部主事今陜西總憲梁公雲龍陜西僉憲今山西總憲萬公世德至於築垣塞險足練兵士急圖內以壯根本審先圖以俟時機則先西寧兵備總憲石公櫝兵備總憲今中丞劉公光國副憲調浙江余公良樞是以離任雖久而謳歌不忘有不可得而泯者故併書焉其辭曰於惟我

明列聖相承薄海內外罔不來庭惟兹犬孽敗亡餘熄乾坤泰大卵育生息二百餘載醜類實繁跳踉叫噪擾我邊關惟我穆皇厭其煩狡曰兹蠢蠢何足與校譬彼蛇虺恩以生存譬彼鴟梟懷以好音撫之摩之食之貨之厥恩浩蕩寔然罔思朝而飽肉暮而決藩暑得其衣冬又號寒適賞於東旋掠其西糾兇聚醜左順右違其欲既得厥詐遂甚大肆厥毒邊垣孔震皇帝曰吁是豈可容將軍虎士束手何庸乃下明詔乃治邊臣克詰戎兵三令五申皇帝曰吁來汝卿樂授汝斧鉞往治其虐公拜稽首天子明聖敢不對

廟算惟靈。疆場文武，奮策殄醜，臣適宣命，何力之有？皇帝曰吁！汝惟不矜，能謀而斷，大勳斯成。昔我高皇，及我文祖，掃彼西疆，奠厥中土。羈縻之術，暫不可常，惟聖知幾，堅冰履霜。從今而往，毋爲膠柱，馴可豚畜，獰即犬捕。邊氓舞蹈，獲心樂意，皇帝聰明，天錫勇智。邊氓舞蹈，青衿黃耇，皇帝聰明，皇帝萬壽。劈山磨崖，願勒洪勳，閑住小臣，爰述斯文。

揚帝之休命聚米屆指虜在目中乃上方畧以達宸聰皇帝曰吁惟爾從事假爾便宜我不中制田公稽首先擣靑酋覆其巢穴兵行不留是歲之秋永尨乃猖密合醜衆欲掩不防闌入我腹兩戰皆奔我武惟揚霆擊雷喧長戟短刀截背穿胸殲厥渠魁遂及膓從孰謂虜强摧枯拉朽棄甲曳兵狐駭兎走孰謂我怯如熊如貔投石揮戈山搖海沸捷書備具旣達九重皇帝曰吁卿樂之功功懋懋賞加乃丕績峻秩崇階寵以三錫公拜固辭天子聖神公卿碩輔廟算惟靈疆場文武奮策殄醜臣適宣命何力之有皇帝曰

任邱縣志　卷十一　藝文中　三七

吁汝惟不矜能謀而斷大勳斯成昔我高皇及我文祖掃彼西疆奠厥中土羈縻之術暫不可常惟聖知幾堅冰履霜從今而往毋爲膠柱馴可豚畜獰即犬捕邊氓舞蹈獲心樂意皇帝聰明天錫勇智邊氓舞蹈靑衿黃耇皇帝聰明皇帝萬壽劈山磨崖願勒洪勳閑住小臣爰述斯文

〇六、明特進光禄大夫左柱國少師兼太子太師協理京營戎政兵部尚書贈太師次溪李公（汶）墓誌銘

題解：

《明特進光禄大夫左柱國少師兼太子太師協理京營戎政兵部尚書贈太師次溪李公（汶）墓誌銘》收録于清·乾隆二十七年（1762）《任邱縣志·藝文志》，明大學士葉向高撰文，刊刻于明·萬曆三十七年（1609）。

明特進光祿大夫左柱國少師兼太子太師協
理京營戎政兵部尚書贈太師次溪李公墓志
銘　　明大學士葉向高福清人
少師李公卒天子震悼予祭加籩遣官治葬仍贈公
太師蓋人臣之極寵近世所罕見者也公葬有期厥
嗣都督君以高陽孫翰編承宗之狀來乞志銘惟公
茂德膚功著在耳目謹撮其大者納之竁窆以示不
朽公諱汶字宗齊次溪其別號也世爲河間任邱人
曾大父鵬大父穆父登俱以公貴累贈特進光祿大
夫左柱國少師兼太子太師兵部尚書配皆一品夫
人贈公娶於邊繼娶王生三子公其仲也公生之夕

碑文：

少師李公卒，天子震悼，予祭加籩，遣官治葬，仍贈公太師。蓋人臣之極寵，近世所罕見者也。公葬有期，厥嗣都督君，以高陽孫翰編承宗之狀，來乞志銘。惟公茂德膚功，著在耳目，謹撮其大者，納之窀穸，以示不朽。公諱汶，字宗齊，次溪其別號也，世爲河間任邱人。曾大父鵬、大父穆、父登，俱以公貴，累贈特進、光禄大夫、左柱國、少師兼太子太師、兵部尚書，配皆一品夫人。贈公娶于邊，繼娶王，生三子，公其仲也。公生之夕，雷火破壁，贈公鬚髮爲焦，而母夫人弗聞，衆咸異之。少即魁杰，不類凡兒。九歲時，會贈公有踐更役，公輒走謁郡守，極陳不任役狀。守奇其占對，矚目久之，命入拜其夫人，詫爲偉器。稍長就學，輒屈其塾師，十六補諸生，以嘉靖辛酉舉畿試第三人，明年成進士，爲都水主事，治河徐邳。適景藩之國，中使憑寵王横甚。至徐，讙言舟膠，以難主吏。公令善没者與抗，急即投于河，因揚言中使殺人當論奏，王爲謝過，急斂舟馳去。徙營繕，再徙虞衡，以都水郎中治通惠河，蓄洩有法，水不敗閘。隆慶初年，以病歸。起補武選，隨改職方，嚴杜請謁，吏不敢爲姦欺，諸所奏報，輒當上指。大司馬郭公甚倚重公，業有内推之命，而款市事起。公

雷火破壁贈公鬚髪爲焦而母夫人弗聞衆咸異之少即魁杰不類凡兒九歲時會贈公有踐更役公輒走謁郡守極陳不任役狀守奇其占對矚目久之命入拜其夫人詫爲偉器稍長就學輒屈其塾師十六補諸生以嘉靖辛酉舉畿試第三人明年成進士爲都水主事治河徐邳適景藩之國中使憑寵王横甚至徐讙言舟膠以難主吏公令善没者與抗急即投於河因揚言中使殺人當論奏王爲謝過急斂舟馳去徙營繕再徙虞衡以都水郎中治通惠河蓄洩有法水不敗閘隆慶初年以病歸起補武選隨改職方嚴杜請謁吏不敢爲奸欺諸所奏報輒當上指大司

馬郭公甚倚重公業有内推之命而款市事起公與新鄭公議異新鄭又爲中官曹進請贈其父都督公曰贈官視子今進父將何視新鄭恚如郎言贈當太監耳遂出公爲山東按察副使徙督中州學正身率士其所品隲雌黄不盡憑尺幅而率皆精覈諸以高等起科第爲名臣者四十年不絶今上元年以贈公艱歸除服補山東徙滇南仍督學未上徙備兵神木神木以廹虜閉城南門公開之虜卒不敢犯隨遷右叅政守西寧將虜方乞款撫臣上公功加俸一級晉

與新鄭公議異，新鄭又爲中官曹進請贈其父都督，公曰：「贈官視子，今進父將何視？新鄭恚：「如郎言，贈當太監耳！」遂出公爲山東按察副使。徙督中州學，正身率士，其所品騭雌黄，不盡憑尺幅，而率皆精覈，諸以高等起科第爲名臣者，四十年不絶。今上元年，以贈公艱，歸。除服，補山東，徙滇南，仍督學，未上，徙備兵神木。神木以迫虜閉城南門，公開之，虜卒不敢犯。隨遷右參政，守西寧。時虜方乞款，撫臣上公功，加俸一級，晋山東按察使。强宗墨吏，悉彈治不少貸，疑冤滯獄，洗刷一空。徙陝西，爲右布政使。屬武林軍亂，上材公，移公浙藩。亂定，復遷山東，爲左布政使，隨擢右僉都御史。撫陝時，歲凶盜起，公盡散郡邑儲粟，益以勸輸，哺諸餓者，而捕治亂首，悉置諸法，陝人遂安。諸藩禄不時給，宗人譁，公爲調停計處，乃帖服。嘗疏言四事，其最切者，謂洮岷故無虜患，自款市後，俺酋支子丙兔與其別部，始闌牧河西，番釁漸啓，遂有莽剌川之訌，蠶食不止，漸及内地。昔東勝未撤，虜以河爲界，套内晏如，迨火篩入而套失，遂成不拔之毒。今洮河之虜若不亟驅，番部且折而入虜，是又河套之事也。其後虜入洮岷，我師殲焉，卒如其言。公又疏十事，更僕數千言，皆報可。邊備大飭，入爲南大理卿，疏請終養。亡何，太夫人没，王文端公與太宰宋公謀起復公，委以疆事，公力辭。甫禫除，即

山東按察使强宗墨吏悉彈治不少貸疑冤滯獄洗刷一空徙陝西爲右布政使屬武林軍亂上材公移公浙藩亂定復遷山東爲左布政使隨擢右僉都御史撫陝時歲凶盜起公盡散郡邑儲粟益以勸輸哺諸餓者而捕治亂首悉置諸法陝人遂安諸藩禄不時給宗人譁公爲調停計處乃帖服嘗疏言四事其最切者謂洮岷故無虜患自款市後俺酋支子丙兔與其別部始闌牧河西番釁漸啟遂有莽剌川之訌蠶食不止漸及内地昔東勝未撤虜以河爲界套内晏如迨火篩入而套失遂成不拔之毒今洮河之虜若不亟驅番部且折而入虜是又河套之事也其後

虜入洮岷我師殲焉卒如其言公又疏十事更僕數千言皆報可邊備大飭入爲南大理卿疏請終養亡何太夫人没王文端公與太宰宋公謀起復公委以疆事公力辭甫禫除卽起兵部右侍郎改協理戎政汰冗實虛劾偏將韓光等論如法營伍肅然而會有封倭之議公謂司馬倭狡甚沈惟敬市猾耳詎宜輕信司馬不悦公遂以右都御史出督陝陝頻歲中虜督臣往者皆不利人殊爲公難公慨然請行冒暑疾馳受事之日卽誓戒大將以下章別功罪益釐往蠹

起兵部右侍郎，改協理戎政，汰冗實虛，劾偏將韓光等論如法，營伍肅然。而會有封倭之議，公謂司馬：「倭狡甚，沈惟敬市猾耳，詎宜輕信？」司馬不悦。公遂以右都御史出督陝，陝頻歲中虜，督臣往者皆不利，人殊爲公難，公慨然請行，冒暑疾馳。受事之日，即誓戒大將以下章别功罪，益釐往蠹，劾罷僨帥不任戰者，條畫十四事上之，皆見施行。又汰尺籍冗占數千百人，歲省金錢十餘萬。諸挾貴人牘及以方技他端進者，皆鳥獸散，獨簡智勇之士，寬以文法，使得自效。如馬孔英、周國柱，夷種也，鄧鳳故以賄敗者也。公皆拔拭拔擢，誓以死報。將吏聞風，人人踴躍，思立功名矣。虜大巢三：曰套，曰海，曰松。聲勢相倚，又東結撦酋，挾番爲援。公疏：請宣雲督臣約勒撦酋毋黨虜，以計招降諸番五萬餘，即用其酋長併力蹙虜，而内聯絡四鎮如率然，緩急輒應。凡大小百餘戰，斬馘萬九千有奇，降一萬二千有奇，遂空松幕，復其地。松在河西爲羌虜襟要，地垂二千里，爲賓兔所據。當事者市縻之不得，則垣而拒，凡置十二軍，耗費無算。公前撫陝時，業請招番禦虜，而生平持論又主戰不主款。至是乃一意發舒，大集四鎮兵，一鼓殲之。别創城堡據要害，以蔽莊、凉、蘭、靖爲内地，而盡撤舊戍，黄河以外，無煩亭堠。諸沃壤皆可耕，軍實日充，虜亦相率叩關悔罪。公疏聞有云：「兵動萬餘，師勞旬日，收幅員千餘里之封疆，

劾罷僨帥不任戰者條畫十四事上之皆見施行又汰尺籍冗占數千百人歲省金錢十餘萬諸挾貴人牘及以方技他端進者皆鳥獸散獨簡智勇之士寬以文法使得自效如馬孔英周國柱夷種也鄧鳳故以賄敗者也公皆拔拭拔擢誓以死報將吏聞風人人踴躍思立功名矣虜大巢三曰套曰海曰松聲勢相倚又東結撦酋挾番爲援公疏請宣雲督臣約勒撦酋毋黨虜以計招降諸番五萬餘即用其酋長併力蹙虜而内聯絡四鎮如率然緩急輒應凡大小百餘戰斬馘萬九千有奇降一萬二千有奇遂空松幕

復其地松在河西爲羌虜襟要地垂二千里爲賓兔所據當事者市縻之不得則垣而拒凡置十二軍耗費無算公前撫陝時業請招番禦虜而生平持論又主戰不主款至是乃一意發舒大集四鎮兵一鼓殲之别創城堡據要害以蔽莊凉蘭靖爲内地而盡撤舊戍黄河以外無煩亭堠諸沃壤皆可耕軍實日充虜亦相率叩關悔罪公疏聞有云兵動萬餘師勞旬日收幅員千餘里之封疆剪腹心數百年之巨害蓋實錄也公在秦中久其策虜情若觀火往往能出奇取勝如卜失兔犯延安公豫發偏帥擣其巢虜痛哭

剪腹心數百年之巨害。」蓋實録也。公在秦中久，其策虜情若觀火，往往能出奇取勝。如卜失兔犯延安，公豫發偏帥，擣其巢，虜痛哭解去。裨將杜松、姚德明陷虜圍，公當雪夜，急檄雷安往援，拔兩將歸，又多所斬獲。諸奇算多此類，威名日著，即瑺永亦憚公。嘗遣人至鎮，竪幟開榷，公擒而詰之，隨遁去。又嘗請鎮守、請理鹺法、請開馬市，公一一論奏，永氣爲奪。湟中使者助東鎮，摇戰議，公極言其謬，廷議是公，公太息曰：「吾方欲以虜攻虜，今乃以中國攻中國耶？且虜能合力抗我，而我乃合力護虜耶？」督陝凡四考，璽書慰勞者再，褒賜繒綺之賜，無虚歲。九進秩至少師兼太子太師、兵部尚書，兩加勳至上柱國，辭免，仍特進左柱國，三益俸至少傅、尚書兼支。公在塞下久，思歸，上亦念公，召還，仍協理戎政。去鎮之日，軍民號泣，攀擁車軹，不得行。入里遂堅卧，乞休，凡六請，乃許。闔門晏坐，不復與人間事。自子姓外，罕睹其面，嘗夢雄鷄天上唱，三嘆曰：「大造，其在酉乎？」果以己酉冬十月疾作，次月十八日終。將屬纊，猶時時問風色。夜半忽曰：「我將去。」亟沐浴衣冠，雙鼻筋下尺許，目諸子拂去，遂瞑。距生嘉靖丙申十月一日，得年七十四。公宅性高簡，不能諧世故。雖揚歷四十餘年，而立朝之日甚少；雖位極孤卿，而未嘗筦曹事；雖勳業爛然，而譚者尚以不竟其用爲惜。

解去裨將杜松姚德明陷虜圍公當雪夜急檄雷安往援拔兩將歸又多所斬獲諸奇算多此類威名日著即瑺永亦憚公嘗遣人至鎮竪幟開榷公擒而詰之隨遁去又嘗請鎮守請理鹺法請開馬市公一一論奏永氣爲奪湟中使者助東鎮摇戰議公極言其謬廷議是公公太息曰吾方欲以虜攻虜今乃以中國攻中國耶且虜能合力抗我而我乃合力護虜耶督陝凡四考璽書慰勞者再褒賜繒綺之賜無虚歲九進秩至少師兼太子太師兵部尚書兩加勳至上柱國辭免仍特進左柱國三益俸至少傅尚書兼支

公在塞下久思歸上亦念公召還仍協理戎政去鎮之日軍民號泣攀擁車軹不得行入里遂堅卧乞休凡六請乃許闔門晏坐不復與人間事自子姓外罕覩其面嘗夢雄雞天上唱三嘆曰大造其在酉乎果以己酉冬十月疾作次月十八日終將屬纊猶時時問風色夜半忽曰我將去亟沐浴衣冠雙鼻筋下尺許目諸子拂去遂瞑距生嘉靖丙申十月一日得年七十四公宅性高簡不能諧世故雖敭歷四十餘年而立朝之日甚少雖位極孤卿而未嘗筦曹事雖勳業爛然而譚者尚以不竟其用爲惜自筮仕至老不

自筮仕至老，不妄取一錢。撫陜歸，秦、韓兩王遣長史致餽，公語長史：「爲我謝王，第善撫諸宗，毋齮齕朝廷命吏，疆臣受賜多矣。何必餽？」制府初開，即戒約將吏，毋趨謁，毋踵陋規。有獻幕府公需防秋額犒及河州馬直，歲可二萬金，嚮皆入軍門私橐，公盡斥，以助經費。所謂馬如羊不入廐，金如粟不入懷，于公見之。先世所遺田宅，盡推與昆弟，又推金吾廕以與侄。居常御一白布袍，蕭然如寒士。每告諸子毋點我素業，尤深戒都督君詔獄重事，毋撓三尺，狥人主喜怒。都督君建書樓，公取裴晋公意，題之曰「書種」，臨没，猶以讀書爲遺命也。所著有《南游三紀》《出塞詩》《督陜奏議》若干卷。配武氏，贈一品夫人，先公没三十年，今得並祭合葬。子四人：楨國，後軍都督府僉事，管北鎮撫司事；楨陛、楨垣、楨宸。葬金沙嶺之陽，以萬曆某年某月某日。余觀今日塞事，兵食兩虚，戰款俱敝，何岌岌也。公捍蔽西陲十餘年，拓二千里之封疆，未嘗乏絶，虜亦喙息不敢較，此寧獨其算略勝哉！光武有云，安得憂國奉公如祭征虜者！上之所以致隆于公，極寵備數有以也。銘曰：

昔在周家，爰有力臣，方叔召虎。經營四方，薄伐玁狁，用奮厥武。矯矯李公，偉烈壯猷，與方召伍。大纛高牙，賁于西陲，式遏戎虜。戎虜黠驕，如豺如狼，薦食我土。公曰噫嘻！我胡斯孱，

妄取一錢撫陜歸秦韓兩王遣長史致餽公語長史爲我謝王第善撫諸宗毋齮齕朝廷命吏疆臣受賜多矣何必餽制府初開即戒約將吏毋趨謁毋踵陋規有獻幕府公需防秋額犒及河州馬直歲可二萬金向皆入軍門私橐公盡斥以助經費所謂馬如羊不入廐金如粟不入懷於公見之先世所遺田宅盡推與昆弟又推金吾廕以與姪居常御一白布袍蕭然如寒士每告諸子毋點我素業尤深戒都督君詔獄重事毋撓三尺狥人主喜怒都督君建書樓公取裴晋公意題之曰書種臨没猶以讀書爲遺命也所

著有南遊三紀出塞詩督陜奏議若干卷配武氏贈一品夫人先公没三十年今得并祭合葬子四人楨國後軍都督府僉事管北鎮撫司事楨陛楨垣楨宸葬金沙嶺之陽以萬歷某年某月某日余觀今日塞事兵食兩虚戰欵俱敝何岌岌也公捍蔽西陲十餘年拓二千里之封疆未嘗乏絶虜亦喙息不敢較此寧獨其算畧勝哉光武有云安得憂國奉公如祭征虜者上之所以致隆於公極寵備數有以也銘曰

昔在周家爰有力臣方叔召虎經營四方薄伐玁狁用奮厥武矯矯李公偉烈壯猷與方召伍大纛高牙

而恣彼侮。我有將士，曷不同心，是鼓是舞。蒐我卒乘，固我封圻，豐我稟庾。惟彼西羌，作我藩籬，我用爾撫。我犄其上，羌抗其下，驅此猰貐。我有松山，爲彼嵎負，莫之敢取。公聯四鎮，罙入橫行，蕩以一鼓。洮岷既清，爰及三秦，靡不安堵。惟帝念功，駢蕃錫命，公傴而僂。方徵公還，再典六師，公遽解組。翰音登天，妖夢斯踐，哭者如雨。高墳巀嶫，以象祁連，導以鹵簿。我銘其幽，勒之片石，視五熟釜。

賁於西陲式遏戎虜戎虜黠驕如豺如狼薦食我土
公曰噫嘻我胡斯孱而恣彼侮我有將士曷不同心
是鼓是舞蒐我卒乘固我封圻豐我稟庾惟彼西羌
作我藩籬我用爾撫我犄其上羌抗其下驅此猰貐
我有松山爲彼嵎負莫之敢取公聯四鎮罙入橫行
蕩以一鼓洮岷既清爰及三秦靡不安堵惟帝念功
駢蕃錫命公傴而僂方徵公還再典六師公遽解組
翰音登天妖夢斯踐哭者如雨高墳巀嶫以象祁連
導以鹵簿我銘其幽勒之片石視五熟釜

○七、魏狀元（元禮）復葬墓記

題解：

《魏狀元（元禮）復葬墓記》收録于清·乾隆二十七年（1762）《任邱縣志·藝文志》，禮部左侍郎李时撰文，張珩書丹，刊刻于明。

碑文：

公，河間肅寧人也，諱元禮，字廷訓，姓魏氏。元至正庚子狀元及第。是年春，五色雲見，異彩垂天，祥光亘地，觀者如堵墻。占驗家謂此地當出名士，魁天下。已而，公獲首選，人嘩然，謂瑞應在公。值元政不綱，公務高隱，杜門卻軌，不復出。我太祖

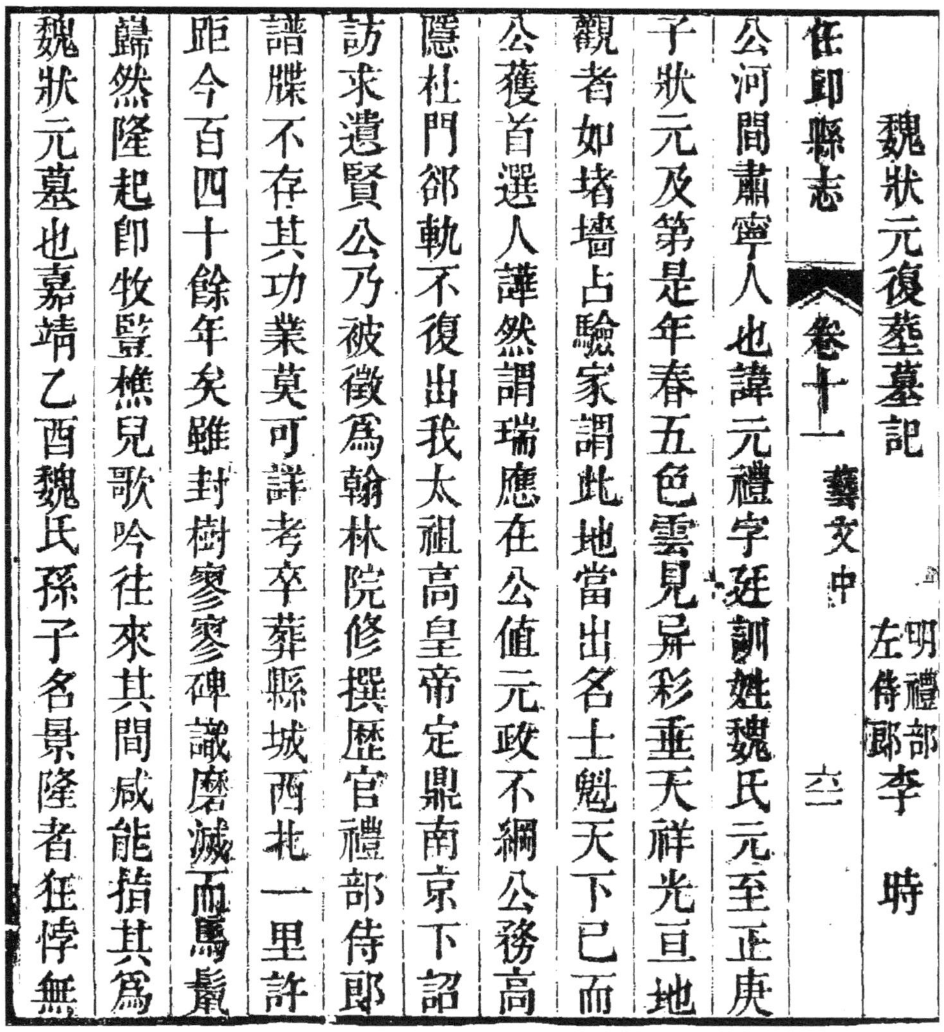

魏狀元復塟墓記　明禮部左侍郎李　時

任邱縣志　卷十一　藝文中　六二

公河間肅寧人也諱元禮字廷訓姓魏氏元至正庚
子狀元及第是年春五色雲見异彩垂天祥光亘地
觀者如堵墻占驗家謂此地當出名士魁天下已而
公獲首選人譁然謂瑞應在公值元政不綱公務高
隱杜門卻軌不復出我太祖高皇帝定鼎南京下詔
訪求遺賢公乃被徵爲翰林院修撰歷官禮部侍郎
譜牒不存其功業莫可詳考卒葬縣城西北一里許
距今百四十餘年矣雖封樹寥寥碑識磨滅而馬鬣
巋然隆起即牧豎樵兒歌吟往來其間咸能指其爲
魏狀元墓也嘉靖乙酉魏氏孫子名景隆者狂悖無

高皇帝定鼎南京，下詔訪求遺賢。公乃被徵爲翰林院修撰，歷官禮部侍郎，譜牒不存，其功業莫可詳考。卒葬縣城西北一里許，距今百四十餘年矣。雖封樹寥寥，碑識磨滅，而馬鬣巋然隆起，即牧豎樵兒歌吟往來其間，咸能指其爲魏狀元墓也。嘉靖乙酉，魏氏孫子名景隆者，狂悖無行，乃市公墓地于邑豪戴進。進覬其磚石，謀其風水，誘以厚利。景隆因親爲毀壙，取公及夫人二骸，束以萑草，遷之他所。遠近聞者莫不痛憤爲歔欷。值侍御張君按臨河間，宗人詰其事，侍御君義形于色，瞿然曰：「有是哉，子孫之不仁也！」亟命郡守逮治，置景隆于重典，進亦論以遷戍。仍命邑尹李君金具棺衾，卜日禮葬焉。既葬，李尹礱石墓次，請予言爲記。予惟風俗者爲政之首務，仁厚者風俗之本根。曾子云：「愼終追遠，民德歸厚。」古人所以化民成俗也，而俗吏慢之，不知所爲簿書鞅掌者何事也。燕趙之區，水淺土夷，葬者率以磚石，一遇歉歲，輒遭無賴者掘發，暴尸弃骸，在在而有，仁人孝子每爲痛恨，况于子姓，毁宗祖之壙，充酒食之資，豈非人倫之大變哉？侍御君篤意民彝，折獄明刑，表正厥事，魏公有靈，固當感德泉下。即畿輔之民，自兹以往賢者益勸，不肖者知懲，不逞之夫亦皆有所儆畏，而發藏之風，庶其少息。其所以正天理、

行乃市公墓地於邑豪戴進進覬其磚石謀其風水
誘以厚利景隆因親爲毀壙取公及夫人二骸束以
萑草遷之他所遠近聞者莫不痛憤爲歔欷值侍御
張君按臨河間宗人詰其事侍御君義形於色瞿然
曰有是哉子孫之不仁也亟命郡守逮治寘景隆於
重典進亦論以遷戍仍命邑尹李君金具棺衾卜日
禮塟焉既塟李尹礱石墓次請予言爲記予惟風俗
者爲政之首務仁厚者風俗之本根曾子云愼終追
遠民德歸厚古人所以化民成俗也而俗吏慢之不
知所爲簿書鞅掌者何事也燕趙之區水淺土夷塟

者率以磚石一遇歉歲輙遭無賴者掘發暴尸棄骸
在在而有仁人孝子每爲痛恨况於子姓毀宗祖之
壙充酒食之資豈非人倫之大變哉侍御君篤意民
彝折獄明刑表正厥事魏公有靈固當感德泉下郎
畿輔之民自兹以往賢者益勸不肖者知懲不逞之
夫亦皆有所儆畏而發藏之風庶其少息其所以正
天理淑人心大有關於世教豈可以尋常視之邪書
曰彰善癉惡樹之風聲張君有焉君名玠字佩玉山
西石州人正德辛巳進士巡按畿內剗姦剔蠹風紀
大振尤以郵民隱正風俗爲首務此其一事云

淑人心，大有關于世教，豈可以尋常視之邪？《書》曰：彰善癉惡，樹之風聲。張君有焉！君名珩，字佩玉，山西石州人，正德辛巳進士，巡按畿內，剗奸剔蠹，風紀大振，尤以恤民隱、正風俗爲首務，此其一事云。

〇八、任邱令周侯（詩）去思碑記

題解：

《任邱令周侯（詩）去思碑記》收録于清・乾隆二十七年（1762）《任邱縣志・藝文志》，刑部尚書閔煦撰文，刊刻于明。

碑文：

吾丘爲九河澮匯，八極襟喉。其地衝，其政繁，其賦重，其習尚紛華游惰，其胥史賈法恣睢，其訟獄蝟興，其教化湮廢，其軍民困憊。頃歲，恒罹水沴，鱗介易作，弊也滋甚，令茲土者恒苦之。寬之則民玩，急之則民離，偏聽則近讒，自任則易枉，慢教則失士，愛民則誤邊。求其剛柔相濟，順民志，合時中，保有

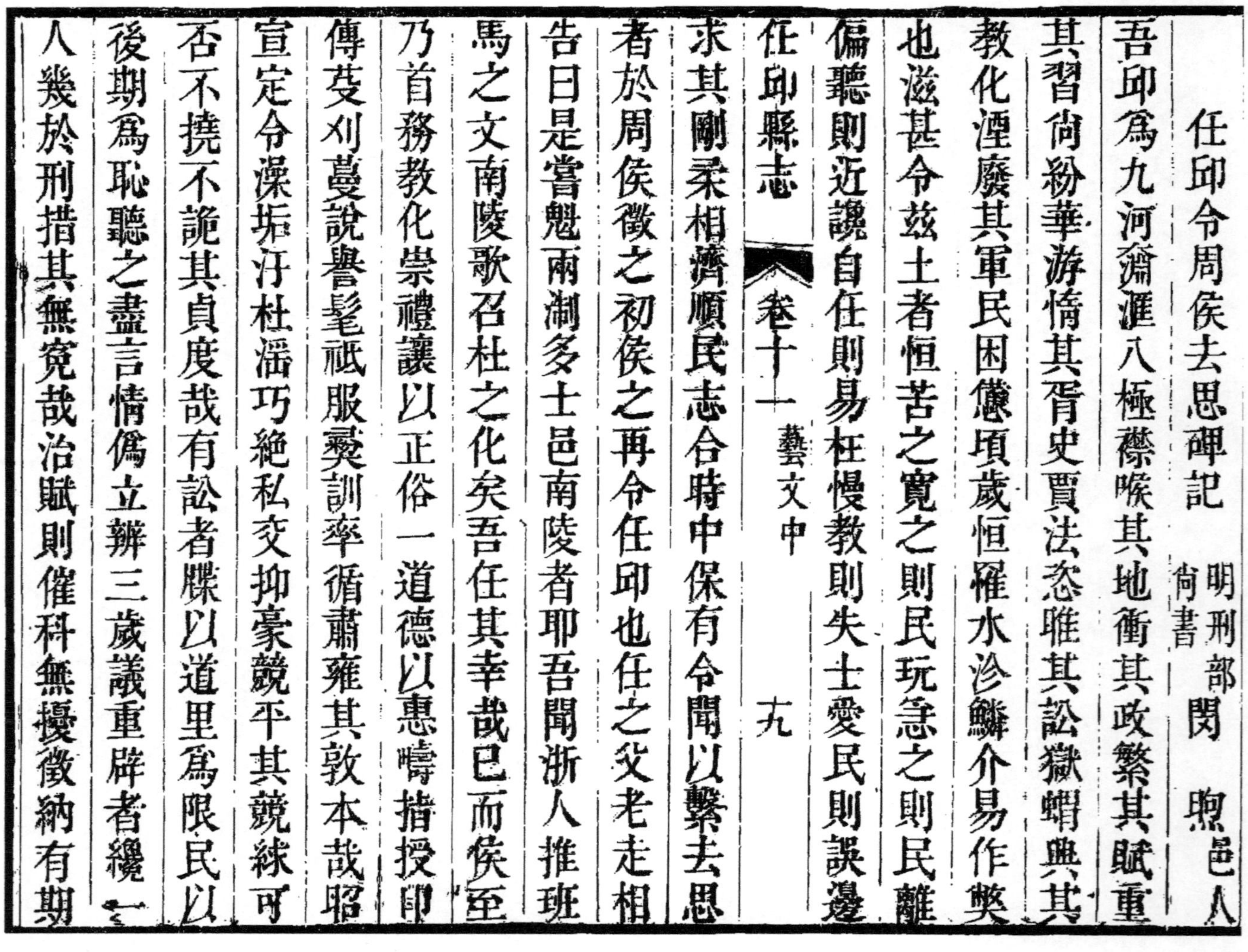
任邱令周侯去思碑記　明刑部尚書閔　煦邑人
吾邱爲九河澮滙八極襟喉其地衝其政繁其賦重
其習尚紛華游惰其胥史賈法恣睢其訟獄蝟興其
教化湮廢其軍民困憊頃歲恒罹水沴鱗介易作弊
也滋甚令兹土者恒苦之寬之則民玩急之則民離
偏聽則近讒自任則易枉慢教則失士愛民則誤邊
任邱縣志　卷十一　藝文中　九
求其剛柔相濟順民志合時中保有令聞以繫去思
者於周侯徵之初侯之再令任邱也任之父老走相
告曰是嘗魁兩淛多士邑南陵者耶吾聞浙人推班
馬之文南陵歌召杜之化矣吾任其幸哉已而侯至
乃首務教化崇禮讓以正俗一道德以惠疇措授郎
傳芟刈蔓說譽髦祇服彛訓率循肅雍其敦本哉昭
宣定令澡垢汙杜滛巧絶私交抑豪競平其競絿可
否不撓不詭其貞度哉有訟者牒以道里爲限民以
後期爲恥聽之盡言情僞立辨三歲議重辟者纔一
人幾於刑措其無寃哉治賦則催科無擾徵納有期

令聞，以繫去思者，于周侯徵之。初，侯之再令任邱也，任之父老走相告，曰：「是嘗魁兩浙多士，邑南陵者耶？吾聞浙人推班、馬之文，南陵歌召、杜之化矣。吾任其幸哉！」已而侯至，乃首務教化，崇禮讓以正俗，一道德以惠疇，指授印傳，芟刈蔓說，譽髦祇服彝訓，率循肅雍，其敦本哉！昭宣定令，澡垢污，杜淫巧，絶私交，抑豪競，平其競絿可否，不撓不詭，其貞度哉！有訟者，牒以道里爲限，民以後期爲恥。聽之盡言，情僞立辨，三歲議重辟者纔一人，幾于刑措，其無冤哉！治賦則催科無擾，徵納有期，威樸不施，歲無積逋，民不惟不敢負，亦不忍負之，其不爽哉！編徭則手自校定，公好惡，酌時宜，裒多益寡，貧富各遂其私，吏胥不得高下其手，其利均哉！慎立保甲，綏來流移，九穀生，三農正，百貨集，五財理，民自輯和，五兵不試，其厚生哉！侯則自檢惟嚴，自奉惟約，服無藻飾，居食不封靡，羞賓不過樽酒，簋貳辦之私厨。里甲若罔聞知，其節苦哉！夫敦本可以觀禮，貞度可以觀義，無冤可以觀慎，不爽可以觀信，均利可以觀公，厚生可以觀惠，苦節可以觀廉。侯其古之遺愛乎！比應徵去，父老填道卧轍，遮留不可得，乃灑泣解靴，懸之邑門，追送有達之京師者。今去任十年，所思慕不已，乃議肖像立祠，旦夕頌祝鳌壽，伐石而紀其休懿，丐余碑之。余聞周公之居東也，東人喜其來，

威朴不施歲無積逋民不惟不敢負亦不忍負之其不爽哉編徭則手自校定公好惡酌時宜裒多益寡貧富各遂其私吏胥不得高下其手其利均哉慎立保甲綏來流移九穀生三農正百貨集五財理民自輯和五兵不試其厚生哉侯則自檢惟嚴自奉惟約服無藻飾居食不封靡羞賓不過樽酒簋貳辦之私廚里甲若罔聞知其節苦哉夫敦本可以觀禮貞度可以觀義無冤可以觀慎不爽可以觀信均利可以觀公厚生可以觀惠苦節可以觀廉侯其古之遺愛乎比應徵去父老填道卧轍遮留不可得乃灑泣解

靴懸之邑門追送有達之京師者今去任十年所思慕不已乃議肖像立祠旦夕頌祝鳌壽伐石而紀其休懿丐余碑之余聞周公之居東也東人喜其來則曰我遘之子袞衣繡裳及其歸也則曰無以我公歸兮無使我心悲兮召公之去南也南人懷其惠則曰蔽芾甘棠勿翦勿伐勿敗勿拜繼而曰召伯所茇所憩所說夫來則喜之去則悲之而又思之二公胡爲如是哉蓋平易近民知德敬治凡以得民之心而已思不在茲乎今世之爲政者不飾虛以矯民則挾才以滋擾不任氣以長傲則敢猛以立威不黨惡以毒

則曰：「我遣之子，衮衣繡裳。」及其歸也，則曰：「無以我公歸兮，無使我心悲兮。」召公之去南也，南人懷其惠，則曰：「蔽芾甘棠，勿剪勿伐，勿敗勿拜。」繼而曰：「召伯所茇、所憩、所説。」夫來則喜之，去則悲之，而又思之，二公胡爲如是哉！蓋平易近民，知德敬治，凡以得民之心而已，思不在兹乎？今世之爲政者，不飾虚以矯民，則挾才以滋擾；不任氣以長傲，則敢猛以立威；不黨惡以毒衆，則黷貨以自封。惟知法令之必行，不知法令之足以弊，而民亦可畏，是驅之而讎也。民惟恐其去之不速，而況有去後之思哉！是故襄人望峴山而墮淚，苦于峋之暴也，寧人過狄廟而起悲，哀冤抑之莫訴也。因並書于石，以昭永勸，且以見周、召二公之當法，羊、狄二子感之亦有所自也。《詩》不云乎「淑人君子，懷允不忘」，又云「心乎愛矣，何日忘之」。思其深且永乎！後之爲邑者，其亦思所以致其思者乎。周侯名詩，字汝學，別號與鹿，嘉靖丙辰進士。

衆則黷貨以自封惟知法令之必行不知法令之足以獘而民亦可畏是驅之而讐也民惟恐其去之不速而况有去後之思哉是故襄人望峴山而墮淚苦于峋之暴也寧人過狄廟而起悲哀寃抑之莫訴也因並書於石以昭永勸且以見周召二公之當法羊狄二子感之亦有所自也詩不云乎淑人君子懷允不忘又云心乎愛矣何日忘之思其深且永乎後之爲邑者其亦思所以致其思者乎周侯名詩字汝學別號與鹿嘉靖丙辰進士

○九、北山鐵廠碑記

題解：

《北山鐵廠碑記》收録于清·乾隆二十七年（1762）《任邱縣志·藝文志》，陝西兵備副使劉敏寬撰文，刊刻于明。

碑文：

往者主和議，邊備久弛。塞上數苦兵輸，率斂于道。田公鎮撫五郡，峙儲簡鋭，主客騎步，各程其材，鹽筴屯田，靡廢不舉。

北山鐵廠碑記

明陝西兵備副使 劉敏寬 安邑人

往者主和議邊備久弛塞上數苦兵輸率歛於道田
公鎮撫五郡峙儲簡鋭主客騎步各程其材鹽筴屯
田靡廢不舉介冑鋒鏑礮石神器戰守之具也而悉
資坑冶故事陝西行省歲供甘州軍需熟鐵十萬九
百餘斤鳳翔歲供西寧熟鐵七千五百餘觔之則復
齎行李鬻之關以東稽程則數千里而遥稽時則以
月以歲徒縻費罷徵發轉輸已耳且無能濟緩急公
乃策諸監司徧搜山澤復徵冶氏於秦晉得冶氏來
襄其事余不佞備兵湟中始得礦於下馬圈北山之
麓既得之大山硤冶氏謂北山礦廣而堅視大硤艮
便其山嶒崒澗中石鱗鱗積無算踰數里山木蕃殖
薪樵者報曰可以冶鐵余躬諸相度乃卽北山下置
官廳六楹鐵爐二座營舍五十間跨山爲墩上建墩

栅四楹周圍墻塹足備不測合簡西寧各營步卒四

介胄鋒鏑，砲石神器，戰守之具也，而悉資坑冶。故事，陝西行省歲供甘州軍需熟鐵十萬九百餘斤，鳳翔歲供西寧熟鐵七千五百餘斤。乏則復賞行李，鬻之關以東。稽程則數千里而遥，稽時則以月以歲，徒縻費，罷徵發轉輸已耳，且無能濟緩急。公乃策諸監司遍搜山澤，復徵冶氏于秦晋，得冶氏來襄其事。余不佞，備兵湟中，始得礦于下馬圈北山之麓，既得之大山硤，冶氏謂：「北山礦廣而堅，視大硤良便。」其山峭崒，澗中石粼粼，積無算。逾數里，山木蕃殖。薪樵者報曰：「可以冶鐵。」余躬詣相度，乃即北山下置官廳六楹、鐵爐二座、營舍五十間，跨山爲墩，上建墩柵四楹，周圍墻塹，足備不測。合簡西寧各營步卒四百，供版築之役。擇指揮盧忠，爰督厥成。仍選士習其藝，復令如《周官》所載，物其地圖而授之，煅者採者，各責其人，爲長久計。是役也，有五利焉。河西四面用武之國，朝冶而夕效，取之源源，一利也；無輸運數千里之勞，民獲休息，二利也；隨取隨給，無歲月之淹，三利也；工役則取諸坐食之步卒，炭石則採之無禁之山林，下不擾閭閻，上下不煩公帑，四利也；以五郡之材，資五郡之用，旁郡額供，止輸折價，以備除器之需，五利也。况邇者彼數内哭，數爲我兵所衄，爲之咋舌，稱鐵壁云。今復聞在在坑冶，寧復有不逞志?堅甲利刃，烈火迅機，行且凌崑崙，沸青海，建萬世無

百供版築之役擇指揮盧忠爰督厥成仍選士習其藝復令如周官所載物其地圖而授之煅者採者各責其人爲長久計有五利焉河西四面用武之國朝冶而夕效取之源源一利也無輸運數千里之勞民獲休息二利也隨取隨給無歲月之淹三利也工役則取諸坐食之步卒炭石則採之無禁之山林下不擾閭閻上不煩公帑四利也以五郡之材資五郡之用旁郡額供止輸折價以備除器五利也况邇者彼數內哭數爲我兵所衂爲之咋舌稱鐵壁云今復聞在在坑冶寧復有不逞志堅甲利刄烈火迅機行且凌崑崙沸青海建萬世無窮之利公可謂忠於國矣昔管子以策試齊遂表東海管子策士耳且富國之說不足述也顧齊以管子覇乃今用事豈少管子哉卽局促因循而以綱紀經畫爲迂且擾奈國事何誠能度不費之利典不怨之勞事半而功倍於古人務久遠以裕國計當保世世無疆埸憂余惟前事者後事師也因伐北山之石而紀之若此公名樂戊辰進士任邱人

窮之利，公可謂忠于國矣。昔管子以策試齊，遂表東海。管子策士耳，且富國之説不足述也。顧齊以管子霸，乃今用事豈少管子哉！即局促因循，而以綱紀經畫爲迂且擾，奈國事何？誠能度不費之利，興不怨之勞，事半而功倍于古人，務久遠以裕國計，當保世世無疆場憂。余惟前事者，後事師也。因伐北山之石，而紀之若此。公名欒，戊辰進士，任邱人。

一〇、任邑金公（燦）去思碑記

題解：

《任邑金公（燦）去思碑記》收録于清・乾隆二十七年（1762）《任邱縣志・藝文志》，左都御史邊憲撰文，刊刻于明。

碑文：

侯名燦，字敷華，號豐村，嘉興縣人。嘉靖丙戌進士，宰吾邑未三載，丁内艱。服闋，推刑部主事，尋擢御史。予往歲官山東，便道于家，接其議論丰采，心甚偉之。及歸休，耆老許珣、韓永乾輩，白于前令郝侯，買地一區于北門之外，庀材鳩工，建生祠，塑儀像，儼如公狀。既告成，乃託予爲記。予既承乏史氏，不得以文詞謭薄，不足揄揚爲辭，謹撮其大而核者數事，以勒石而垂後。

任邑金公去思碑記　明左都御史邊憲邑人

侯名燦字敷華號豐村嘉興縣人嘉靖丙戌進士宰吾邑未三載丁内艱服闋推刑部主事尋擢御史予往歲官山東便道於家接其議論丰采心甚偉之及歸休耆老許珣韓永乾輩白於前令郝侯買地一區於北門之外庀材鳩工建生祠塑儀像儼如公狀既告成乃託予爲記予既承乏史氏不得以文詞謭薄不足揄揚爲辭謹撮其大而核者數事以勒石而垂後如勸士類則重行誼而勤考校貧乏者優恤之諭民以農桑貧以牛種不能婚嫁者量助之歲旱祈雨五龍潭不憚徒步而雨旋應境生蝗蝗神見夢謁八蜡廟見神如夢中狀遂新神廟蝗不爲災其後又作侯躬出郊授民捕滅法以粟易蝗得數萬斛蝗乃息鄰邑水泛侵境率民築塞是歲有秋編差徭列爲九則令民自相品第其間更代低昂務協羣議前令增戶口加銀八百餘兩帮滄州漕運民不勝憤苦侯曰

如勸士類，則重行誼，而勤考校。貧乏者，優恤之，諭民以農桑，資以牛種。不能婚嫁者，量助之。歲旱，祈雨五龍潭，不憚徒步而雨旋應。境生蝗，蝗神見夢，謁八蜡廟，見神如夢中狀，遂新神廟，蝗不爲災。其後又作，侯躬出郊，授民捕滅法，以粟易蝗，得數萬斛，蝗乃息。鄰邑水泛侵境，率民築塞，是歲有秋，編差徭，列爲九則，令民自相品第，其間更代低昂，務協群議，前令增户口，加銀八百餘兩，帮滄州漕運，民不勝憤苦。侯曰：「滄州水路也，或水涸，或冰堅，舟滯不行，皆經吾任邱陸路。今更幫之，是無一日暇矣。」極力申請掣回，以備他用。又有促侯均田者，侯曰：「斥鹵之地，若妄均之，適滋紛擾，仍不均爲愈。」亦申請已之。邑南有諸大淀，舊有漁課糧馬之租，時淀水偶涸，言官奏欲升科，以資驛站。侯詳稽源委，曰：「水淀之患，十常八九；二驛之費，不可少缺。今遇旱干暫涸，然滄桑之變無常，倘一旦水復大至，何以處之？」事遂寢。凡此數事確有明徵，略無溢美，其細微者略之。侯何以致此哉？蓋卓穎之識，廉慎之操，發所蘊蓄，無非膏澤。凡沾被之民，未形口碣，已刻心銘，雖勒之貞珉，而其入于民之飲食寤寐中，于民之心腹腎腸者，恐不與石而俱朽也。昔鄭子産，孔子稱爲古之遺愛。今侯既去，而民懷之，耿耿不忘，侯其今之子産也夫。

滄州水路也或水涸或冰堅舟滯不行皆經吾任邱陸路今更帮之是無一日暇矣極力申請掣回以備他用又有促侯均田者侯曰斥鹵之地若妄均之適滋紛擾仍不均爲愈亦申請已之邑南有諸大淀舊有漁課糧馬之租時淀水偶涸言官奏欲陞科以資驛站侯詳稽源委曰水淀之患十常八九二驛之費不可少缺今遇旱乾暫涸然滄桑之變無常倘一旦水復大至何以處之事遂寢凡此數事確有明徵畧無溢美其細微者畧之侯何以致此哉蓋卓頴之識廉慎之操發所蘊蓄無非膏澤凡沾被之民未形口碣已刻心銘雖勒之貞珉而其入於民之飲食寤寐中於民之心腹腎腸者恐不與石而俱朽也昔鄭子産孔子稱爲古之遺愛今侯既去而民懷之耿耿不忘侯其今之子産也夫

一一、重修萬壽橋碑記

題解：

《重修萬壽橋碑記》收録于清·乾隆二十七年（1762）《任邱縣志·藝文志》，由學正邊中寶撰文，刊刻于清·康熙二十一年（1682）。

碑文：

任城東北三十里許有橋曰萬壽，蓋滱水下流，而武滷蒲淀之總滙也。地舊無橋，前明萬曆間僧元慶創建之，迨崇禎間，刺史李君儲龍增修之，行人稱便焉。嗣後，歲月代更，補葺闕如，波濤之所激蕩，風雨之所剥蝕，以及樵夫牧豎之所摧折，而橋乃日廢。

重修萬壽橋碑記 國朝遵化學正 邊中寶 邑人
任城東北三十里許有橋曰萬壽蓋滱水下流
而武滷蒲淀之總滙也地舊無橋前明萬歷間
僧元慶創建之迨崇禎間刺史李君儲龍增修
之行人稱便焉嗣後歲月代更補葺闕如波濤
之所激盪風雨之所剝蝕以及樵夫牧豎之所
摧折而橋乃日廢每四月值鄚州廟會車馬輻
輳輙苦病涉百年於兹矣康熙己丑郭君
曾爲補葺未久而廢乾隆辛酉復矢志重脩生
員呂 輔而成之出金若干復倩同事人分
道募化乃於壬戌歲 月興工 月落成長淵

每四月，值鄭州廟會，車馬輻湊，輒苦病涉，百年于兹矣。康熙己丑，郭君曾爲補苴，未久而廢。乾隆辛酉，復矢志重修，生員吕輔而成之，出金若干，復倩同事人，分道募化。乃于壬戌歲□月興工，□月落成。長闊如舊，而工料之堅緻倍之。事既竣，丐言于余。余思世風之澆也，素封之家，大率子母相權，錙銖比量，遇有衆擎之盛舉，每難破其慳囊，即間有好行其德，講求福田利益者，不過于修祠塑像、設醮飯僧等事，踴躍捐輸，求其下濟行路之阨窮，上補王政之不逮，功德普被，永永無窮，如修橋之舉者，不亦空谷足音也哉！若商子者，真可以風矣。抑聞之「善作者不必善成，善始者不必善終」。兹役也，以之踵乎前人則爲成而終，以之倡乎後人則爲作而始也。後之君子儻有聞風而起者，念締造之艱難，憫徒涉之疾苦，接時而葺之，無俾大壞，則斯橋鞏固，可以億萬斯年矣。揆之昔人以萬壽命名者，意在斯乎？竊于將來者有厚望焉。至同事諸人，俱屬賢勞，例得書名，以誌不朽。

如舊而工料之堅緻倍之事既竣丐言於余余

思世風之澆也素封之家大率子母相權錙銖比量遇有衆擎之盛舉每難破其慳囊即間有好行其德講求福田利益者不過於修祠塑像設醮飯僧等事踴躍捐輸求其下濟行路之阨窮上補王政之不逮功德普被永永無窮如修橋之舉者不亦空谷足音也哉若商子者眞可以風矣抑聞之善作者不必善成善始者不必善終兹役也以之踵乎前人則爲成而終以之倡乎後人則爲作而始也後之君子儻有聞風而起者念締造之艱難憫徒涉之疾苦接時而葺之無俾大壞則斯橋鞏固可以億萬斯年矣揆之昔人以萬壽命名者意在斯乎竊於將來者有厚望焉至同事諸人俱屬賢勞例得書名以誌不朽

一二、劉使君（正）墓誌

題解：

《劉使君（正）墓誌》收録于清・乾隆二十七年（1762）《任邱縣志・藝文志》，檢討李因篤撰文，刊刻于清・康熙二十五年（1686）。

碑文：

劉使君，諱正，字方若，一字振之。其先延慶州人，遷任邱，遂占籍。五傳至山南公陽中，嘉靖十有六年鄉舉，尚書户部郎，爲公曾祖；思南公分桂，萬曆三十七年鄉舉，亳州知州，爲公祖，俱祀瞽宗。思南公生公考涵素公季焯，以公貴，贈奉直大夫。妣徐氏，

劉使君墓誌　國朝檢討李因篤

劉使君諱正字方若一字振之其先延慶州人遷任邱遂占籍五傳至山南公陽中嘉靖十有六年鄉舉尚書戸部郎爲公曾祖思南公分桂萬歷三十七年鄉舉亳州知州爲公祖俱祀瞽宗思南公生公考涵素公季焯以公貴贈奉直大夫妣徐氏贈宜人有男子四公其季也幼穎異總角能文嘗得舊榻十三經於渭陽少保公家益研習之遂兼五經冠童試補諸生而產固豐購書甚富第其甲乙親加裝潢慕司馬子長

之遊南涉江淮僦精舍於臨淸與江南諸名士燕集角藝其中迨無虛日時公年最少諸君皆推爲壇坫祭酒順治初年受知於督學秀水少司農秋岳曹公

恩選第一

廷試上上授山西代州知州代故雁門郡也轄三縣曰五臺曰繁峙曰崞瀕邊土瘠兵民雜處其間俗競而嚚公旣至歷詢疾苦而去其尤不便於民者愼訟獄屏胥徒苞苴不行輕徭緩賦吏民胥畏懷之尤留意於勸學月會有程士及門自

贈宜人。有男子四，公其季也。幼穎異，總角能文，嘗得舊槅《十三經》于渭陽少保公家，益研習之，遂兼五經，冠童試，補諸生。而産固豐，購書甚富，第其甲乙，親加裝潢。慕司馬子長之遊，南涉江淮，僦精舍于臨清，與江南諸名士燕集，角藝其中，迨無虚日。時公年最少，諸君皆推爲壇坫祭酒。順治初年，受知于督學秀水少司農秋岳曹公，恩選第一。廷試上，上授山西代州知州。代，故雁門郡也，轄三縣：曰五臺、曰繁峙、曰崞。瀕邊土瘠，兵民雜處其間，俗競而囂。公既至，歷詢疾苦，而去其尤不便于民者，慎訟獄，屏胥徒，苞苴不行，輕徭緩賦，吏民胥畏懷之。尤留意于勸學，月會有程士及門，自以五經分課。公爲郡寬大簡易，人既說之，而尤善遇士大夫，挾纊之歌，投醪之歎，無間于上下。宦裔某爲仇家所訐，禍將不測，公力白其枉，獲平，潛衷數百金壽，公固却之。參藩行吾許公同城，性嚴，僚屬率悚懾，獨雅重公，入見，雖盛怒必霽威。制府申公、撫軍祝公並以治行超卓冠薦牘。會大通姜瓖煽逆，故總兵劉遷連縱叛代地，變起倉卒，人心已摇，而器械窳茇，一切戰守之資，取辦臨時。公多方區畫，肆給咸周。賊數萬，晝夜仰攻，凡十旬，攻法奇變百出，悉以計破之。城内姦宄有約内應者，公每夕率百騎，立通衢，傳餐伺之，且下令曰：「宵行者斬。」謀遂沮。令子鑣匿告急蠟書，夜縋透圍出。比敬謹親

以五經分課公爲郡寬大簡易人既說之而尤善遇士大夫挾纊之歌投醪之歎無間於上下宦裔某爲仇家所訐禍將不測公力白其枉獲平潛衷數百金壽公固却之參藩行吾許公同城性嚴僚屬率悚懾獨雅重公入見雖盛怒必霽威制府申公撫軍祝公並以治行超卓冠薦牘會大通姜瓖煽逆故總兵劉遷連縱叛代地變起倉卒人心已摇而器械窳茇一切戰守之資取辦臨時公多方區畫肆給咸周賊數萬晝夜仰攻凡十旬攻法奇變百出悉以計破之城

内奸宄有約内應者公每夕率百騎立通衢傳餐伺之且下令曰宵行者斬謀遂沮令子鑣匿告急蠟書夜縋透圍出比　敬謹親王以大兵至敗賊於城下圍乃解　王嘉守禦功晏賚有加進郡丞領代如故已而姦民欲煽惑官軍乘亂規利視村堡稍饒者盡指爲逆黨公抗聲曰民勢孤援絶而脅於賊非其本心今目爲賊而草薙之則人人致死拒我是爲賊樹黨也又密促具牛酒犒師皆獲免是役也三晉郡縣全者僅十餘城而代當其衝賴公獨完亂定撫軍上

王以大兵至，敗賊于城下，圍乃解。王嘉守禦功，晏賚有加，進郡丞，領代如故。已而，姦民欲煽惑官軍，乘亂規利，視村堡稍饒者，盡指爲逆黨。公抗聲曰：「民勢孤援絶而脅于賊，非其本心，今目爲賊而草薙之，則人人致死拒我，是爲賊樹黨也。」又密促具牛酒犒師，皆獲免。是役也，三晋郡縣全者僅十餘城，而代當其衝，賴公獨完。亂定，撫軍上簿當優升，適左轄某忌許功高，乃遷怒于公，以他事中傷，外臺交章代白，吏議雖寢，亦不獲敘前功。無何，改補陝西商州。商僻處萬山，兵燹以來鞠爲茂草，而南與漢中、興安諸峰相綿亘，盗賊出没其間，所餘寥寥孑遺耳。公招流移，豁逋負，革雜派，植農桑，緩催科，興水利，一意與民休息。倡修龍駒寨，以通商貨、設戍防。由是守望相隣，阻南山者屏跡矣。乃創五經社，聚多士講學課文，商輟鹿鳴幾三十年。順治十一年秋，孔君吉人、牛君紹容獲雋，繼而蟬聯鵲起，科第不絶，幾與嶽輔稱雄矣。莅商三年，分守商雒，使者許某頗好摻切，有郤于州舉人某，陰屬公中以危法，令徐圖之，公堅不從，仍署齋壁云：「鬼神式臨，不敢殺人，媚人也。」許之客見之以告，許大恚，動輒齟齬。公慨然曰：「余橐在代，善一許而罷還。今在商，更爲一許所制，命也。」遂拂衣歸，取道中州，愛蘇門、百泉之勝，留寓者七載，與夏峰孫徵君昕夕過從，潛心性命之理，

簿當優陞適左轄某忌許功高乃遷怒於公以他事中傷外臺交章代白吏議雖寢亦不獲敘前功無何改補陝西商州商僻處萬山兵燹以來鞠爲茂草而南與漢中與安諸峰相緜亘盜賊出没其間所餘寥寥孑遺耳公招流移豁逋負革雜派植農桑緩催科興水利一意與民休息倡修龍駒寨以通商貨設戍防由是守望相隣阻南山者屏迹矣廼創五經社聚多士講學課文商輟鹿鳴幾三十年順治十一年秋孔君吉人牛君紹容獲雋繼而蟬聯鵲起科第不絶

幾與嶽輔稱雄矣莅商三年分守商雒使者許某頗好摻切有郤於州舉人某陰屬公中以危法令徐圖之公堅不從仍署齋壁云鬼神式臨不敢殺人媚人也許之客見之以告許大恚動輒齟齬公慨然曰余橐在代善一許而罷還今在商更爲一許所制命也遂拂衣歸取道中州愛蘇門百泉之勝留寓者七載與夏峰孫徵君昕夕過從潛心性命之理沛然有得旣抵里囊槖蕭然蔬食布衣優游林下逮三紀而卒公性至孝色養有方喪葬盡禮意氣慷慨喜談經濟

沛然有得。既抵里，囊槖蕭然，蔬食布衣，優游林下，逮三紀而卒。公性至孝，色養有方，喪葬盡禮，意氣慷慨。喜談經濟大略，戎馬逆旅間，手一編不廢，輯類書，名《商山夜話》。其學以紫陽爲正，極論頓悟之謬曰：「如是，不墮禪者幾希。」體貌岸然，士皆望傾其丰采，而温恭泛愛，聆其言，藹如也。卒于康熙二十有五年九月丙戌，距生前萬曆四十年二月甲戌，壽七十有五。

大畧戎馬逆旅間手一編不廢輯類書名商山
夜話其學以紫陽爲正極論頓悟之謬曰如是
不墮禪者幾希體貌岸然士皆望傾其丰采而
溫恭泛愛聆其言藹如也卒於康熙二十有五
年九月丙戌距生前萬歷四十年二月甲戌壽
七十有五

一三、六真居士劉公（鏕）墓表

題解：

《六真居士劉公（鏕）墓表》收録于清・乾隆二十七年（1762）《任邱縣志・藝文志》，舉人李塨撰文，刊刻于清・康熙五十年（1711）。

碑文：

予論學重存誠而不言真。以真聖經無之而出二氏也。今爲劉君表墓，稱六真居士，何哉？曰：「寄也，有託而逃焉者也。」一曰真貧。君弃舊田廬如脱屣，游屐所獲每千百金，而信意揮灑，購書締交，或勸作家人業，笑不答也。一曰真醉。君善交，

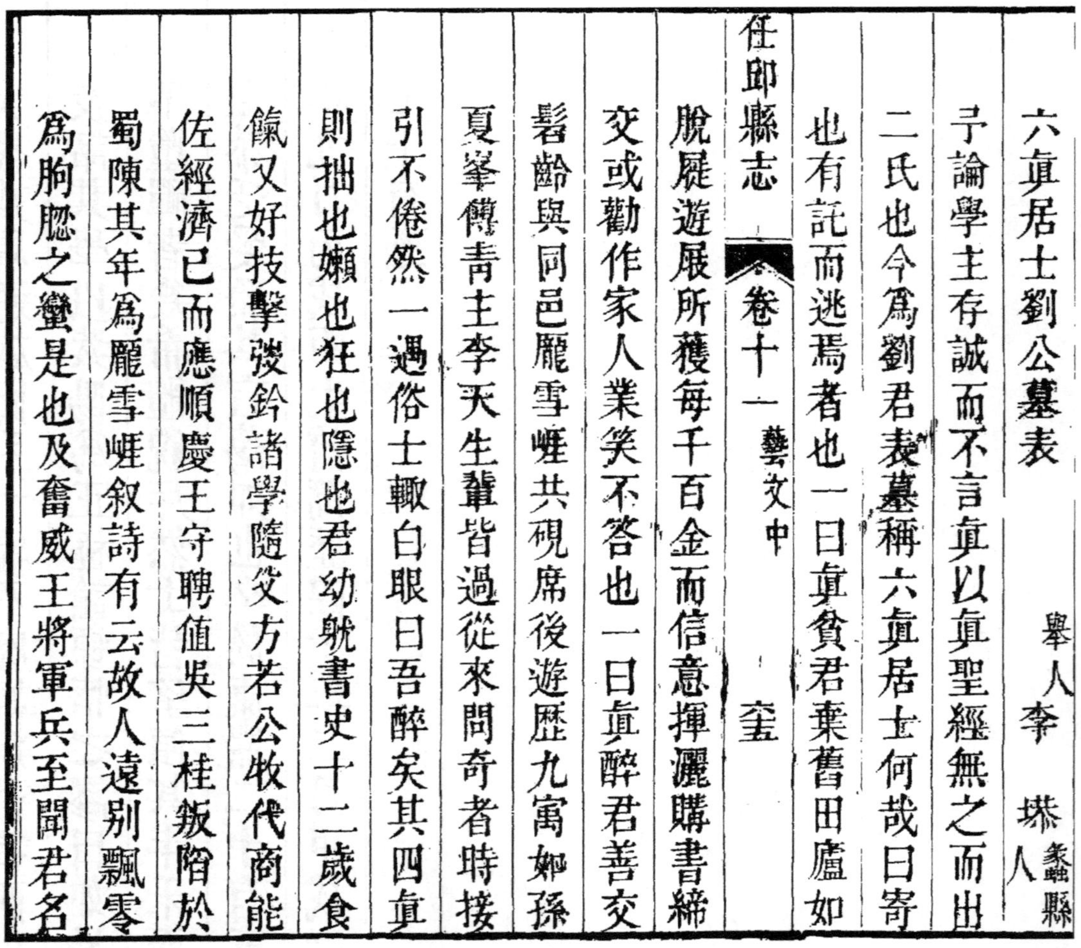
六眞居士劉公墓表　舉人李　塨 蠡縣人
予論學主存誠而不言眞以眞聖經無之而出二氏也今爲劉君表墓稱六眞居士何哉曰寄也有託而逃焉者也一曰眞貧君棄舊田廬如脫屣遊屐所獲每千百金而信意揮灑購書締交或勸作家人業笑不答也一曰眞醉君善交
任邱縣志　卷十一　藝文中　奎
髫齡與同邑麗雪嶁共硯席後遊歷九寓如孫夏峯傅青主李天生輩皆過從來問奇者時接引不倦然一遇俗士輒白眼曰吾醉矣其四眞則拙也嬾也狂也隱也君幼躭書史十二歲食餼又好技擊弢鈐諸學隨父方若公牧代商能佐經濟已而應順慶王守聘値吳三桂叛陷於蜀陳其年爲麗雪嶁叙詩有云故人遠別飄零爲胸臆之蠻是也及奮威王將軍兵至聞君名

鬐齡與同邑龐雪崖共硯席，後遊歷九寓，如孫夏峰、傅青主、李天生輩，皆過從，來問奇者，時接引不倦。然一遇俗士輒白眼，曰：「吾醉矣。」其四真則拙也、懶也、狂也、隱也。君幼耽書史，十二歲食餼，又好技擊、弢鈐諸學。隨父方若公牧代、商，能佐經濟，已而應順慶王守聘。值吴三桂叛，陷于蜀。陳其年爲龐雪崖敘詩有云「故人遠別，飄零爲胸臆之蠻」是也。及奮威王將軍兵至，聞君名，咨以方略，遂平蜀。疏其功，授鹽亭令，綽有政績。既以離親久，告歸鄉，孝友甚篤，令爲登邑乘。憂居後，乃縱游衡、華、匡廬、洞庭、天臺、武夷諸勝地，孤笻裙屐，煙霞嘯傲者三十餘載，卒于寓。君隨寓蒔花種竹，坐擁萬卷，暇更以岐黄鍼砭起人疾，寧拙而懶也。嘗自謂介材不材間，又曰：「世既不知，當以無用爲用。」高枕于匡廬、武夷之巔，亦詎狂放石隱者邪？當明之末季，天動地岌，迨我朝定鼎，吏戢民寧，乃又王藩顫動，羽書飛馳，而君當其衝，乘風破浪，立樹奇勳，既復避人謝事。一咏一觴，時而繩墨如道學，時而溟涬如方外，時而烈士，時而墨客，又烏能以測君哉？予初識君長安，悄乎其有遠志也，後再會于陑陽。今君去十餘年，而予亦老，因念夙多瞻顧，不如君勇于敢爲。今尚受妻孥累，不如君超然世外，皆可愧也。君長子濤，博學能文，奉君櫬歸葬，

者以方畧遂平蜀疏其功授鹽亭令綽有政績既以離親久告歸鄉孝友甚篤令爲登邑乘憂居後乃縱遊衡華匡廬洞庭天台武夷諸勝地孤笻帬屐烟霞嘯傲者三十餘載卒於寓君隨寓蒔花種竹坐擁萬卷暇更以岐黄鍼砭起人疾寧拙而嬾也嘗自謂介材不材間又曰世既不知當以無用爲用高枕於匡廬武夷之巔亦詎狂放石隱者邪當明之末季天運地岌迨我朝定鼎吏戢民寧乃又王藩顫動羽書飛馳而君當其衝乘風破浪立樹奇勳既復避人謝事一

咏一觴時而繩墨如道學時而溟涬如方外時而烈士時而墨客又烏能以測君哉予初識君長安悄乎其有遠志也後再會於陑陽今君去十餘年而予亦老因念夙多瞻顧不如君勇於敢爲今尚受妻孥累不如君超然世外皆可愧也君長子濤博學能文奉君櫬歸葬以行述請表其阡勉以不文者表之君諱鑣字長馭一諱樵隱字慕菴六眞居士晚年自號也卒在康熙五十年壽七十有五祖父以上多有達者

以行述請表其阡，勉以不文者表之。君諱鑣，字長馭，一諱樵隱，字慕菴。六真居士，晚年自號也。卒在康熙五十年，壽七十有五。

祖父以上多有達者。

一四、修治漢阿陵侯墓並建饗堂碑記

題解：

《修治漢阿陵侯墓並建饗堂碑記》收録于清·乾隆二十七年（1762）《任邱縣志·藝文志》，宗人府府丞任啓運撰文，刊刻于清·雍正元年（1723）。

碑文：

古人重祠墓，夏禹葬會稽，少康封無余于越，祠墓自此始。周禮宗子去國得以廟行，居者望墓而祭，非宗子哭墓而出、展墓而入。後世宦遊，死葬其地，祠其方，留支裔守祀，亦禮從朔也。明太祖經野上下，山林、原隰盡籍之。先賢祠墓，蠲子孫徭賦。屬諸官，官致祭。後百年，子孫浸失其守祀，轉而之他。吏惰不虔，視若甌脱。豪者因起而籠之，以爲宫室、苑囿、臺榭，或侵穴焉。運常嘆太祖以尊賢崇古甚盛之心，規此大典，乃一變而裔失其守，再變而吏失其官，三變而姦乘其弊。陵夷至此，爲可悼惜也。今族子南汝、光道、弘業謂運曰：「我祖阿陵侯之墓之不穴于狐鼠也。侯之神實然。先是，有覬者欲侵墓傍田爲葬地，夢一神人爲之筮，其繇曰：『佳城蒼蒼，厥兆大祥。五氣裔皇，蔚爲文章。應典秩宗，爲時名卿。亦有衍潢，來父此邦，政肅民康。汝穴其旁，匪福而殃。』覬者懼而止。後三年，業果令任邑，修治其墓。而憲皇帝大行，今皇帝即位，一時大典，皆吾宗香穀宗伯主之，而叔父復繼起，膺三禮總裁之命。繇言皆驗，我祖之神如此。」啓運避謝不敢當，然因是知幽明一理，祖孫一氣，誠動于此，神應于彼，如響斯答，信不誣也。弘業仁孝，自祖父以上，先世遺跡博考而確證之，不遺遐渺。以故佐幕于徐，即正當陽侯祭田歸諸裔孫；其令任邑，治侯墓則神人預卜其兆，人與地偕，事與時會。《詩》曰：「無念爾祖。」念祖之誠，積而紹庭。上下明神，遂陟降之矣。弘業治墓時，左右徘徊意未發，而村老有以地願售者，適與墓相直。饗堂之建于是成，不尤異哉！阿陵侯墓縱若干步，廣若干步，司空墓在其右，相去若干步，中爲隧道達焉。若巽宫而入侍者，

修治漢阿陵侯墓并建饗堂碑記

國朝宗人府府丞任啟運宜興人

古人重祠墓夏禹葬會稽少康封無余於越祠墓自此始周禮宗子去國得以廟行居者望墓而祭非宗子哭墓而出展墓而入後世宦遊死葬其地祠其方留文裔守祀亦禮從朔也明太

祖經野上下山林原隰盡籍之先賢祠墓獨子孫徭賦屬諸官官致祭後百年子孫淩失其守祀轉而之他吏循不虔視若氈脫豪者因起而籠之以爲宮室苑囿臺榭或侵穴焉運常嘆太祖以尊賢崇古甚盛之心規此大典乃一變而裔失其守再變而吏失其官三變而奸乘其獘陵夷至此爲可悼惜也今族子南汝光道弘業謂運曰我祖阿陵侯之墓之不穴於狐鼠也侯之神實然先是有覬者欲侵墓傍田爲葬地夢一神人爲之箠其孫曰佳城蒼蒼厥兆大祥五氣裔皇蔚爲文章應典秩宗爲時名卿亦有衍潢來父此邦政肅民康汝穴其旁匪福而殃覬者懼而止後三年業果令任邑修治其墓而

憲皇帝大行今

皇帝即位一時大典皆吾宗香谷宗伯主之而叔父

復繼起膺三禮總裁之

命謚言皆驗我祖之神如此啟運避謝不敢當然因是知幽明一理祖孫一氣誠動於此神應於彼如饗斯答信不誣也弘業仁孝自祖父以上先世遺蹟博考而確證之不遺遐渺以故佐幕於

徐郎正當陽侯祭田歸諸裔孫其令任邑治侯墓則神人預卜其兆人與地偕事與時會詩曰無念爾祖念祖之誠積而紹庭上下明神遂陟降之矣弘業治墓時左右徘徊意未發而村老有以地願售者適與墓相直饗堂之建於是成不尤異哉阿陵侯墓縱若干步廣若干步司空墓在其右相去若干步中爲隧道達焉若異宮而入侍者蓋古子孫從葬之禮如此饗堂在墓後地高阜民居夾之有門有堂有寢有廡各若干楹其祀事俾任邑之後裔者世守之劉諸石

蓋古子孫從葬之禮如此。饗堂在墓後，地高阜，民居夾之，有門、有堂、有寢、有廡，各若干楹，其祀事俾任邑之後裔者世守之。劖諸石以垂永久。運不文，繫以詩曰：

我任自出軒轅帝，薛邳疇摯駢侯邦。孔聖素王水精子，亦有任子師桃鄉。赤帝中葉震且業，侯王厥角炎微茫。英英光武起白水，瓦飛浧溢鏖昆陽。扶義除苛徇河北，僞輿狐火欺聾盲。滹沱冰渡狂瀾倒，信都砥柱中流當。右提霸彤左純植，廣阿底定歸相望。自茲百六迅掃霧，論定四七垂彝常。雲臺峨峨照千古，麟閣對此猶慚惶。生爲名臣歿名宿，參旂河鼓排天閶。喜邀傅說酌天醑，怒揮天戈殪天狼。功著一時神萬古，天心人事相扶將。蒼梧穀林兩疑似，阿陵片石留堂堂。焄蒿神發連天紫，瑞氣氤氲匝地黃。從來公侯必復始，配文之業由武湯。陟降時隨上帝右，來歆來格神洋洋。腥肆焰臉肅再拜，億萬千世毋夷戕。

以垂永久運不文繫以詩曰我任自出軒轅帝
薛邳疇摯駢侯邦孔聖素王水精子亦有任子
師桃鄉赤帝中葉震且業侯王厥角炎微茫英
英光武起白水瓦飛浧溢鏖昆陽扶義除苛徇
河北僞輿狐火欺聾盲滹沱冰渡狂瀾倒信都
砥柱中流當右提霸彤左純植廣阿底定歸相
望自茲百六迅掃霧論定四七垂彝常雲臺峨
峨照千古麟閣對此猶慚惶生爲名臣歿名宿
參旂河鼓排天閶喜邀傅說酌天醑怒揮天戈
殪天狼功著一時神萬古天心人事相扶將蒼

梧穀林兩疑似阿陵片石留堂堂焄蒿神發連
天紫瑞氣氤氲匝地黃從來公侯必復始配文
之業由武湯陟降時隨上帝右來歆來格神洋
洋腥肆爓臉肅再拜億萬千世毋夷戕
今按王郎起兵時郡邑皆降侯獨能爲漢守信
都又不肯入爰刁兵檄聚民衆遂援邯鄲何智
且勇也世祖誅新莽成帝業侯實基之阿陵萬
戶封宜哉司空隗忠正嗣美歷顯四朝盛矣侯
墓寄邇守土者皆應加意獨任氏裔之責乎

一五、桂巖書院碑記

題解：

《桂巖書院碑記》收録于清·乾隆二十七年（1762）《任邱縣志·藝文志》，邑令劉統撰文，刊刻于清·乾隆二十五年（1760）。

碑文：

作人爲風化之首，書院爲人才之所從出。查桂巖書院，傾頽已久。前任澄海陳公文合于方公祠之西偏營講堂三楹，左右齋各二楹，制則創而名仍其舊。適有水涸地若干頃，得租銀如大衍數，爲延師之資。然是時，地畝雖屬書院，而未暇升科。未幾，陳公以詿去官，繼任海寧鍾公鳳翔至，旋議爲書院升科。然水涸地本

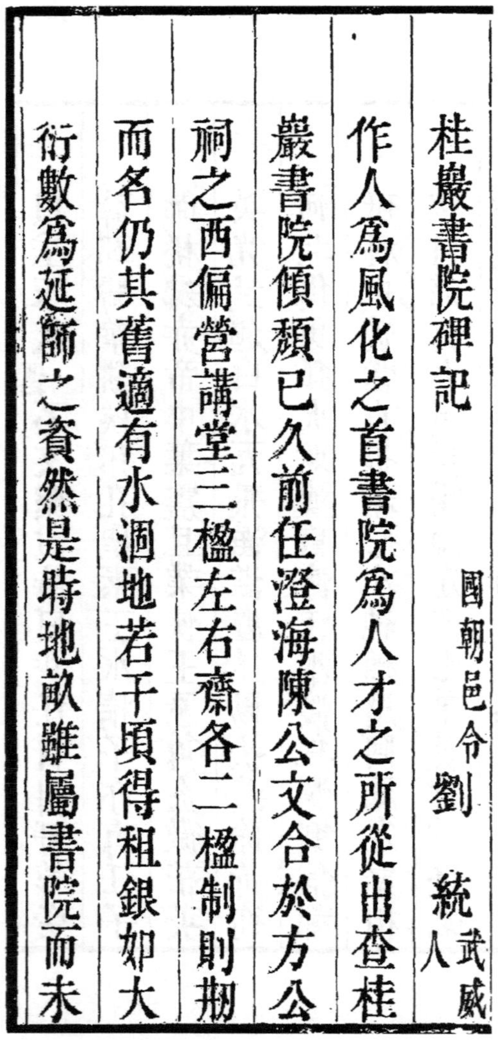

桂巖書院碑記　國朝邑令劉統武威人
作人爲風化之首書院爲人才之所從出査桂
巖書院傾頽已久前任澄海陳公文合於方公
祠之西偏營講堂三楹左右齋各二楹制則剏
而名仍其舊適有水涸地若干頃得租銀如大
衍數爲延師之資然是時地畝雖屬書院而未

皆膏腴，附近居民之尤黠者争欲任科自肥。鍾公特念利民作士，厥益維均，而輕重大小，判然大異，且利民則此菀彼枯，勢難遍及，作士則公溥而被澤者衆，因詳上憲，均蒙報可。然是時，雖已升科而未暇議租。未幾，鍾公又以憂去，查舊租，畝只三分，升科後僅敷輸納，書院之費，仍無所出。而地畝所值較之三分，實不啻倍蓰，因集紳士，公同酌議，按地力之肥瘠定租價之低昂。更招集衆原佃，逐名詢問，或租或退，聽其自便。蓋不以作士病民，實兩得也。凡每歲所獲，視前較增。又復公議條約，泐之碑陰，大書深刻，以垂永久。通計此役之始終，自乾隆壬申迄庚辰，凡歷九載。自陳公歷鍾公以及不敏，凡經三邑令，而後規模始得粗就。至左右而贊襄之者，則已卯孝廉高君質義，庚辰孝廉高君應通，國子生高君聯輝，邑諸生邊君渠，四君子之力，均不可没云。嗚呼！自古在昔，任邑固才藪也，粤稽傳志，如漢之韓嬰，吾丘壽王，當塗魏之邢顒，北齊之邢邵，後周之張羨，宋之邢昺，金之麻九疇，或以儒術，或以學行，莫不炳蔚史册，照耀耳目。迨及勝國，尤爲極盛，其膺鼎鉉、躋臺司者，未易更僕數，勳名事業猶赫赫如前日事。沿及本朝，科名雖亦蟬聯不絶，而臺省清要之地絶少其人。蓋亦稍稍衰歇矣，天道循環，無往不復。自壬戌以迄于今十八九年間，捷南宫者六，讀中秘者三，而已卯、庚

暇陞科未幾陳公以詿去官繼任海寧鍾公鳳翔至旋議爲書院陞科然水涸地本皆膏腴附近居民之尤黠者爭欲任科自肥鍾公特念利民作士厥益維均而輕重大小判然大異且利民則此菀彼枯勢難遍及作士則公溥而被澤者衆因詳　上憲均蒙報可然是時雖已陞科而未暇議租未幾鍾公又以憂去查舊租畝只三分陞科後僅敷輸納書院之費仍無所出而地畝所値較之三分實不啻倍蓰因集紳士公同酌議按地力之肥瘠定租價之低昂更招集

衆原佃逐名詢問或租或退聽其自便蓋不以作士病民實兩得也凡每歲所獲視前較增又復公議條約泐之碑陰大書深刻以垂永久通計此役之始終自乾隆壬申迄庚辰凡歷九載自陳公歷鍾公以及不敏凡經三邑令而後規模始得粗就至左右而贊襄之者則已卯孝廉高君質義庚辰孝廉高君應通國子生高君聯輝邑諸生邊君渠四君子之力均不可沒云嗚呼自古在昔任邑固才藪也粤稽傳志如漢之韓嬰吾邱壽王當塗魏之邢顒北齊之邢邵後

辰兩鄉試，獲雋者且二十人，邊君方晋又且裒然爲首，以領解額。蓋自勝國迄今三四百年來，未有如此日之峥嶸者。嗚呼！詎不盛與。唯願爾多士之肄習其中者，争自濯磨，戒俗學之淺躁，文章德業胥以古人爲期，將見前所稱引，如韓嬰、吾丘壽王其人者，復應運而興，以昭一代文明之盛，又奚有于科名勢位之戔戔乎哉！至于設書院以作人士，實與學校相表裏。踵事而增之，因時而宜之，以相維于不替，則固守士者之責也。余之所望于繼起者，豈淺鮮哉！後之覽者，得毋有感于斯文。

周之張義宋之邢昺金之麻九疇或以儒術或以學行莫不炳蔚史册照耀耳目迨及勝國尤爲極盛其膺鼎鉉躋台司者未易更僕數勳名事業猶赫赫如前日事沿及

本朝科名雖亦蟬聯不絕而臺省清要之地絕少其人蓋亦稍稍衰歇矣天道循環無往不復自壬戌以迄於今十八九年間捷南宫者六讀中秘者三而已卯庚辰兩鄉試獲雋者且二十人邊君方晉又且裒然爲首以領解額蓋自勝國迄今三四百年來未有如此日之崢嶸者嗚呼

詎不盛與唯願爾多士之肄習其中者爭自濯磨戒俗學之淺躁文章德業胥以古人爲期將見前所稱引如韓嬰吾邱壽王其人者復應運而興以昭一代文明之盛又奚有於科名勢位之戔戔乎哉至於設書院以作人士實與學校相表裏踵事而增之因時而宜之以相維於不替則固守土者之責也余之所望於繼起者豈淺尠哉後之覽者得毋有感於斯文

一六、河間會館碑記

題解：

《河間會館碑記》收録于清·乾隆二十七年（1762）《任邱縣志·藝文志》，湖廣道御史戈濤撰文，刊刻于清·乾隆年間。

碑文：

觀察舒君成龍，字御天，號荆南。倡建河間會館于都城之日南坊，既成，屬余爲記。京師會館之設，自全省以逮一郡一邑，所在衢巷相望。直隸以近京故，獨缺。順治間，直人公置一區，久之圮廢。舒君之祖完白先生，康熙丙辰進士，嘗寓居舊館，歎其即于廢也，志修之，未逮。舒君之勤勤于此，蓋承其先人之志

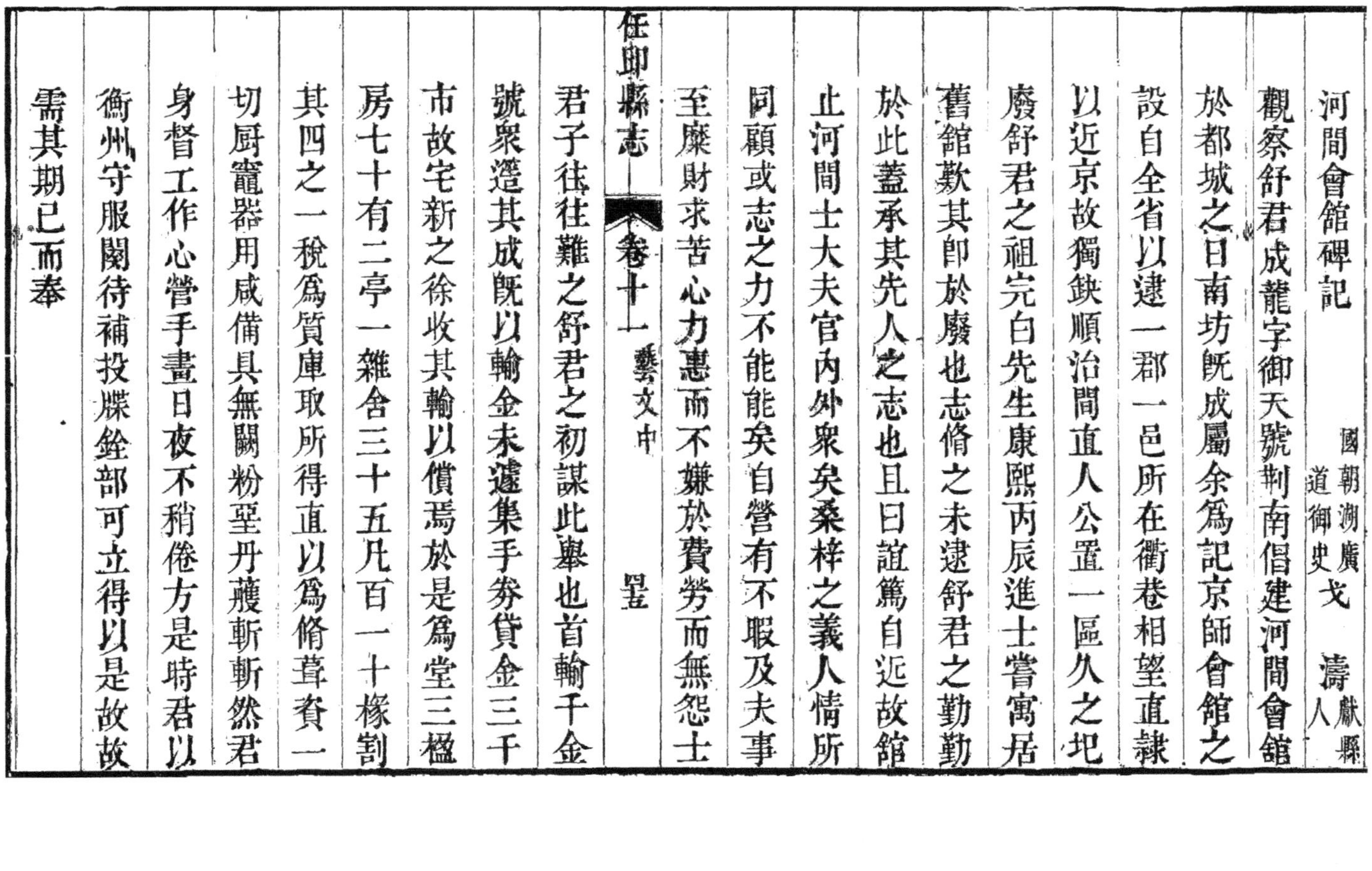

河間會館碑記　國朝湖廣道御史戈濤獻縣人
觀察舒君成龍字御天號荆南倡建河間會館
於都城之日南坊既成屬余爲記京師會館之
設自全省以逮一郡一邑所在衢巷相望直隸
以近京故獨缺順治間直人公置一區久之圮
廢舒君之祖完白先生康熙丙辰進士嘗寓居
舊館歎其即於廢也志脩之未逮舒君之勤勤
於此蓋承其先人之志也且曰誼篤自近故館
止河間士大夫官内外衆矣桑梓之義人情所
同顧或志之力不能能矣自營有不暇及夫事
至糜財求苦心力惠而不嫌於費勞而無怨士
任邱縣志　卷十一　藝文中　罡
君子往往難之舒君之初謀此舉也首輸千金
號衆遷其成既以輸金未遽集手券貸金三千
市故宅新之徐收其輸以償焉於是爲堂三楹
房七十有二亭一雜舍三十五凡百一十椽割
其四之一稅爲質庫取所得直以爲脩葺費一
切厨竈器用咸備具無闕粉堊丹臒斬斬然君
身督工作心營手晝日夜不稍倦方是時君以
衙州守服闋待補投牒銓部可立得以是故故
需其期已而奉

也。且曰誼篤自近。故館止河間，士大夫官内外衆矣。桑梓之義，人情所同，顧或志之，力不能能矣。自營有不暇，及夫事至糜財，求苦心力惠而不嫌于費，勞而無怨，士君子往往難之。舒君之初謀此舉也，首輸千金，號衆篋其成，既以輸金未遽集，手券貸金三千，市故宅新之，徐收其輸以償焉。于是爲堂三楹，房七十有二，亭一，雜舍三十五，凡百一十椽。割其四之一，税爲質庫，取所得直，以爲修葺資，一切厨竈器用，咸備具無闕，粉堊丹雘斬斬然。君身督工作，心營手畫，日夜不稍倦。方是時，君以衡州守服闋待補，投牒銓部可立得，以是故，故需其期。已而奉命往甘，迫于行，猶鰓鰓條計未竣事，屬之人，已乃就道。嗟乎！夫人好義難矣，倡而不必應，應而不必給，有倦而悔耳，故始而終之尤難。余觀舒君爲此，何其心力俱瘁而不知其難也！非有忠信誠確堅果之力，烏能有終？若是，以是而當國家之事，履艱承鉅，必無一切退避隱忍之心可知也。則余之所以多舒君者，豈獨此敦篤鄉誼一節之盛舉歟？鄉之人鼓舞樂輸，以觀厥成，均足與舒君分美。然余以爲樂其成，不可不思其所由始也，故特書之，以告來者。至于立規條，以垂久遠，則出之邊君佩文、紀君曉嵐、李君子燮，嗣葳事之成，爲高君咸一、李君汀洲、舒君弟承天及家弟未軒也。其差次義輪，別有目，銘之碑陰。

命往甘迫於行猶鰓鰓條計未竣事屬之人已乃就
道嗟乎夫人好義難矣倡而不必應應而不必
給有倦而悔耳故始而終之尤難余觀舒君爲
此何其心力俱瘁而不知其難也非有忠信誠
確堅果之力烏能有終若是以是而當
國家之事履艱承鉅必無一切退避隱忍之心可
知也則余之所以多舒君者豈獨此敦篤鄉誼
一節之盛舉歟鄉之人鼓舞樂輸以觀厥成均
足與舒君分美然余以爲樂其成不可不思其
所由始也故特書之以告來者至於立規條以

垂久遠則出之邊君佩文紀君曉嵐李君子燮
嗣葳事之成爲高君咸一李君汀洲舒君弟承
天及家弟未軒也其差次義輪別有目銘之碑
陰

一七、清誥授中議大夫兩淮鹽運使司霽峰邊公（廷掄）暨配井太淑人墓誌銘

題解：

《清誥授中議大夫兩淮鹽運使司霽峰邊公（廷掄）暨配井太淑人墓誌銘》收録于中國文物研究所、河北省文物研究所：《新中國出土墓誌》（河北卷），北京：文物出版社，2012年，第426頁。李殿圖撰文，商載篆蓋，刊刻于清·嘉慶年間，誌石「文革」期間出土于任邱市青塔鄉邊各莊村。

蓋文：

皇清誥授中議大夫兩淮鹽運使司霽峰邊公暨配井太淑人墓誌銘

誌文：

賜進士出身誥授資政大夫翰林院侍講前左春坊左中允安徽巡撫兼都察院右副都御史兵部侍郎福建巡撫兼署閩浙總督福建承宣布政使提刑按察使甘肅鞏秦階道禮科給事中巡視東城掌河南山東廣西道監察御史提督廣西學政翰林院編修甲午科湖南鄉試正考官乙未庚寅鄉會試同考官國史館纂修官翰林院庶吉士姻愚侄婿李殿圖頓首拜撰文

賜進士出身誥授奉直大夫江南道監察御史前翰林院編修乙丑科會試同考官丁卯科山西鄉試副考官國史館纂修官姻愚侄商載頓首拜書丹並篆蓋

嘉慶十四年春，前任兩淮鹽運使司鹽運使邊公將葬，其子士堪走京師乞銘于予。嗚呼！予雖不能銘，然如公之碩行懿德，當爲天下傳之，不可以不銘。況予于公又世爲姻戚，宜其來請于予也。公姓邊氏，諱廷掄，字子擢，一字霽峰，任邱人，係出明户部郎中贈資政大夫刑部尚書諱永。祖諱汝元，增廣生，積學有詩名，著有《漁山詩草》。父諱中實，内行醇備，博學工詩。雍正丁未，舉孝友端方科，授任縣訓導。中式乾隆戊午科舉人，遷遵化州學正。公生有異稟，四齡，授以四子書及唐詩，輒能成誦，越時叩之不忘。弱冠，受知于學使趙海門先生。乾隆壬申，中式順天鄉試舉人。丁丑，成進士，殿試分兵部，補武選司主事。三年，擢職方司員外郎兼皇華館監督。又一年，擢武選司郎中。戊子，以京察一等，特授江南徐州府知府，旋擢常鎮通道。逾年，調松太兵備道，未抵任，特旨授兩淮鹽運使司鹽運使。丙申春，以失鞘案奪職。公居官務持大體，不趨勢要，在兵曹日，已見知于諸城劉文正公、長白尹文端公。及外居府道，所至以清率屬，以勤治民，興起教化，培養人材。既來揚州，鹺政殷繁，公惟以興利除弊、惠商恤民爲急務。顧性廉静寡默，而遇事崖岸稍峻，以是初交者多齟齬。在揚州五年，迎贈公暨太夫人于官署，躬親色笑，怡養盡歡。後以贈公年八旬，方欲陳情乞養，而適絓吏議，公忻然曰：「前捧檄而喜，今解組而亦喜，時不同，心則一也。」嗚呼！公之篤于天性，恬于仕進，蓋可見矣。會庚戌歲，高宗純皇帝八旬萬壽，凡舊奪職者，命大臣核其款蹟，將加録叙，公之名在首列。時年六十餘矣，自恐精力就衰，不能宣力，因引疾歸。公自爲諸生以

賜進士出身
誥授資政大夫翰林院侍講前左春坊左中允安徽巡撫兼都察院右副都御史兵部侍郎
福建巡撫兼署閩浙總督福建承宣布政使提刑按察使甘肅鞏秦階道禮科給事中巡視
東城掌河南山東廣西道監察御史提督廣西學政翰林院編修甲午科湖南鄉試正考官
乙未庚寅鄉會試同考官　國史館纂修官翰林院庶吉士姻愚姪□李殿圖頓首拜撰文
賜進士出身
誥授奉直大夫江南道監察御史前翰林院編脩乙丑科會試同考官丁卯科山西鄉試副
考官　國史館纂脩官姻愚姪商載頓首拜書丹并篆蓋
嘉慶十四年春前任兩淮鹽運使司鹽運使邊公將葬其子士楷走京師乞銘於予嗚呼予
雖不能銘然如公之碩行懿德當為天下傳之不可以不銘況予與公又世為姻戚宜其來
請於予也公姓邊氏諱廷掄字予擢一字霽峯任邱人系出明戶部郎中贈資政大夫刑部
尚書諱永祖諱汝元增廣生積學有詩名著有漁山詩草父諱中寶內行醇備博學工詩窺
公丁未舉孝友端方科授任縣訓導中式乾隆戊午科舉人選遵化州學正公生有異稟四
餘技以西京書及唐詩輒能成誦越時叩之不忘為冠受知於學使趙海門先生乾隆壬申
中式順天鄉試舉人丁丑成進士殿試分兵部補武選司主事三年擢職方司員外郎兵
皇華館監督又一年擢武選司郎中戊子以京察一等　特授江南徐州府知府旋擢常鎮
通道邊年調松太兵備道未幾任　特旨授兩淮鹽運使司鹽運使丙申春以失覺察奪職
公居官務持大體不矜苛要在兵曾日己見知於諸城劉文正公長白尹文端公及外居府
道府至以清廉屬以勤治民興起教化培養人材既來揚州鹺政繁公惟以興利除弊為
商郵民為急務順性廉靜宜默而遇事崖岸稍峻以是初交者多齟齬在揚州五年迎鑾
璧太夫人於官署始視色笑怡養盡歡後以瞻公年八旬方欲陳情乞養而遽罹吏議公怡
然曰前捧檄而喜今解組而亦喜時不同心則一也嗚呼公之篤於天性恬於仕進蓋可見
矣會庚戌歲
高宗純皇帝八旬萬壽凡舊有職者　命大臣核其款蹟將加錄敘公之名在宥列時年六
十餘矣自恐精力既衰不欲宣力因引疾歸公自為諸生以迄數歷中外數十年校勘耀
而享家人之樂人生遭際可謂咸得而公始終一致不為境遇所移平生惡甘旨屏肥鮮性
成淡泊處豐如約而於姻郎宗黨為至篤性嗜學手不釋卷恢樂獎掖後進尤工制舉文詩
賦能七多高捷晚年公三子皆先後領鄉薦循自課諸孫讀至夜半不倦蓋涵濡於詩書者
深故全其天者厚雖壽臻耄耋而神明不衰非可倖而致也公生於雍正四年八月初七日
卒於嘉慶十三年二月初一日春秋八十有三配井氏文安世家性端凝柔淑佐公理家政
數十年能成公之志先公卒合葬於邊古莊之新阡子三人長士□次士□次士楷出嗣胞叔子□
公次士□俱舉人知縣孫男五長□次□次□次□俱庠生次□幼曾孫五幼銘
曰
謂天之所福兮繫人之自求高兮遠覽兮醇微內修洎善與□兮詐絕日休自□顧兮無刖
而登耆耄彊兮百祿是遒為龍既封兮蔭松柏歸子孫兮□汗長流

迄揚歷中外數十年，投劾歸□而享家人之樂，人生遭際可謂盛矣，而公始終一致，不爲境遇所移。平生惡甘旨，屏肥鮮，性成淡泊，處豐如約，而于賙恤宗黨爲至。篤性嗜學，手不釋卷帙，樂獎掖後進，尤工制舉文，所成就士多高捷。晚年，公三子皆先後領鄉薦，猶自課諸孫讀，至夜半不倦。蓋涵濡于詩書者深，故全其天者厚，雖壽臻耄耋，而神明不衰，非可倖而致也。公生于雍正四年八月初七日，卒于嘉慶十三年二月初一日，春秋八十有三。配井氏，文安世家。性端凝柔淑，佐公理内政數十年，能成公之志。先公卒，合葬于邊古莊之新阡。子三人：長士堪；次士培，出嗣胞叔子揚公；次士圻，俱舉人、知縣。孫男五：長鍾穎，次鍾碩，次鍾伊，俱庠生；次鍾健、鍾俶，幼。曾孫五，幼。銘曰：

謂天之所福兮，緊人之自求。高芬遠映兮，醇徽内修。洎若無營兮，作德日休。貞素履兮，無顯幽。登壽耄耋兮，百禄是遒。馬鬛既封兮，蔭松楸。綿子孫兮，澤長流。

一八、清誥授奉直大夫晉贈通議大夫內閣中書宗君（樹桐）墓誌銘宗樹桐墓誌

題解：

《清誥授奉直大夫晉贈通議大夫內閣中書宗君（樹桐）墓誌銘》賀濤撰，蔣式芬書，徐坊篆蓋，刊刻于清·光緒二十九年（1903），誌石長98厘米，寬92厘米，30行，行28字，蓋6行，行4字。誌石出土于河北省任邱市，現存于國家圖書館。

蓋文：

皇清誥授奉直大夫晉贈通議大夫內閣中書宗君墓誌銘

誌文：

皇清誥授奉直大夫晉贈通議大夫內閣中書宗君墓誌銘

賜進士出身誥授中憲大夫前刑部江蘇司主事武强賀濤撰

賜同進士出身誥授資政大夫二品銜兩廣鹽運使蠡縣蔣式芬書

誥授資政大夫二品銜學部國子丞臨清徐坊篆蓋

君諱樹桐，字華甫，姓宗氏，任邱人。以府學廩生選爲同治癸酉拔貢生，入貲爲內閣中書。已而，家居不出，性義俠，數以財經營善舉。縣有大功役，恒倚以辦，爲鄉里解紛難，弭禍患者屢矣。好謀慮，常如在憂患中，稠人廣坐宴集之時，往往爲不祥語，衆默然，君猶强聒不已，至其□然自放歌呼笑嘲，又若棄百事，而不一關其慮者。余始與君交，二人者皆年壯氣盛。余謂君才堪爲世用，君好余文以爲近古，相期待甚高。及皆衰老，君既無所藉以自見，余亦以疾廢，不能就所業，各自傷感又頗相矜閔。余嘗以文壽君言兩人者，憂喜異于衆而敘述其情狀。君報書曰：「吾始讀之而悲，已而自笑，知君年雖衰而昔時意趣故在也。」庚子之變，亂民以妖妄之術仇視西教，恣其殺掠，官不敢問。君曰：「大亂將作矣。」力戒鄉人之習其術者，而以弭亂之方白諸官，亂民大恨忌君者，復從而嗾之，將不利于君。外兵至，亂民潰散。償從西教者，所亡失于君家，索財獨多。外兵退，亂民復聚，又擾及君家。君避走四方，亂定，猶不得歸，遂僑居保定。在保定逾年而卒，光緒二十八年十二月十五日也，春秋六十有三，明年二月二十九日反葬故里。君季弟樹枏以書來告曰：「吾兄勇于爲義，鄉人信仗，豪强忌之，輒與齟齬。吾兄不肯自貶損，卒爲所陷，憂鬱以終。吾子知吾兄最深，請爲銘墓之文，直書其事，爲長逝者洩其宿憤。」嗚呼！亂民之起，附和者衆，斥言其非，動遭慘毒，而人之有積怨于人者，又或誘結其黨，以快其私，自朝廷大臣以及薦紳之士，罹其禍者多矣。君雖幸以身免，而流離徙避，不得安其居，竟客死于外，固事之可悲憤者也。然愚者造禍，知者當之，巧者計脫，戇者蹈之，于古有然，非一人之私恨。况君之生平雖多激烈之舉，嘗有時而放朝矣。又安得謂其必鬱鬱于既死之後哉！余嘗爲君父墓銘，不復詳其先世，君以弟官贈通議大夫，取王氏。子俊觀、俊宸。先君卒，其墓碑亦余所爲也。女二：長適湖北候補知縣陳曾蔭；次適候補縣丞裘瑋。孫女二。銘曰：

已屈丈引作寸咫，以身濟物猶自詭。我行踽踽彼訿潝，既□我殖又齒齮。去之不與角距觜，視棄家如脫敝蹝。一瞑不傾外膠解，愉憂知不提譽毀。

皇清特授奉直大夫　晉贈通議大夫內閣中書宗君墓誌銘
賜進士出身　誥授中憲大夫前刑部江蘇司主事武強賀濤撰
賜同進士出身　誥授資政大夫二品銜兩廣鹽運使蠡縣蔣式芬書
誥授資政大夫二品銜學部國子丞臨清徐坊篆蓋
君諱樹桐字華甫姓宗氏任邱人以府學廩生選爲同治癸酉拔貢生入
貲爲內閣中書已而家居不出性義俠數以財經營善舉鄉有大功役任
偁以聞爲鄉里排紛難須亂患者屢矣好謀慮常如在憂患中倜人屢生
宴集之時往往爲不祥語衆然默君獨據郤不已畢其績然自效歔呼笑
劇人若叢百事而不一關其慮者余始與君交二人者皆年壯氣盛余猥
君才堪爲世用君好余文以爲近古相期許甚高及皆衰老君既無所藉
以自見余亦以疲癃不能就所業各自傷感又頗相於閔余嘗以文壽君
言兩人者憂吾其於衆而敘述其情狀君報書曰吾始讀之而慼已而自
笑知君年雖衰而昔時意趣故在也廣平之變亂民以妖妄之術倪視而
敎惑其鄉保官不敢問君曰大亂將作矣力戒鄉人之習其術者而以彈
亂之方自諸官亂民大恨忘君者遂從而默之將不利於君外兵至亂民
責散償從而教者所亡失於君家素財獨多外兵遂亂民復聚又復及君
家君避走四方亂定猶不得歸遂僑居保定在保定逾年而卒光緒二十
八年十二月十五日也春秋六十有三明年二月二十九日庚葬故里君
季弟樹梢以書來告曰吾兄勇於爲義鄉人信仗豪强忘之辦與紐趙吾
兄不肯自效損學爲所陷憂瞥以終吾子知吾兄家深請爲銘墓之文直
書其事爲長遊者汲其窗憤爲身亂民之起附和者衆所言其非勸遺緣
無而人之有積德於人者又益誘貽其黨以快其私自朝廷大臣以成爲
汁之士莫其禍者多矣然雖幸以身免而滋辦從進不得安其居免容危
於外國事之可悲憤者也然忍者遺亂知者當之巧者計慨慧者猖之於
古有然非一人之私恨況君之生平雖多激烈之舉當有時而救賊矣又
安得請其出嘗贊於既覓之湛哉余嘗爲君父墓銘不復詳其先世君以
弟官　贈通議大夫配王氏子儀觀儀寀先君季其墓碑亦余所爲也女
二長適湖北候補知縣陳雷蔭次適候補縣丞衆肆孫女二銘曰
已居久引作寸咫以身濟物猶自說哉行竊竊誠耕諭既監哉雖又雷綺
未之不與筍雖嘗視素家如飢赦飯一暇不領外勝群愉憂知不很吝欣

一九、籍忠宣墓誌

題解：

《籍忠宣墓誌》，全稱《清賜同進士出身誥授中憲大夫四品銜截取山東候補同知籍君之墓誌銘》，賈恩紱撰文，鄧毓怡書丹，刊刻于清·光緒三十四年（1908），誌蓋6行，滿行6字，誌文共30行，滿行30字。誌石出土于河北省任邱市，現存于國家圖書館。

蓋文：

清賜同進士出身誥授中憲大夫四品銜截取山東候補同知籍君之墓誌銘

誌文：

余同年籍君陸儕與弟亮儕，並以高才雄文噪于河間。二君皆余素習，陸儕又共處山東，過從益密。後余去濟南，而君遽卒，逾時乃得知焉，今且十四年矣。一日，亮儕持所爲狀來乞銘，且曰：「葬期已促，弗可稽。」余徇厥請，爲倉卒最其狀曰：君之家世，忠宣其名，陸儕其字，任邱籍氏。高曾以來，嘗以力田致富甲一縣。至君兄弟，始以甲乙科顯名仕宦，而家亦中落。曾祖廷對，祖承庥，父葆光，祖、父皆以君貴，贈奉政大夫。祖妣田氏、劉氏，妣金氏，均贈宜人。君次爲長，其弟忠寅亮儕有大名。君配常氏。子二：孝箴，北京大學法學士，歸部學習；孝篪，法政卒業生。女一人。君之出處，于二十三歲中光緒己丑科舉人，次年成聯捷進士，又三年應廷試，授内閣中書。未幾，以連丁父艱、母艱，家居數載，應雄縣、寧津各書院山長之聘。服除，回京供職，以俸薄不足贍，輒鬻田以給。數年，田且盡，不得已，改官同知，分發山東大府。楊公士驤曰：「人言籍氏兄弟才賢，今見陸儕，不誣也。」委充師範學堂教習兼客籍學堂齋長。已而，感暑疾，遽卒，光緒三十四年也，年堇四十有二。君之文學，其幼殊聰敏，日受五經千言，嘿誦之不誤一字，反切之法不學而得。嘗製擊鼓傳音術，取箸擊案，問答如響，益究切顧、江、段、戴音均之説。嘗欲自著一書以申其義，而未就也。中日戰後，科學鼎盛，君曰：「算數諸科之本也。」晝夜以習，一旦豁然，中年習算，無師自通，見者以爲難。時桐城吴至父先生主講蓮池，忠寅方從游，君以未克及門爲憾，卒謁拜而歸，由是潛心詩古文詞，守其説弗變。忠寅所爲狀具如此。君性故通脱，善諧謔，居恒臧否倫類，百無避忌。然識大體，具真性，以是嘗叢嫉于宵小，而取重于君子。拳匪之亂，詢者襉立，至君家居，輒昌言排之。亂既定，朝野皃主變法，實則交以僞應。君慨然曰：「是正革命者之資也。」余寓濟南。一日，君扼腕曰：「某也誠僉人，吾將肆諸市朝。」余尼之曰：「何躁也？」君曰：「某實無它，徒以其毀君故耳。」相與抵掌大笑。儕輩每有疾，君輒曰：「幸勿命題困我。」言爲作銘誄也。嗚呼！笑言在耳，而君先溘逝，彼詩人雨雪集霰之説，其有見于斯乎？爰爲銘曰：

胡豐于才，而嗇靡遺。胡官不達，而年命摧。非銘文之假我，予又孰知戲言之足悲。

鹽山賈恩紱撰文

大城鄧毓怡書丹

貴筑姚華篆蓋

中華民國十年十一月八日

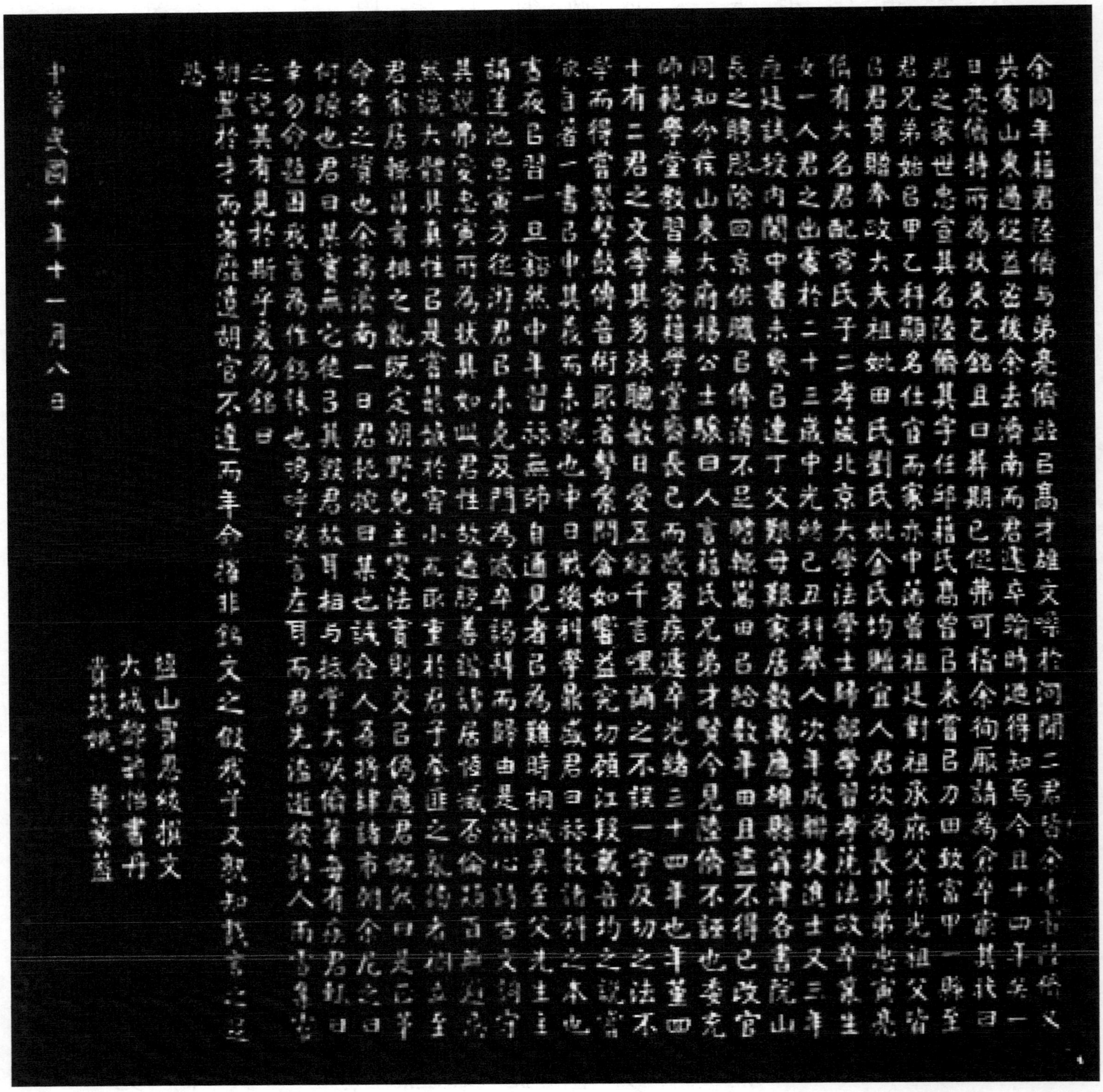
余同年福君陸僑與弟亮僑並以高才雄文噪於河閒二君皆余[illegible][illegible]陸僑又共處山東過從益密後余去濟南而君遂卒踰時遍得知焉今且十四年矣一日亮僑持所為狀來乞銘且曰葬期已促弗可稽余徇厥請為倉卒[illegible]其狀曰君之家世忠宣其名陸僑其字任卿籍氏高曾以來嘗以力田致富甲一縣至君兄弟始以甲乙科顯名仕宦而家亦中落曾祖廷對祖承庥父孫光祖父皆以君貴贈奉政大夫祖妣田氏劉氏妣金氏均贈宜人君次為長其弟忠寅亮僑有大名君配常氏子二孝箴北京大學法學士歸部學習考充法政卒業生女一人君之出處於二十三歲中光緒己丑科舉人次年成聯捷進士又三年應廷試授內閣中書未幾以遭丁父艱母艱家居數載應雄縣寧津各書院山長之聘服除回京供職以侍湯不足贍祿留田以給數年田且盡不得已改官同知分發山東大府楊公士驤曰人言福氏兄弟才賢今見陸僑不疑也委充師範學堂教習兼客籍學堂齋長已而歲暑疾遽卒光緒三十四年也年僅四十有二君之文學其幼殊聰敏日受五經千言嘿誦之不誤一字反切之法不學而得當製擊鼓傳音術取著擊象門會如響益究切韻江段戴音均之說嘗欲自著一書以申其義而未就也中日戰後科學鼎盛君曰[illegible]數諸科之本也晝夜以習一旦豁然中年習詩無師自通見者以為難時桐城吳至父先生主講蓮池忠寅方從遊君以未克及門為憾卒謁科而歸由是潛心詩古文詞守其說弟受忠寅所為狀具如此君性放達脫善飾諸居恆臧否倫類百無避忌然識大體其真性以是當世誠於宦小不取重於君子拳匪之亂僞者袒去至君家居綠其言拳之亂既定朝野見主變法實則交以僞應君嘆然曰是已羊命者之資也余寓濟南一日君抗曰某也誠合人為將肆諸市則余先之曰何緣也君曰其實無它徒以其鎖君敢耳相與抵掌大笑僑筆每有成君輒曰幸勿命題因我言為作銘俟也嗚呼嘆言左耳而君先溘逝發詩人而[illegible][illegible][illegible]之說其有見於斯乎爰為銘曰

胡豐於才而嗇厥遺胡官不達而年今獨非銘文之假我乎又孰知我言之足悲

鹽山賈恩紱撰文
大城鄧毓怡書丹
貴筑姚華篆蓋

中華民國十年十一月八日

二〇、瑞州守古愚高公去思碑記

題解：

《瑞州守古愚高公去思碑記》收録于清·乾隆二十七年（1762）《任邱縣志·藝文志》，大學士朱軾撰文，刊刻于清。

碑文：

聖天子體元御極之初，宵旰求治，爰簡名德，俾膺邦憲民命之寄。而我郡伯高公由二千石超陟晋臬，蓋殊寵也。筠人士甫聞而驚且喜，卒乃皆愀然以嘆。其驚且喜，爲公也；其嘆也，非爲公也，自爲也。聖天子知人則哲，首擢公，公以一郡福星照臨遍三晋之人，志益行，道益光矣。是烏得不驚而喜？雖然公且去，

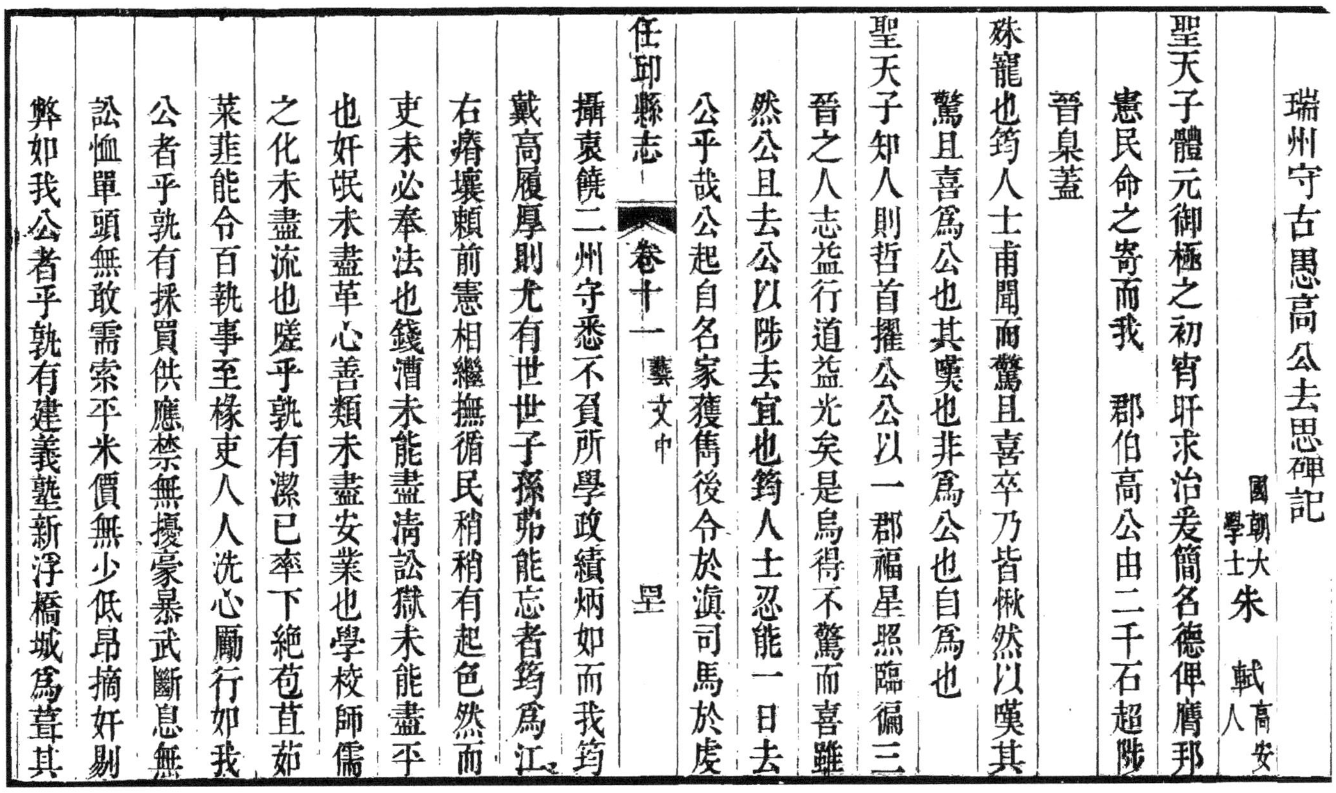
瑞州守古愚高公去思碑記
國朝大學士朱　軾高安人
聖天子體元御極之初宵旰求治爰簡名德俾膺邦
憲民命之寄而我　郡伯高公由二千石超陟
晉臬蓋
殊寵也筠人士甫聞而驚且喜卒乃皆愀然以嘆其
驚且喜爲公也其嘆也非爲公也自爲也
聖天子知人則哲首擢公公以一郡福星照臨徧三
晉之人志益行道益光矣是烏得不驚而喜雖
然公且去公以陟去宜也筠人士忍能一日去
公乎哉公起自名家獲雋後令於滇司馬於虔
任邱縣志　卷十一　藝文中
攝袁饒二州守悉不負所學政績炳如而我筠
戴高履厚則尤有世世子孫弗能忘者筠爲江
右瘠壤賴前憲相繼撫循民稍稍有起色然而
吏未必奉法也錢漕未能盡清訟獄未能盡平
也奸民未盡革心善類未盡安業也學校師儒
之化未盡流也嗟乎孰有潔已率下絶苞苴茹
菜韭能令百執事至椽吏人人洗心厲行如我
公者乎孰有採買供應禁無擾豪暴武斷息無
訟恤單頭無敢需索平米價無少低昂摘奸剔
弊如我公者乎孰有建義塾新浮橋城爲葺其

公以陟去宜也。筠人士忍能一日去公乎哉！公起自名家，獲雋後令于滇，司馬于虔，攝袁、饒二州守，悉不負所學，政績炳如，而我筠戴高履厚，則尤有世世子孫弗能忘者。筠爲江右瘠壤，賴前憲相繼撫循，民稍稍有起色，然而吏未必奉法也。錢漕未能盡清，訟獄未能盡平也；奸氓未盡革心，善類未盡安業也；學校師儒之化未盡流也。嗟乎！孰有潔己率下，絶苞苴，茹菜韭，能令百執事至掾吏，人人洗心勵行，如我公者乎！孰有採買供應禁無擾，豪暴武斷息無訟，恤單頭無敢需索，平米價無少低昂，摘奸剔弊，如我公者乎！孰有建義塾，新浮橋，城爲葺其樓櫓，學宫爲相其陰陽，捐冰俸以利人立事，如我公者乎！孰有斯文己任，月課諸生，有德有造，勤勤懇懇，如我公者乎！頃者，王事賢勞于外，莫不翹首企足望公之歸，幸歸而更借數年，則惠我必且無疆，而絶不謂三晋之人何修，乃遽奪我福星以去。嗟乎！筠人士忍能一日去公乎哉！昔公之鄉先輩阿陵鄺公遺愛在筠，至今尸祝。若我公深仁厚澤，淪浹肌髓，又非阿陵之比。即以東人思周，南人思召，流連三嘆，見于風詩，度未必如今日筠人士情之惻，而詞之苦也。公去矣，余側聞里中人，灑淚攀轅以萬數，亦終莫可奈何。惟有于治東購基，建立講堂，崇晋禄位，頂祝無疆而已矣。所冀者，公推治筠之道，以治山右，愷悌明允，彌懋厥猷，大慰聖天子眷

樓櫓學宫爲相其陰陽捐氷俸以利人立事如我公者乎孰有斯文己任月課諸生有德有造勤勤懇懇如我公者乎頃者
王事賢勞於外莫不翹首企足望公之歸幸歸而更借數年則惠我必且無疆而絶不謂三晉之人何修乃遽奪我福星以去嗟乎筠人士忍能一日去公乎哉昔公之鄉先輩阿陵鄺公遺愛在筠至今尸祝若我公深仁厚澤淪浹肌髓又非阿陵之比即以東人思周南人思召流連三嘆見於風詩度未必如今日筠人士情之惻而詞之苦也公去矣余側聞里中人灑淚攀轅以萬

數亦終莫可奈何惟有於治東購基建立講堂崇晉祿位頂祝無疆而已矣所冀者公推治筠之道以治山右愷悌明允彌懋厥猷大慰
聖天子眷求名德之意旦晩間宣麻
特召作撫作制重臨西江俾筠人士得再覩衮衣而被潤澤然後坐論經邦霖雨天下凡可帲幪於筠自必更邀異數則今日咨嗟太息之聲又將轉而爲我公驚且喜也已

求名德之意。旦晚間宣麻，特召作撫作制，重臨西江，俾筠人士得再睹衮衣，而被潤澤，然後坐論經邦，霖雨天下。凡可㟝幪于筠，自必更邀异數，則今日咨嗟太息之聲，又將轉而爲我公驚且喜也已。

二一、黄州田公允中去思碑

題解：

《黄州田公允中去思碑》收録于清·乾隆二十七年（1762）《任邱縣志·藝文志》，翰林胡紹鼎撰文，刊刻于清。

碑文：

大元戎都督田公允中，莅黄甫八月，實懋化孚，恩威並著，將以不次之擢，去黄赴滇。部下士卒，懼其大美不彰，無以昭遜而信後也，因乞余一言爲記。余聞而喜曰：「嗚呼！是可以觀德矣。」今夫環海以内宦遊者何限，然皆聽其來去，毫無欣戚。非人情之薄，實德之未加于人也。若望其去而感，感而思，思而至，托之言以

黃州去思碑　國朝翰林胡紹鼎

大元戎都督田公允中蒞黃甫八月實懋化孚
恩威並著將以不次之擢去黃赴滇部下士卒
懼其大美不彰無以昭遜而信後也因乞余一
言爲記余聞而喜曰嗚呼是可以觀德矣今夫
環海以內宦遊者何限然皆聽其來去毫無欣
戚非人情之薄實德之未加於人也若望其去
而感感而思思而至托之言以垠遜而信後則
其德澤之彼斯土者概可知矣公冀北任邱人

任邱縣志　卷十一　藝文中　五十三

也河嶽降靈篤生俊偉幼而岐嶷壯負奇抱志
不忘古藝必絶倫貫札穿楊尤嫺兵法故以靑
年奪錦聽聲臚唱受國士無雙之目恭膺
欽命試用浙閩歷署參戎實膺游帥韜鑰龍虎武奮
熊羆聲聞
御座寵錫金章特以總鎭簡姑就任於黃三軍育萬
福之歌四野有惠民之祝蓋其治黃一如治浙
閩時也余時適有黃岡志館之役聞而傾心者

眼逖而信後，則其德澤之彼斯士者，概可知矣。公，冀北任邱人也，河嶽降靈，篤生俊偉。幼而岐嶷，壯負奇抱，志不忘古，藝必絶倫，貫札穿楊，尤嫻兵法。故以青年奪錦，聽聲臚唱，受「國士無雙」之目。恭膺欽命，試用浙閩，歷署參戎，實膺游帥。韜爊龍虎，武奮熊羆。聲聞御座，寵錫金章，特以總鎮簡，姑就任于黄。三軍有萬福之歌，四野有惠民之祝。蓋其治黄一如治浙閩時也。余時適有黄岡志館之役，聞而傾心者久之。已而士民赴館，以所刊《十政歌》視余。余受而卒讀之，見其威德大行，忠孝並著，不競不絿，克嚴克寬，其仁足以濟世，其義足以服人。歌頌方輿之日，正皇恩下沛之時，蓋其爲國爲民之心，上下交孚，知輿論之仰承天喜也。至其待兵丁，訓誨有條，撫綏有道，謀衣謀食，思溺思饑。即當榮旌南嚮，尚爲軫念艱難，借支銀米，卒伍均沾，口碑載道。乃陽春有脚，德曜旁流，滇鎮有緣，奪我生佛，偉績豐功，又在南土矣。然公之長材偉略，非一域之所能限，即滇人不得而私之也。他日樹豐功，著偉烈，登崇班，陟峻階，勳在太常，名在石室，是尤可以操券而得，即以今日之治黄卜之者也。余不佞，竊敢濡筆俟之矣。是爲記。

久之已而士民赴館以所刊十政歌視余余受而卒讀之見其威德大行忠孝並著不競不絿克嚴克寬其仁足以濟世其義足以服人歌頌方輿之日正

皇恩下沛之時蓋其爲國爲民之心上下交孚知輿論之仰承

天喜也至其待兵丁訓誨有條撫綏有道謀衣謀食思溺思饑即當榮旌南向尚爲軫念艱難借支

銀米卒伍均沾口碑載道乃陽春有脚德曜旁流滇鎮有緣奪我生佛偉績豐功又在南土矣然公之長材偉畧非一域之所能限即滇人不得而私之也他日樹豐功著偉烈登崇班陟峻階勲在太常名在石室是尤可以操券而得即以今日之治黄卜之者也余不佞竊敢濡筆俟之矣是爲記

二二、子方敷華二祠記

題解：

《子方敷華二祠記》收録于清·乾隆二十七年（1762）《任邱縣志·藝文志》，顧問撰文。

碑文：

關北有二祠：東曰唐氏子方，西曰金氏敷華，任人所築也。歲久傾圮，廟貌剥落。余來謁其祠而嘆曰：「二公禦大災、捍大患，功德之在任者，百世未斬也。斯祠可令邱墟哉！」乃議修飭，捐俸倡先，一時鄉士大夫躍然響應，不閱月，而工告成。余益嘆二公之澤深，而任人之意厚矣。祠塑生像，環以墻垣，扁以坊額。

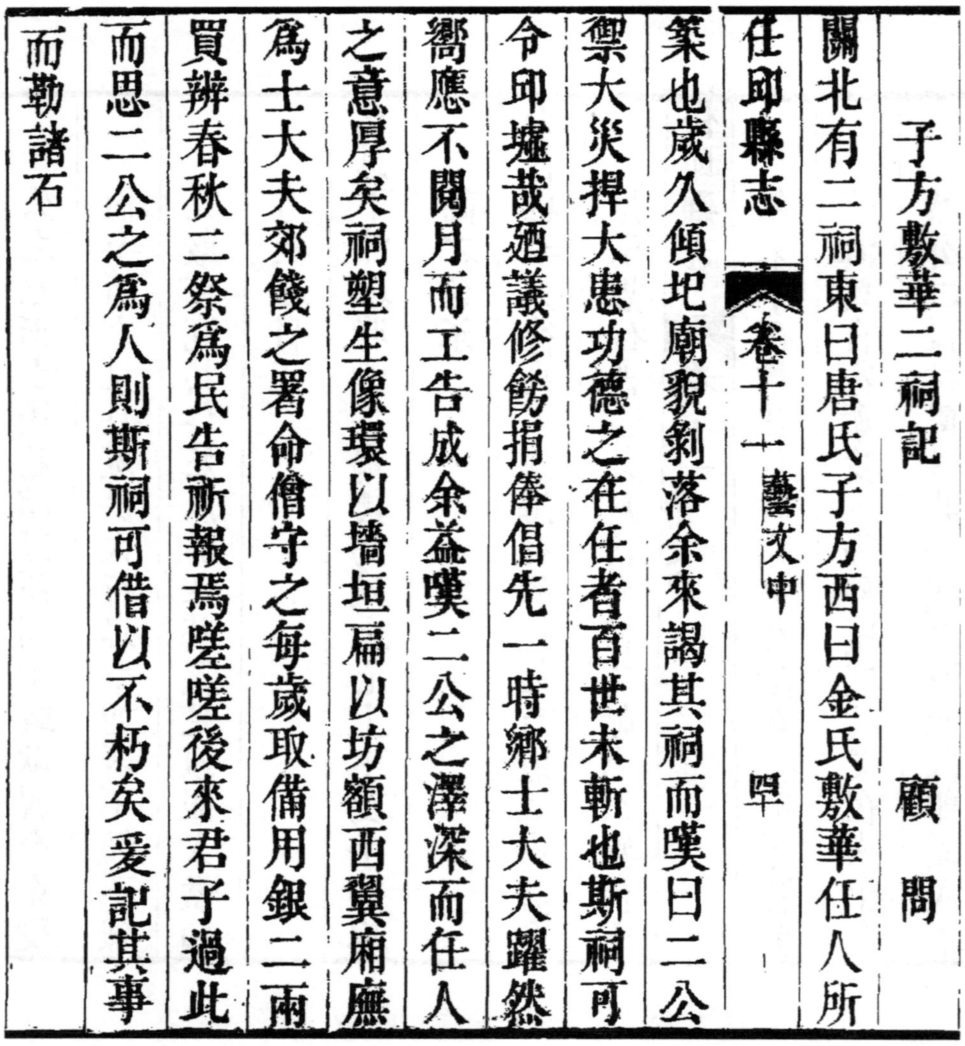
子方敷華二祠記　顧問
關北有二祠東曰唐氏子方西曰金氏敷華任人所
任邱縣志　卷十一　藝文中　四十
築也歲久傾圮廟貌剝落余來謁其祠而嘆曰二公
禦大災捍大患功德之在任者百世未斬也斯祠可
令邱墟哉迺議修飭捐俸倡先一時鄉士大夫躍然
響應不閱月而工告成余益嘆二公之澤深而任人
之意厚矣祠塑生像環以墻垣扁以坊額西翼廂廡
爲士大夫郊餞之署命僧守之每歲取備用銀二兩
買辦春秋二祭爲民告祈報焉嗟嗟後來君子過此
而思二公之爲人則斯祠可借以不朽矣爰記其事
而勒諸石

西翼厢廡爲士大夫郊餞之署，命僧守之。每歲取備用銀二兩買辨，春秋二祭，爲民告祈報焉。嗟嗟！後來君子過此，而思二公之爲人，則斯祠可借以不朽矣。爰記其事而勒諸石。

目録

高陽

〇一、伊璣碑……………………一七二
〇二、隋郡功曹馮原墓誌……………………一七四
〇三、佛説彌勒菩薩兜率天下生成佛經碑……………………一七六
〇四、故中書侍郎同中書門下平章事太子賓客
贈户部尚書齊成公（抗）神道碑……………………一八一
〇五、郝綰碑……………………一八四
〇六、高陽令邊敏誌銘略……………………一八六
〇七、中大夫濟南路總管郭公先塋碑銘……………………一八八
〇八、元孝子百户劉智墓題詞……………………一九一
〇九、禮部欽依出榜曉示生員臥碑……………………一九三
一〇、山西布政使司參議李儼墓表……………………一九六
一一、李文敏公專祠碑記……………………一九九
一二、明累贈光禄大夫左柱國少師兼太子太師吏部尚書
中極殿大學士振野李公暨配累
封一品太夫人鄺氏合葬墓誌銘……………………二〇三
一三、李文敏公墓碑略……………………二〇六
一四、李文敏公墓表……………………二一〇
一五、明光禄大夫左柱國少師兼太子太師吏部尚書中極殿大學士
贈太保謚文敏李公暨元配封孺人累贈一品夫人陳氏繼配封
安人累贈一品夫人趙氏合葬墓誌銘……………………二一四
一六、高陽縣成新建慈臨庵記……………………二二五
一七、明光禄大夫左柱國少師兼太子太師吏兵兩部尚書中極殿大
學士贈太傅謚文正孫公（承宗）墓表略……………………二二七
一八、修高陽城記……………………二二九
一九、車道口堤記……………………二三一

二〇、橫堤記……二三四
二一、濟橋記……二三六
二二、重修廟學記……二三九
二三、錢令公（春）遺愛碑……二四二
二四、關帝廟記……二四五
二五、北嶽祠記……二四七
二六、興化寺記……二四九
二七、齊公祠募疏……二五一
二八、元孝子百户劉智墓記……二五三
二九、清代禮部題奉欽依曉示生員臥碑……二五五
三〇、孝義孫深仲墓誌銘……二五七
三一、李如淓墓誌……二六〇
三二、重修福泉寺……二六三
三三、清敕封文林郎雲南臨安府蒙自縣知縣加一級前永平府欒亭縣教諭韓公（雄嗣）暨元配李孺人合葬墓誌銘……二六五
三四、節烈題名碑……二六八
三五、梁作賓及妻郭氏合葬墓碑……二七一
三六、梁庭楷墓碑……二七三
三七、馬莊惠公碑……二七五
三八、萬樹亭碑陰示子孫……二七八
三九、孔廟碑後記……二八〇
四〇、重建廟學碑……二八一
四一、重修廟學碑……二八三
四二、棲經堂記……二八五
四三、孫文公專祠記略……二八七
四四、龍潭祠記……二八九
四五、顓項帝陵碑記……二九一

高陽

〇一、伊璣碑

題解：

《伊璣碑》收録于民國二十二年（1933）《高陽縣志·集文》，刊刻于隋·仁壽元年（601）。

碑文：

君諱璣，字懷琛，其先太原人也。六世祖輝，爲上谷郡内史，避後燕之亂，遂居依城。祖、考並懷水火之明，俱挹松竹之操，言工事立，聲震宗閭。琛生而秀異，獨樹翹楚。孝友自天恭寬，稟性淳和，達理識，尚冲淡，不樂繁華，唯居清素。投針醮客，沉轄留賓，閉關高枕，傲然自得，雖未圓百行，頗備九能，克善治家，足移于長。但天道錯謬，正月殞霜，唯此令人，奄从物落。以大隋開皇十九年二月十九日卒于家。其耕夫織婦，道路行人，靡不悽慘傷心，同聲嘆惜。影形雖逝，餘芳尚存，冀其不朽，遂勒斯銘，曰：

粤乃伊君，丰儀俊朗。神情雅潤，志調寬蕩。能孝能弟，不黷不黨。迎賢倒履，遏訟稽顙。年始半塗，事功俱立。惡無不寫，善無不挹。朝廷鄉黨，嗟其難及。未遂春光，秋霜奄集。既同枯籜，復似寒蓬。根莖颯斷，何處從風。弃兹華屋，就彼元宫。白日可盡，元夜無窮。人生局促，天地長久。大限百年，誰當此壽。七尺難留，寸音可守。金石永存，寄之不朽。大隋仁壽元年辛酉二月十八日内隧口。

井田之法庶幾可行於今者存乎其人矣

伊璣碑

君諱璣字懷琛其先太原人也六世祖輝爲上谷郡內史遂後燕之亂遂居依城祖考竝懷水火之明俱挹松竹之操言工事立聲震宗閭琛生而秀異獨樹翹楚孝友自天恭寬稟性淳和達理識尚冲淡不樂繁華唯居淸素投針醮客沉轄留賓閉關高枕傲然自得壽未周百行頗備九能克善治家足移於長但天道錯謬正月殞霜唯此令人奄从物落以大隋開皇十九年二月十九日卒於家其耕夫織婦道路行人靡不悽慘傷心同聲嘆惜影形雖逝餘芳尚存冀其不朽遂勒斯銘曰粤乃伊君丰儀儁朗神情雅潤志調寬濤能孝能弟不驕不黨迎賓倒屣遏訟稽顙年始半塗事功俱立惡無不寫善無不挹朝廷鄉黨嗟其難及未逐春光秋霜奄集旣同枯蘀復似寒蓬根莖飆斷何處从風棄茲華屋就彼元宮白日可盡元夜無窮人生局促天地長久大限百年誰富此義七尺雖留寸音可守金石永存寄之不朽大隋仁壽元年辛酉二月十八日內堰口

事王侯，樂道怡神，翛然物外。雖彼翹翹車乘，視之若埃塵；戔戔束帛，遺之如草芥。鐘鼓不能動其慮，軒冕末足攖其情，賁有道于丘園，方期之于遠大。胡其不壽，今古同悲，寧謂天地無心，神祇不惠。以隋仁壽四年二月二十三日遘疾云亡，時年五十。以大業六年十一月二十一日葬于縣城南四里。子意政、勤茂等，悲陟岵之無見，嘆負米之無爲，想罔極之深恩，控蒼旻之莫報。淚流所染則墓柏焦枯，啼聲所聞則庭禽迸跡。寒來暑往，地久天長，盛範徽猷，湮滅終古，爰勒茲銘，寄之來世。

〇二、隋郡功曹馮原墓誌

題解：

《隋郡功曹馮原墓誌》收録于民國二十二年（1933）《高陽縣志》，刊刻于隋·大業六年（610）。

碑文：

君諱原，字士陸，河間高陽人也。家傳積德，世業克隆，惟祖惟父，宦成名立。其開國成家之始，發原受命之由，世踵英賢，已詳史策。君體局閑雅，志業深遠，清風素範，獨步當時。據德依仁，見推州里。天姿孝友，已總萃于心神；自然誠信，亦兼備于襟抱。年甫弱冠，郡辟司功，俯協時望，非其好也。尋即謝病桑梓，不

隋郡功曹劉原墓誌

君諱原字士陸河間高陽人也家傳積德世業克隆惟祖惟父宦成名立其開國成家之始發原受命之由世匯其賢已詳史策君體局閑雅志業深遠清風素範獨步當時據德依仁見推州里天姿孝友已總萃於心神自然誠信亦兼備於襟抱年甫弱冠郡辟司功脩協時望非其好也尋即謝病桑梓不事王侯樂道怡神脩然物外雖彼翹翹車乘視之若埃塵萋萋束帛還之如草芥鐘鼓不能動其慮軒冕未足攖其情資有道於邱園方期之於遐大胡其不壽今古同悲事謂天地無心神祇不憖以隋仁壽四年二月二十三日遘疾云亡時年五十以大業六年十一月二十一日葬於縣城南四里子意政勤茂等悲陟岵之無見歎負米之無爲想

罔極之深恩控蒼旻之莫報淚流所染則壟栢焦枯啼聲所聞則庭禽逆迹寒來暑往地久天長盛範徽猷湮滅終古爰勒茲銘寄之來世

〇三、佛說彌勒菩薩兜率天下生成佛經碑

題解：

《佛說彌勒菩薩兜率天下生成佛經碑》刊刻于唐・儀鳳三年（678）。碑文38行，滿行72字。楷書。此碑出土于河北省高陽縣。拓片現藏于國家圖書館。

碑文：

佛說彌勒菩薩兜率天下生成佛經

朝議郎行高陽縣令上輕車都尉齊仁會

宣议郎行丞徐孝隆

儒林郎行主簿裴思儉

徵事郎行尉劉懷古

登仕郎行尉李承祐

大智舍利弗，能隨佛轉法輪，佛法之大將，憐愍衆生，故白佛言：「世尊，如前後經中說，彌勒當下作佛。願欲廣聞彌勒功德神力、國土莊嚴之事，衆生以何施、何戒、何慧得見彌勒？」爾時，佛告舍利弗：我今廣爲汝說，當一心聽。舍利弗，四大海水以漸減少三千由旬，是時閻浮提地長十千由旬，廣八千由旬，平坦如鏡，名華濡草遍覆其地，種種樹木，華果茂盛，其樹悉皆高三十里。城邑次比，鷄飛相及，人壽八萬歲，智慧、威德、色力，具足安隱快樂，唯有三病：一者便利、二者飲食、三者衰老。女人年五百歲，爾乃行嫁。是時有一大城，名翅頭末，長十二由旬，廣七由旬，端嚴殊妙，莊飾清净，福德之人充滿其中，以福德人故豐樂安隱。其城七寶，上有樓閣，户牖軒窗皆是衆寶，真珠羅網彌覆其上，街巷道陌廣十二里，掃灑清净。有大力龍王名曰多羅屍弃，其池近城，龍王宫殿在此池中。常于夜半降微細雨用淹塵土，其地潤澤譬如油塗，行人往來無有塵坌。時世人民福德所致，巷陌處處有明珠柱，皆高十里，其光明曜晝夜無異，燈燭之明不復爲用。城邑舍宅及諸里巷，乃至無有細微土塊，純以金沙覆地，處處皆有金銀之聚。有大夜叉神名跋陀波羅賒塞迦，常護此城掃

除清净，若有便利不净，地裂受之，受已還合。人命將終，自然行詣冢間而死。時世安樂，無有怨賊劫竊之患，城邑聚落無閉門者，亦無衰惱、水火、刀兵及諸飢饉、毒害之難。人常慈心恭敬和順，調伏諸根，言語謙遜。舍利弗，我今爲汝粗略說彼國界城邑富樂之事。其諸園□池泉之中，自然而有八功德水，青、紅、赤、白、雜色蓮華遍覆其上。其地四邊四寶階道，衆鳥和集，鵝、鴨、鴛鴦、孔雀、翡翠、鸚鵡、舍利、鳩那羅、耆婆耆婆等諸妙音鳥常在其中。復有異類妙音之鳥，不可稱數。果樹、香樹充滿國内。爾時，閻浮提中常有好香，譬如香山，流水美好，味甘除患，雨澤隨時，穀稼滋茂，不生草穢，一種七獲，用功甚少，所收甚多，食之香美氣力充實。其國爾時有轉輪王，名曰蠰佉，有四種兵，不以威武治四天下。其王千子，勇健多力，能破怨敵。王有七寶：金輪寶、象寶、馬寶、珠寶、女寶、主藏寶、主兵寶。又其國土有七寶臺，舉高千丈，千頭千輪，廣六十丈。又有四大藏，一一大藏各有四億小藏圍繞，伊勒鉢大藏在乾陁羅國，般軸迦大藏在彌提羅國，賓迦羅大藏在須羅吒國，蠰佉大藏在波羅捺國，此四大藏縱廣千由旬，滿中珍寶各有四億小藏附之，有四大龍王各自守護。此四大藏及諸小藏自然踴出，形如蓮華，無鞅數人皆共往觀。是時衆寶無守護者，衆人見之，心不貪著，弃之于地，猶如瓦石、草木、土塊。時人見者，皆生厭心，而作是念：「往昔衆生爲此寶故，共相殘害，更相偷劫、欺誑、妄語，令生死罪緣展轉增長。」翅頭末城衆寶羅網彌覆其上，寶鈴莊嚴，微風吹動，其聲和雅，如扣鍾磬。其城中有大婆羅門主，名曰妙梵，婆羅門女名曰梵摩婆提，彌勒托生以爲父母。身紫金色卅二相，衆生視之無有厭足，身力無量，不可思議，光明照曜無所障礙，日月火珠，都不復現。身長千尺，胸廣三十丈，面長二丈四尺。身體具足，端正無比，成就相好，如鑄金像。肉眼清净見十由旬，常光四照面百由旬，日月珠火光不復現，但有佛光殊妙第一。彌勒菩薩觀世五欲致患甚多，衆生沉没在大生死，甚可憐愍，自以如是正念觀故，不樂在家。時蠰佉王共諸大臣持此寶臺奉上彌勒，彌勒受已，施諸婆羅門，婆羅門受已，即便毀壞，各共分之。彌勒菩薩見此妙臺須臾無常，知一切法皆亦磨滅，修無常相，出家學道，坐于龍華菩提樹下，樹莖枝葉高五十里，即以出家曰得阿耨多羅三藐三菩提。爾時，諸天龍神王不現其身，而雨華香供養于佛，三千大千世界皆大震動，佛身出光照無量國，應可度者皆得見佛。爾時人民各作是念：「雖復千億萬歲受五欲樂，不能得免三惡道苦，妻子財産所不能救。世間無常，命難久保，我等今者宜于佛法修行梵行。」作是念已，出家學道。時蠰佉王亦共八萬四千大臣，恭敬圍繞，

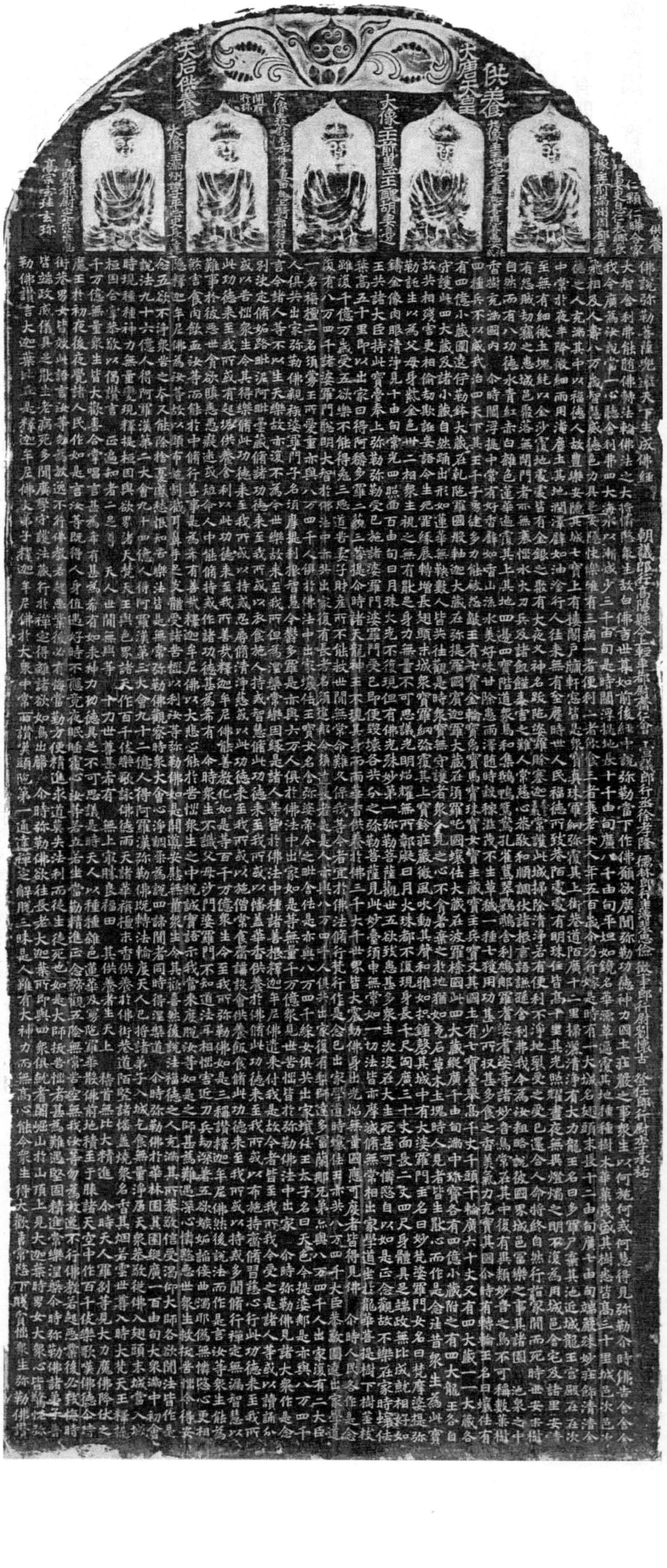
供養
大唐天皇
天后供養

出家學道。復有八萬四千諸婆羅門，聰明大智，于佛法中亦共出家。復有長者名須達那，今須達長者是，是人亦與八萬四千人俱共出家。復有梨師達多富蘭那兄弟，亦與八萬四千人出家。復有二大臣，一名栴檀，二名須曼，王所愛重，亦與八萬四千人俱于佛法中出家。蠰佉王寶女名舍彌婆帝，今之毗舍佉是，亦與八萬四千綵女俱共出家。蠰佉王太子名曰天色，今提婆娑那是，亦與八萬四千人俱共出家。彌勒佛親族婆羅門子名須摩提，利根智慧，今鬱多羅是，亦與六萬人俱于佛法中出家。如是等無量千萬億衆見世苦惱，皆于彌勒佛法中出家。爾時，彌勒佛見諸大衆作是念言：「今諸人等不以生天樂故，亦復不爲今世樂故，來至我所，但爲涅槃常樂因緣。」是諸人等，皆于佛法中種諸善根，釋迦牟尼佛遣來付我，是故今者皆至我所，我今受之。是諸人等，或以讀誦分別決定修妒路、毗泥、阿毗曇藏，修諸功德來至我所；或以衣食施人、持戒、智慧，修此功德來至我所；或以幡蓋華香供養于佛，修此功德來至我所；或以布施、持齋、修習慈心，行此功德來至我所；或以苦惱衆生令其得樂，修此功德來至我所；或以持戒、忍辱、修清净慈，或以此功德來至我所；或以施僧常食、齋講設會、供養飯食，修此功德來至我所；或以持戒多聞、修行禪定、無漏智慧，以此功德來至我所；或有起塔供養舍利，以此功德來至我所。善哉！釋迦牟尼佛，能善教化如是等百千萬億衆生，令至我所。彌勒佛如是三稱讚釋迦牟尼佛，然後說法，而作是言：「汝等衆生能爲難事，于彼惡世貪欲、嗔恚、愚癡、迷惑、短命人中，能修持戒，作諸功德，甚爲希有！」爾時，衆生不識父母、沙門、婆羅門，不知道法，互相惱害，近刀兵劫，深著五欲嫉妒諂曲佞濁邪僞，無憐愍心，更相煞害食肉飲血，汝等而能于中修行善事，是爲希有！善哉！釋迦牟尼佛以大悲心，能于苦惱衆生之中說誠實語，示我當來度脱汝等。如是之師甚爲難遇，深心憐愍惡世衆生，救拔苦惱，令得安隱。釋迦牟尼佛爲汝等故，以頭布施，割截耳鼻手足支體，受諸苦惱，以利汝等。彌勒佛如是開導安慰無量衆生，令其歡喜，然後說法。福德之人充滿其所，恭敬信受渴仰大師，各欲聞法，皆作是念：「五欲不净，衆苦之本。」又能除舍憂慼愁恨，知苦樂法皆是無常。彌勒佛觀察時會大衆心净調柔，爲說四諦，聞者同時得涅槃道。爾時，彌勒佛于華林園，其園縱廣一百由旬，大衆滿中，初會說法，九十六億人得阿羅漢；第二大會，九十四億人得阿羅漢；第三大會，九十二億人得阿羅漢。彌勒佛既轉法輪度天人已，將諸弟子入城乞食。無量净居天衆恭敬從佛，入翅頭末城，當入城時現種種神力，無量變現。釋提桓因與欲界諸天，梵天王與色界諸天，作百千伎樂歌詠佛德，雨天諸華、栴檀末香賤貧惱衆生。彌勒佛讚。」

供養于佛，街巷道陌豎諸幡蓋，燒衆名香，其烟若雲。世尊入城時，大梵天王釋提桓因合掌恭敬，以偈讚言：「正遍知者二足尊，天人世間無與等，十力世尊甚希有，無上最勝良福田！其供養者生天上，稽首無比大精進！」爾時，天人羅刹等，見大力魔佛降伏之，千萬億無量衆生皆大歡喜，合掌唱言：「甚爲希有！甚爲希有！如來神力功德具足，不可思議！」是時，天人以種種雜色蓮華及曼陁羅華，散佛前地，積至于膝。諸天空中作百千伎樂，歌嘆佛德。

爾時，魔王于初夜、後夜覺諸人民，作如是言：「汝等既得人身，值遇好時，不應竟夜眠睡覆心。汝等若立若坐，當勤精進，正念諦觀五陰、無常、苦空、無我。汝等勿爲放逸不行佛教，若起惡業，後必致悔！」時街巷男女皆效此語言：「汝等勿爲放逸不行佛教，若起惡業，後必有悔！當勤方便，精進求道，莫失法利，而徒生徒死也！如是大師拔苦惱者，甚爲難遇，堅固精進，常樂涅槃。」

爾時，彌勒佛諸弟子，普皆端正威儀具足，厭生老病死，多聞廣學，守護法藏，行于禪定，得離諸欲，如鳥出鷇。爾時，彌勒佛欲往長老大迦葉所，即與四衆俱就耆闍崛山，于山頂上見大迦葉，時男女大衆心皆驚怪。彌勒佛讚言：「大迦葉比丘是釋迦牟尼佛大弟子，釋迦牟尼佛于大衆中常所讚嘆頭陁第一，通達禪定，解脫三昧。是人雖有大神力而無高心，能令衆生得大歡喜，常愍下

〇四、故中書侍郎同中書門下平章事太子賓客贈户部尚書齊成公（抗）神道碑

題解：

《故中書侍郎同中書門下平章事太子賓客贈户部尚書齊成公（抗）神道碑》收録于民國二十二年（1933）《高陽縣志・集文》，權德輿撰文，刊刻于唐・貞元年間（785–805）。

碑文：

有唐文學政事之君子，曰相國齊成，公諱抗，字遐舉。清方粹温，絜矩秉懿。明誠盡性，切磨化育之道；精義入神，旁魄天人之際。以忠事君，以病乞身，乃去台宰，乃儕商皓。然後徹琴瑟，啓手足，殁齒無違德，以從先大夫于九原。易名曰成，不亦宜乎！公定州義豐人，自太公表東海，桓公匡天下，爲國爲家，或哲或仁。烈祖贈太師府君諱澣，歷給事中、中書舍人、吏部侍郎，止于平陽太守。出入陟降，中行山立，至今言開元名臣，稱公有遺直遺愛焉。實生先公贈國子祭酒，府君諱翻，履道篤行，仕至左龍武君倉曹，積厚于上，流光于下，其位不充，故大受于公。公既齔而孤，哀過成人，屬幽陵横潰，中夏如毁。奉太夫人安輿違難于越，得子州支伯之故地而偕隱然。誅草茅以順居息，悦山水以資仁智，方茂天爵，用觀靈龜。嘉招重問，奔走以狎至；虚己宏道，從容而翔集。吴郡張相君鎰，方以仁義理濠上，得君爲榮。及進律于洪，成師于岐，累爲命介，若驂有靷。建中中，戎王謀大和會，以休寧西方。右扶風綿亘汧隴，地當甌脱，且有成命，正其經界。公實佐中權，登壇莅盟，得其情數，與之約結，克就衣裳之會，用銷邊鄙之警。自解巾三遷至殿中侍御史，俄屬涇旅竊發，群凶挺災，天兵展義于甸内，王公死難于理所。百舍奔問，至于行宫，拜侍御史。有詔以蕭黄門復布愷澤于東夏，命公爲工部員外郎以贊焉，復命轉倉部郎中。李懷光阻命于蒲，連兵未解，關中饑旱，經費不足。轉粟饋軍，濟時之艱患；求才急病，命使以轉達。遷工部

郎中兼御史中丞，以董其任，俄拜諫議大夫。當軸者不相容，坐婚親細故，出爲處州刺史。先是山越寇攘，蕩覆城市。公乃卜勢勝之爽愷，因習俗之便安，三時不害，百堵皆作，朝典陟明。拜蘇州刺史，吴實劇部，大田多稼，浮淫冒没，吏禁或弛，占著名數，户版不均。公乃閲其生齒，書其比要，强家大猾，不得蓋藏。公特單騎，與之紓息，巳日乃孚，厥猷茂焉。遷潭州刺史、御史中丞、湖南觀察使。以嚮時三郡之理而宏大之，其仁可知也。左曹理本，徵爲給事中；周郊寄重，擢爲河南尹。盜有宋瞿曇者，白晝椎剽，爲郡偷囊橐，三州病之，幾三十年。公法令嚴具，網絡張設，潛捕魁宿，使無遺類，指顧之間，擒擿如神。乃作秘書，章明文雅，修舊以起廢；乃作太常，統和神人，節事以辨志，便蕃大僚，其道乃光。德宗皇帝方以堯舜氏聰明之道馭天下，用賢人充相位，拜中書侍郎、同中書門下平章事。熙九功之歌，質百官之成，損益文獻，化裁形器，精微以折衷，密静而不伐，或事隱于造膝，或言行于沃心。初，天官氏每歲表他曹郎二人，閲多士試言，第其甲乙，春官氏俾考功郎選考秀之親故者而進退之。公以冢宰少宗伯爲官人取士之本，蓋天子有司之重。至于避小嫌，亂舊章，適滋岐旁，孰謂扃鐍？蹇蹇坦坦之道，豈如是耶？然後闢康莊，付衡尺，遵公是之路，絶自便之私，天下之人謂之理道。尋有詔修國史。昔孔父無位，以空文爲一王法。公當盛聖之代，用宰司總直筆，其于褒貶，勸懼明焉。勤慮盡瘁，積成寢恙，累章乞告，改太子賓客。遭罹不淑，贈户部尚書，時春秋六十五。夫人河南獨孤氏，某官某之女，賢明蚤夭。繼夫人蘭陵蕭氏，某官某之女，仁順有理法。嗣子鍊，銜恤毁瘠，侍公裳帷。以月日祔于東都某原，喪祭哀敬，君子以爲有後。惟公深而通，肅而寬，出處動静，必以中正。敬用五事，暢于四支，資性儼恪，尤長鑒裁。在岐也，薦齊忠公暎；佐蕭也，薦盧恭公邁，皆至丞相。其他推轂下士，爲朝廷臣，成天下重名碩望者，不可勝書。凡所論者，皆研幾析理，宏雅彝遠，《洪州文宣王廟碑》《張蕭盧三相國碑誌》，本聖人教化之跡，推大政謨明之道，固其性術講貫，而發舒乎斯文。文集二十卷，中倫體要，盡在是矣。公薨五年，鍊調爲洛陽尉。永惟先烈，未刻豐碑。以德輿夙承湖海之舊，中忝掖垣之屬，他日舉代，靡刑話言，獲于遺編，實見蔭德。顧兹無似，有玷知人，濡涕含毫，以有幽宅。銘曰：

昔在營丘，大風泱泱。有倬平陽，令聲章章。不踐宰政，貽慶子姓。含章含光，大學追命。厥生中書，秉哲居政。鵬起扶摇，鸞翔慶霄。乃登紫微，以瑞清朝。吉凶糾纏，寒暑結轄。其生有涯，其用無極。壽堂冥寞，冢樹森植。揭兹馨香，終古是式。

公神道碑　　權德輿

有唐文學政事之君子曰相國齊成公諱抗字遐舉清方粹溫絜矩秉懿明誠盡性切磨化育之道精義入神旁魄天人之際以忠事君以病乞身乃去台宰乃儕商皓然後徽琴懿啓手足歿齒無違德以從先大夫于九原易名曰成不亦宜乎公定州義豐人自太公表東海桓公匡天下爲國爲家或哲或仁烈祖贈太師府君諱辯歷給事中中書舍人吏部侍郎止於平陽太守出入陟降中行山立至今言開元名臣稱公有遺直遺愛焉實生先公贈國子祭酒府君諱翩履道篤行仕至左龍武君倉曹積厚于上流光於下其位不充故大受于公公既齔而孤衰過成人屬幽陵橫潰中夏如燬奉太夫人安輿違難于越得子州支伯之故地而偕隱然誅草茅以順居息悅山水以養仁智方茂天爵用覩靈龜嘉招重問奔走以抑至盧己宏道從容而翔集吳郡張相君鎰方以仁義理藻上得君爲榮及進律于洪成師于岐累爲命介若驂有靳建中中戎王謀大和會以休寧西方右扶風縮亘汧隴地當衝脫且有成命正其經界公實佐中樞登壇涖盟得其情數與之約結克就衣裳之會用鎔邊鄙之醫自解巾三遷至殿中侍御史我屬涇旅竊發群兇挺災天兵展義於甸內王公死難于理所百舍奔問至於行宮拜侍御史有詔以蕭黃門復命愷澤於東夏命公爲工

部員外郎以贊爲復命轉倉部郎中李懷光阻命於蒲連兵未解關中饑旱經費不足轉粟饋軍濟時之艱患求才急病命使以轉達遷工部郎中兼御史中丞以董其任俄拜諫議大夫當軸者不相容坐婚親細故出爲處州刺史先是山越寇擾蕩覆城市公乃卜勞勝之爽愷因習俗之便安三時不害百堵皆作朝典陟明拜蘇州刺史吳實劇部大田多稼浮淫冒沒吏禁或弛占著名數戶版不均公乃閱其生齒書其比要強家大猾不得蓄藏公特單騎與之紓息已日乃孚厥猷茂焉遷潭州刺史御史中丞湖南觀察使以樽時三郡之理而宏大之其仁可知也左曹理本徵爲給事中周郊寄重擢爲河南尹盜有宋翟巋者白晝椎剽爲郡偷囊橐三州病之幾三十年公法令嚴具網絡張設潛捕魁宿使無遺類指顧之間擒擿如神乃作秘書章明文雅修舊以起廢乃作太常統和神人節事以辨志便蕃大僚其道乃光德宗皇帝方以堯舜氏聰明之道敺天下用賢人充相位拜中書侍郎同中書門下平章事熙九功之歌質百官之成損益文獻化裁形器精微以析衷密靜而不伐或事歷於遺滕或言行於沃心初天官氏每歲表他郎二人閱多士試言第其甲乙春官氏俾考功郎選考秀之親故者而進退之公以冢宰少宗伯爲官人取士之本蓋天子有司之重至于避小嫌亂舊章適滋岐旁孰謂扃鐍綦嚴坦坦之道豈如是耶然後闢康莊付衡尺遵公是之路絕自便之私天下之人謂之理道尋有詔修國史昔孔父無位以空文爲一王法公當盛聖之代用宰司總直筆其於褒貶勸懼明焉勤盧蕪萃積成稿蓋累章乞告改太子賓客遭罹不淑贈戶部尚書時春秋六十五夫人河南獨孤氏某官某之女賢明蚤夭繼夫人蘭陵蕭氏某官某之

女仁順有理法嗣子鍊銜恤毀瘠侍公窆帷以月日祔於東都某原喪祭哀敬君子以爲有後惟公深而通簡而寬出處動靜必以中正敬用五事暢於四支資性儆恪尤長鑒裁在岐也薦齊忠公暎佐蕭也薦盧恭公邁皆至丞相其他推轂下士爲朝廷臣成天下重名碩望者不可勝書凡所論者皆研幾析理宏雅鬱遠洪州文宣王廟碑張蕭盧三相國碑誌本聖人教化之蹟推大政蘊明之道因其性術講貫而發舒乎斯文文集二十卷中倫體要蓋在是矣公薨五年鍊調爲洛陽尉永惟先烈未刻豐碑以德輿夙承湖海之舊中忝掖垣之屬他日舉代廉刑話言獲於遺編實見陰德願茲無似有玷知人濡涕含毫以表幽宅銘曰昔在營邱大風泱泱有偉平陽令聲章章不蹊宰政貽慶子姓含章含光大學追命厥生中書秉哲居政鵰起扶搖鸞翔慶衍乃登紫微以瑞清朝吉凶糺纆寒暑結轄其生有涯其用無極壽堂冥寞冢樹森植揭茲馨香終古是式

○五、郝綰碑

題解：

《郝綰碑》收録于民國二十二年（1933）《高陽縣志·集文》，刊刻于唐·開成五年（840）。

碑文：

府君諱綰，其先高辛氏之苗裔。迨乎奕葉傳芳，冠冕相襲，分茅裂土，以命氏焉，遂爲太原人也。曾祖諱文經，右羽林將軍，孤高敏達，器宇岐嶷，文足以經時，武足以定亂，翊贊王室，煇煌帝猷。祖諱山彪，瀛洲録事參軍，莅政寬平，簡約清儉，奉公道而夕惕，主糾司而肅然。府君，郎公之長子也。以讜直自持，

佩服德義，筌簣于五典，筐篚其六經。早應甲科，尋明經擢第，首邁流輩，聲震春闈。復以詞藻清雅，才思卓犖，高蹈不仕，水石爲心，爵禄不榮，適道無悶。嗚呼！天監何昧，不壽哲人。以元和八年正月殁于唐興之私第，享年六十有三。夫人備持大節，依禮制主喪，縞服蓬鬢，毁容守貞，素而自持，却鉛華而不御，以鋒年依水去。元和十年十月卒于私第，春秋五十五。有子三人：長曰英。次英俊，不當其壽，短折芳年。季子英傑，爲雲麾將軍，守右金吾衛大將軍，試殿中監。志氣凝然，神姿迥拔，精于武，游于文，運韜鈐于指掌，制擒縱于襟懷。頃因署職河東，爲並州大將兼巡撫使，邊陲肅清，寇戎外静。會幽州節度使、左僕射楊公以能足服遠，籍輪翮，遷公爲心膂，欲公爲梁棟，公遂感激，旋赴。君得其臣，公契其義，功成名立，顯赫邦家，盛哉！公每悲松柏已行，未祔窀穸，力營葬事，以副宿心。開成庚申歲五月癸酉朔十二日，合葬于鄚州唐興縣招賢鄉之原，禮也。其華勳茂績，以刊石記之，銘曰：

華勳茂族，奕葉重光。衣冠濟美，爲侯爲王。淳和之精，挺生賢英。高蹈不仕，雲霞逸情。門風不墜，繼襲簪纓。腰金拖紫，巍巍墳丘。星霜倏易，松檟烟浮。亭亭吊月，邈邈千秋。

郝綰碑

府君諱綰其先高辛氏之苗裔迨乎奕葉傳芳冠冕相襲分茅裂土以命氏焉遂爲太原人也曾祖諱文經右羽林將軍孤高敏達器宇岐嶷文足以經時武足以定亂翊贊王室煒煌帝猷祖諱山彪瀛洲錄事參軍涖政寬平簡約淸儉奉公道而夕惕主紀司而肅然府君郎公之長子也以讜直自持佩服德義筆贊于五典筐鐫其六經早膺甲科尋明經擢第首選流輩聲震春闈復以詞藻清雅才思卓犖高蹈不仕水石爲心爵祿不榮適道無悶嗚呼天監何昧不壽哲人以元和八年正月歿於唐興之私第享年六十有三夫人備持大節依禮制主喪縗服蓬鬢毀容守貞素而自持

卻鉛華而不御以鎮年依水去元和十年十月卒於私第春秋五十五有子三人長曰英次英俊不富其壽短折芳年季子英傑爲雲麾將軍守右金吾衛大將軍試殿中監志氣凝然神姿迥拔精於武游於文運韜鈐於指掌觸擒縱於襟懷頃因署職河東爲并州大將兼巡撫使邊陲肅淸寇戎外靜會幽州節度使左僕射楊公以能足服遠藉輪翮遷公爲心膂欲公爲梁棟公遂感激旋赴君得其臣公契其義功成名立顯赫邦家盛哉公每悲松柏已行未祔窀穸力營葬事以副宿心開成庚申歲五月癸酉朔十二日合葬於鄚州唐興縣招賢鄉之原禮也其華勳茂績以刊石記之銘曰華勳茂族奕葉重光衣冠濟美爲侯爲王淳和之精挺生賢英高蹈不仕雲霞逸情門風不墜繼襲簪纓腰金拖紫巍巍墳丘星霜代易松檟烟浮亭亭吊月邈邈千秋

○六、高陽令邊敏誌銘略

題解：

《高陽令邊敏志銘略》收録于民國二十二年（1933）《高陽縣志·集文》，邊魯撰文，刊刻于元·延祐七年（1320）。

誌文：

先伯父長官姓邊氏，諱敏，字德成。其先係于宋，望在陳留人也。王父諱行存，順州司馬。考諱承遇，任邱縣令。先妣太夫人，太原郡王氏。長官英姿倜儻，偉量恢宏。辭才則賈、馬無稱，孝敬乃曾、顔讓美。當未登顯仕，恒奏温清。見喜色以問安，露憂容而侍疾。身能禮樂，性存典墳。爰從赴聘于招弓，便可分榮于宰字。擢爲高陽縣令，莅政之後，嘉問允彰。單父臨民，綽有七絲之詠；中年作宰，不無三異之稱。及罷任之初，實以神念聰明，人思遺愛。自此明廷以慎擇楚材，選求碩德，以道能佐世，俾議僉諧；以恩徙于民，陳諸任使。暫戢鴛鵬之翼，難淹騏驥之踪。洎解印高陽，未及逾載，而除官路縣，復起頌聲。屏宣臥虎之威，廳集巢鳩之美。立言必雅，莫嘗顯己所長；用意絶思，未可屈人之短。大小之務，罔不躬決。當是時也，世運阻艱，徵賦多迫。其或立功立事，克勸克業，有利于國，無害于民者，惟獨長官矣。至聞望俱高，位禄已重。賦潘岳閑居之詠，起陶潛歸去之思。因罷厥官，却訪田里。方期頤性養壽，恬淡自安；豈謂景福未終，昊天不佑。碧落之孤雲易失，風窗之短焰難停。歷任三十年，享壽五十八。我伯母平康郡孟氏，亦以不登遐壽，奄逝流光。貞魂諒合于延平，青骨同安于蒿里。有子四人：長曰日照，故幽都府永清縣令；次曰隱照，前攝鄭州長史；次曰延徵，未仕而歿；幼子商裔，運州左都押衙。孫子六人：讓能、去非、光義、霸孫、嵐孫、天留。以庚申年十一月二十四日，安神于任邱縣長丘鄉孝慈里靖隧先墳之次，禮也。恭承日照，謹作銘云：

博哉貴胄，踵慶于門。山河其度，金玉其身。蘊十善道，爲百里君。立功于國，流愛于民。豈期違禍，一旦歸魂。委宅幽壤，慮謝音塵。爰刊琬琰，紀録其勤。日往月來兮良銘此地，付子孫兮傳揚萬春。

高陽令邊敏誌銘略　邊魯

先伯父長官姓邊氏諱敏字德成其先系於宋望在陳留人也王父諱行存順州司馬考諱承遇任邱縣令先妣太夫人太原郡王氏長官英姿倜儻偉量恢宏辭才則賈馬無稱孝敬乃曾顏讓美當未登顯仕恒尋淵清見喜色以問安露憂容而侍疾身能禮樂性存典墳爰從赴聘於招弓便可分榮於宰字擢爲高陽縣令洎政之後嘉問允彰單父臨民綽有七絲之詠中牟作宰不無三異之稱及罷任之初實以神念聰明人思遺愛自此明廷以愼擇楚材選求碩德以道能佐世俾議僉諧以懋徙於民陳諸任使暫戢鴛鷺之翼雖淹騏驥之蹤泊解印高陽未及踰載而除官路縣復起頌聲屏宜伏虎之威廳集巢鳩之美立言必雅莫營顧己所長用意絕思未可屈人之短大小之務罔不躬決當是時也世運阻艱徵賦多迫其或立功立事克勤克業有利於國無害於民者惟獨長官矣至開寶俱高位祿已重賦潘兵閑居之詠起陶潛歸去之思因罷厥官却訪田里方期頤性養浩恬淡自安豈謂景福未終昊天不佑碧落之孤雲易失風窗之短焰難停歷任三十年享壽五十八我伯母平康郡孟氏亦以不登遐壽奄逝流光貞魂諒合於延平靑骨同安於蒿里有子四人長曰日照故幽都府永清縣令次曰隱照前攝鄭州長史次曰延徽未仕而歿幼子裔裔運州左都押衙孫子六人讓能去非光乂嗣孫嵐孫天留以庚申年十一月二十四日安神於任邱縣長邱鄉孝慈里竫隧先塋之次禮也恭承日照謹作銘云博哉貴胄踵慶於門山河其度金玉其身蘊十善道爲百里君立功於國流愛於民豈期違禍一旦歸魂委宅幽壤慮謝音塵爰刊琬琰紀錄其勤日往月來兮良銘此地付子孫兮傳揚萬春

〇七、中大夫濟南路總管郭公先塋碑銘

題解：

《中大夫濟南路總管郭公先塋碑銘》收録于民國二十二年（1933）《高陽縣志・集文》，蔡受益撰文，刊刻于元・泰定元年（1324）。

碑文：

延祐乙卯，仁皇御極之四年，留心政術，古制寖復，乃遣官屬宣撫諸道，惟擇掾吏，時難其人，今中大夫、濟南路總管郭公，居其一焉。所至審理寃滞，發摘奸貪。奉使先平章政事趙公榮仁，每資其贊畫，深嘉其能，還授將仕郎、靖海縣簿。再期召爲刑部掾，數月遷右衛率府知事。至治壬戌，調盱眙縣丞，未赴，改擢徵仕郎、提舉覆實司副，尋用詹事諸公薦，制授奉訓大夫、府正司典簿。俄出知蠡，劇郡也，素號難治，公處之有方，不逾月，民安其化。其美政異跡，詳具頌公之碑，兹不復贅。至順初元，遷奉議大夫、京畿都曹運徒司副。先是，在京管内疲癃孤老，逐月例給糧存養之，有司循襲相沿，爲弊日久，職倉廪不勝其擾。至是，公上言條陳可否，請所部長吏詣倉計口支撥，無致折閲，仍令專掌其事，庶幾前弊可革，從之，至今爲便。用執政薦，奉旨董辦雲州銀課，及期視常額增羡八十三錠，于是有金紋綾端之賜。後至元乙亥，轉朝列大夫，再提總覆實司事。建言比年以來，凡諸營造所需物色，工匠輩因緣爲奸，糜費良多。乞自今必先度其便宜，平其價估，定其限制，然後支給所用。復令主者監臨其事，于是上有裁省冗費之實，下無侵欺漁獵之患矣。時允其議，是後計歲省官資爲定者，以億萬數。復用宰相薦奉讞，獄江南、湖北諸道，公不憚跋涉之勞、瘴毒之苦，雖窮荒絶島，人跡罕通之地，亦必徐緩詳審，務以洗滌寃抑爲己任。故所至每多平反重獄，賴以全活者甚衆。至正壬午，進朝請大夫、提舉諸路寶鈔都提舉司事，未幾，遂有今命焉。公自以家世寒微，累登顯要，皆藉先世勤德利物所致，思欲報效，考品秩得修翁仲、羊虎及鑱石序列先世行實如古先廟碑者，乃遣

長子仁，以事狀來請。謹按：郭氏世居高陽縣龍化鄉石氏里。公之曾大父失名諱，一子曰善，即公之大父也。以公貴，贈亞中大夫、東平路總管、輕車都尉，追封太原郡侯。娶韓氏，追封太原郡夫人。四子，曰福、禎、禋、祥。祥即公之考也，性至孝，少時母韓常有疾，醫者百方療治終不愈，乃潛入室，以刀割肌，爲羹以進，母食之，遂得無恙。及長，繼箕業，力南畝，潛德不輝，勤以治生，儉以奉己。雖家素温厚，居室衣服，未嘗少侈，然于煢獨者，給食以拯其生；負欠者，折卷以寬其力。恤匱賙窮，惟恐弗及，人以是稱之。每以自少失學爲大悔，故嚴律諸子讀書，責其成人，小有過差，即厲聲誚讓，不少假藉，故公輩德器成就，特異衆人。以泰定甲子十一月朔日以疾終于家，越十有四日祔葬于先塋，春秋七十一。公貴贈嘉議大夫、保定路總管、上輕車都尉，追封太原郡侯。配張氏、繼配李氏並追封太原郡夫人，張賢明貞淑。三子：長克明，即公也；次克敏，少克良，皆早卒。克良終于從仕郎。三女，皆適右族。公娶李氏，内助成家，先卒，追封太原郡夫人。繼娶宋氏，封太原郡夫人。二子：長仁，敕授將仕郎、宣忠扈衛親軍都指揮使司知事；次信，鄉貢進士，早世。納曹氏，一子，曰恭，讀書未仕。克敏一子，曰智，恪守先業，不仕。克良二子：長亨，欽察衛軍都指揮使司知事；次彝，以蔭累從舉雄州酒稅。餘宗支，別有圖列碑陰。公字德昭，爲人和厚詳雅，無疾言遽色，處事明審，不苟一時之便，期于至當而後已。晚年位尊名顯，而其廉慎之節不少衰，時論歸之。嗚呼！末實繁者其本茂，派流遠者其源深。公雖賢，亦由先世積，德深厚，訓迪嚴教有素，有以致之也。或者以公起自刀筆，乃謂榮耀可以力致，殊不知人之積善修德，與夫氣運相爲升降。譬之種藝，人力備至，亦必自春徂秋，更涉三時，而後有以獲其報焉。其孰與否，有不在我。

中大夫濟南路總管郭公先塋碑銘　蔡受益

延祐乙卯仁皇御極之四年留心政術古制寖復迺遣官廉宣撫諸道惟擇掾吏時難其人今中大夫濟南路總管郭公居其一焉所至審理冤滯發擿姦貪奉使先平章政事趙公榮仁每賞其贊畫深嘉其能還授將仕郎靖海縣簿再期召爲刑部掾數月遷右衛率府知事至治壬戌調盱眙縣丞未赴改擢徵仕郎提舉覆實司副尋用儕事諸公薦制授奉訓大夫府正司典簿俄出知鑫劇郡也素號難治公處之有方不踰月民安其化其美政異蹟詳具頌公之碑茲不復贅至順初元遷奉議大夫京畿都曹運使司副先是在京管内疲癃孤老逐月例給糧存養之有司循襲相沿爲弊日久職倉廩不勝其擾至是公上言條陳可否請所部長吏詣倉計口支撥無致折閱仍令專掌其事庶幾前弊可革從之至今

為使用執政薦奉旨董辦雲州銀課及期視常額增羨八十三錠
於是有金紋綾端之賜後至元乙亥轉朝列大夫再提總覆實司
事建言比年以來凡諸營造所需物色工匠輩因緣為姦糜費良
多乞自今必先度其便宜平其價估定其限制然後支給所用復
令主者監臨其事於是上有裁省冗費之實下無侵欺漁獵之患
矣時允其議是後計歲省官資為定者以億萬數復用宰相薦奉
讞獄江南湖北諸道公不憚跋涉之勞癃痿之苦雖窮荒絕島人
跡罕通之地亦必徐綏詳審務以洗滌冤抑為己任故所至每多
平反重獄賴以全活者甚衆至正壬午進朝請大夫提舉諸路寶
鈔都提舉司事未幾遂有今命爲公自以家世寒微累登顯要皆
藉先世勤德利物所致思欲報効攷品秩得贈翁仲羊虎及鐫石
序列先世行實如古先廟碑者乃遣長子仁以事狀來請謹按郭

氏世居高陽縣龍化鄉石氏里公之曾大父失名諱一子曰善即
公之大父也以公貴贈亞中大夫東平路總管輕車都尉追封太
原郡侯娶韓氏追封太原郡夫人四子曰福禎禮祥祥即公之考
也性至孝少時母韓常有疾醫者百方療治終不愈乃潛入室以
刀割肌為羹以進母食之遂得無恙及長繼箕裘力南畝潛德不
輝勤以治生儉以奉己雖家素溫厚居室衣服未嘗少侈然於煢

獨者給食以拯其生負欠者折券以寬其力鄉匱賙窮惟恐弗及
人以是稱之每以自少失學為大悔故嚴律諸子讀書責其成人
小有過差即厲聲誚讓不少假藉故公暨德器成就特異衆人以
泰定甲子十一月朔日以疾終於家越十有四日祔葬於先塋春
秋七十一公貴贈嘉議大夫保定路總管上輕車都尉追封太原
郡侯配張氏繼配李氏並追封太原郡夫人張實明貞淑三子長
克明即公也次克敏少克良皆早卒克良終於從仕郎三女皆適
右族公娶李氏內助成家先卒追封太原郡夫人繼娶宋氏封太
原郡夫人二子長仁敕授將仕郎宣忠扈衛親軍都指揮使司知
事次信鄉貢進士早世納曹氏一子曰恭讀書未仕克敏一子曰
智恪守先業不仕克良二子長亨欽察衛軍都指揮使司知事次
彝以廕累從舉雄州酒稅餘宗支別有圖列碑陰公字德昭為人
和厚詳雅無疾言遽色處事明審不苟一時之便期於至當而后
已晚年位尊名顯而其廉慎之節不少衰時論歸之嗚呼未實繁
者其本茂派流遠者其源深公雖賢亦由先世積德深厚訓迪嚴
教有素有以致之也或者以公起自刀筆乃謂榮耀可以力致殊
不知人之積善修德與夫氣運相為升降譬之種藝人力備至亦
必自春徂秋更涉三時而后有以獲其報焉其熟與否有不在我

〇八、元孝子百户劉智墓題詞

題解：

《元孝子百户劉智墓題詞》收録于民國二十二年（1933）《高陽縣志》，劉士美撰文。

碑文：

夫人子事親于平安之際，服勞奉養，未足爲敬愛，憂親疾于危急之時，捨生殺身，尤人情之所不易。果能以此竭其力、盡其誠，而造乎遠大之域，則可以感天地、動鬼神，而致其子孫高貴，家門昌大者必矣。陑陽劉公百户家門大口，衆子孫材且賢，享八十有四歲，指以天年，終于正寢。公諱智，明之是其字也。賦性剛毅，爲人灑落，知行孝道，得事親禮，愉悅柔和之誠，旨甘滫瀡之奉，未嘗有所偏廢。一日，親遘疾，公憂懼迫切之情，無所不至。或旁求醫藥，或暗禱神明，願以身代。後乃自言：「聞人有割肝愈疾者，信乎否？我其試之。」竊入私室，操刀剖腹割肝自作羹，以供親。親食後，病即痊已，亦無恙。若匪仁孝至，愛親重，憂疾切，而肯爲是，其感應致祥餘慶之兆，當如何也？生三子：長曰政，次曰成，季曰尹。公不使三子廢學，次子不求聞達，長與季皆通籍，共登仕板，各居流品，赴任俱以清謹見稱。噫！以是觀之，信知劉公仁孝之至，陰功之厚所致。一日會集其二弟與子侄于前而諭曰：「凡人之享富貴，子孫盛大，皆因祖先所積。我等不才，居天職，食天禄，若非祖父仁孝致，奚克然？余欲樹一石于祖塋側，刊其行實，庶彰報本追遠之意，廣揚行善，重戒子孫于無窮，何如？」衆然其言。政隨伐石南山，磨礱功畢，載酒肴，訪余于田舍數四，具狀請予文之。詳其狀，因感其父子孝且賢，故不辭寡陋，聊應命以銘之。其辭曰：

孝子良，行異常。親有疾，割肝芒。與親食，壽而康。誠所致，子孫昌。樹之石，千載揚。

元孝子百戶劉智墓題詞

劉士美

夫人子事親於平安之際服勞奉養未足爲敬愛憂親疾危急之時捨生殺身尤人情之所不易果能以此竭其力盡其誠而造乎遠大之域則可以感天地動鬼神而致其子孫高貴家門昌大者必矣隨陽劉公百戶家門大口衆子孫材且賢享八十有四歲指以天年終於正寢公諱智明之其字也賦性剛毅爲人灑落知行孝道得事親禮愉悦柔和之誠旨甘瀡瀡之奉未嘗有所偏廢一日親遘疾公憂懼迫切之情無所不至或旁求醫藥或暗禱神明願以身代後乃自言聞人有割肝愈疾者信乎否我其試之竊入私室操刀剖腹割肝自作羹以供親親食後病即瘥已亦無恙若匪仁孝至愛親重憂疾切而肯爲是其感應致祥餘慶之兆當如何也生三子長曰政次曰成季曰尹公不使三子廢學次子不求聞達長與秀皆通籍共登仕板各居流品赴任俱以清謹見稱噫以是觀之信知劉公仁孝之至陰功之厚所致一日會集其二弟與子姪於前而諭曰凡人之享富貴子孫盛大皆因祖先所積我等不才居天職食天祿若非祖父仁孝致奚克然余欲樹一石於祖塋側刊其行實庶彰報本追遠之意廣揚行善垂戒子孫於無窮何如衆然其言政隨伐石南山磨礱功畢載酒肴訪余於田舍數四具狀請予文之辞其狀因感其父子孝且賢故不辭寡陋聊應命以銘之其辭曰孝子良行異常親有疾割肝芭與親食痊而康誠所致子孫昌樹之石千載揚

○九、禮部欽依出榜曉示生員臥碑

題解：

《禮部欽依出榜曉示生員臥碑》收録于《文物春秋》2014年第2期，第60—61頁，刊刻于明・洪武十五年（1382）。拓片長219厘米，寬67厘米。碑文67行，滿行25字。此碑出土于河北省高陽縣。

碑文：

禮部欽依出榜曉示：郡邑學校生員爲建言事理。本部照得：學校之設，本欲教民爲善。其良家子弟入學，必志在薰陶德性，以成賢人。近年以來，諸府州縣生員父母，有失家教之方，不以尊師學業爲重，保身惜行爲先，方知行文之意。眇視師長，把持有司，恣行私事。少有不從，即以虛詞，徑赴京師，以惑聖聽，或又暗地教唆他人爲詞者有之。似此之徒，縱使學成文章，後將何用？況爲人必不久同人世，何也？蓋先根殺身之禍于身，豈有長生善終之道？所以不得其善終者，事不爲己，而訐人過失，代人報仇，排陷有司，此志一行，不止于殺身，未知止也。出榜之後，良家子弟歸受父母之訓，出聽師長之傳，志在精通聖賢之道，務必成賢。外事雖入，有干于己，不爲大害，亦置之不忿。固性含情，以拘其心，待道成而行行，豈不賢人者歟！所有事理，條列于後：

今後府州縣學生員，若有大事干于家己者，許父兄弟侄具狀入官辯別。若非大事，含情忍性，毋輕至公門。生員之家，父母賢知者少，愚癡者多。其父母賢知者，子自外入，必有家教之方，子當受而無違，斯孝行矣。何愁不賢者哉？其父母愚癡者，作爲多非。子既讀書，得聖賢知覺，雖不精通，實愚癡父母之幸，獨生是子。若父母欲行非爲，子自外入，或就内知，則當再三懇告，雖父母不從，致身將及死地，必欲告之，使不陷父母于危亡，斯孝行矣。

軍民一切利病，並不許生員建言。果有一切軍民利病之事，許當該有司、在野賢人、有志壯士、質樸農夫、商賈技藝，皆可言之，諸人毋得阻當，惟生員不許。

生員内有學優才贍、深明治體、果治何經、精通透徹、年及三十願出仕者，許敷陳王道，講論治化，述作文辭，呈稟本學教官，考其所作，果通性理，連僉其名，具呈提調正官，然後親賫赴京奏聞，再行面試。如是真才實學，不待選舉，即時録用。

爲學之道，自當尊敬先生。凡有疑問，及聽講說，皆須誠心聽受。若先生講解未明，亦當從容再問，毋恃己長，妄行辯難，或置之不問。有如此者，終世不成。

爲師長者，當體先賢之道，竭忠教訓，以導愚蒙，勤考其課，撫善懲惡，毋致懈惰。

提調正官，務在常加考較，其有敦厚勤敏，撫以進學，懈怠不律，愚頑狡詐，以罪斥去。使在學者皆爲良善，斯爲稱職矣。

在野賢人君子，果能練達治體，敷陳王道，有關政治得失、軍民利病者，許赴所在有司，告給文引，親賫赴京面奏。如果可采，即便施行，不許坐家實封入遞。

民間凡有冤抑，干于自己及官吏賣富差貧、重科厚斂、巧取民財等事，許受害之人將實情自下而上陳告，毋得越訴。非干自己者，不許及假以建言爲由，坐家實封者。前件如已依法陳告，當該府州縣布政司、按察司不爲受理，及聽斷不公，仍前冤枉者，方許赴京伸訴。

江西、兩浙、江東人民，多有事不干己，代人陳告者。今後如有此等之人，治以重罪。若果鄰近親戚人民，全家被人殘害，無人伸訴者，方許。

各處斷發充軍及安置人數，不許建言。其所管衛所官員，毋得容許。

若十惡(之)事，有干朝政，實跡可驗者，許諸人密竊赴京面奏。

前件事理，仰一一講解遵守。如有不遵，並以違制論。

欽奉敕旨，榜文到日，所在有司即便命匠置立臥碑，依式鐫勒于石，永爲遵守。右榜諭衆通知。

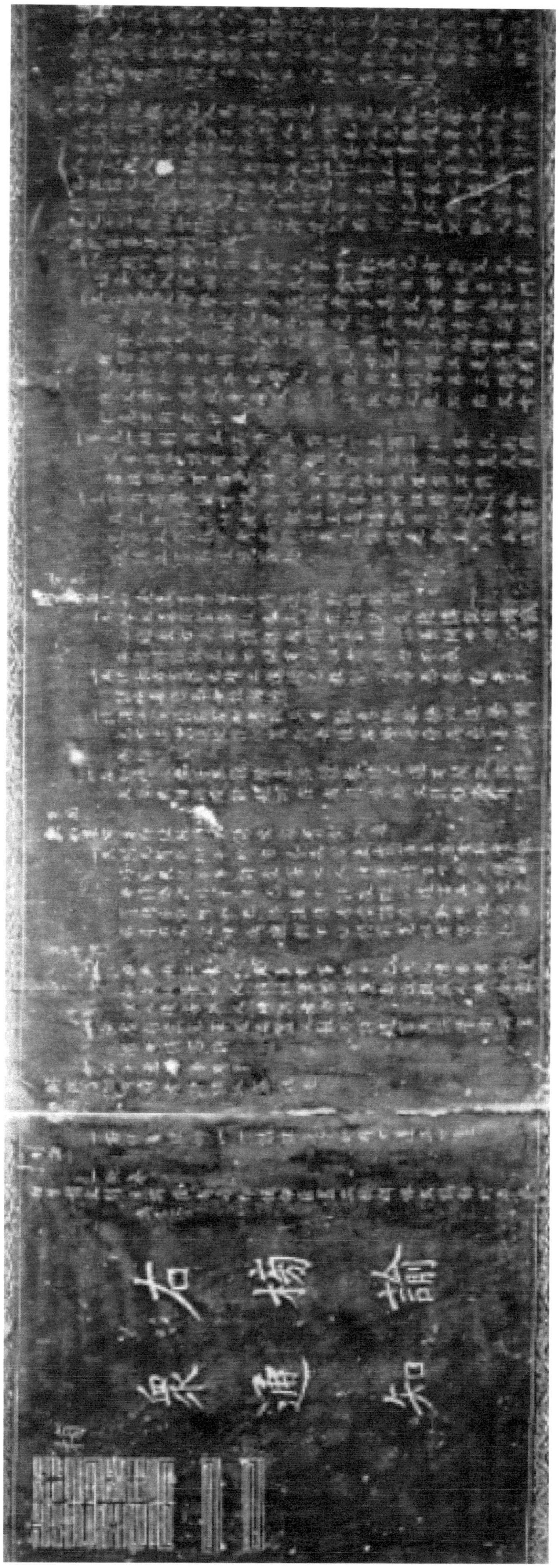

一〇、山西布政使司參議李儼墓表

題解：

《山西布政使司參議李儼墓表》收録于民國二十二年（1933）《高陽縣志》，楊廷和撰文，刊刻于明·正德八年（1513）。

碑文：

公諱儼，字仲威，姓李氏，其先世爲高陽人。曾大父諱德明，大父諱進，皆有隱操。父諱甫榮，質直好古，卒時年八十三。以公貴贈奉直大夫、南京户部員外郎。母顔氏，復聖公之後，贈宜人，繼梁封太宜人。公以成化七年舉于鄉，十四年第進士，授南京户部主事，歷員外郎、郎中，至山西布政司右參議。少力學攻苦，爲諸生時，常寓宿學舍，隆冬至以雪盥面。及居官長于吏理，所至盡心職守，每建一事，輒思爲久遠計。在山西主邊餉，先是奸豪多所乾没，重困貧民。公盡法繩之，不少假借，顧爲當路者所柅，遂致其事歸，曰：「在我者，固無愧也。」公孝友性成，待族人有恩義，或有強割公分地以自益者，不與較，曰：「使我有力，如范文正公置義田，彼寧至是耶！」寡姊年老而貧，其子女婚嫁，皆公爲之經理。親表中有孤煢者，多收恤之。同官張郎中倫與其配，俱卒于官，遺一女，甫及笄。公親爲殯殮，移其女偕己女處，保愛周悉，待其家人至，資之以歸。里馬氏孤，隨其母嫁郭氏，郭欲盡有馬之産，嗾隣郡有軍籍者，誣訴之代役，訟繫歲餘，公爲白其事于所司，乃得釋。嘗假南京富人金爲道里費，歸休後，特令其子走數千里往償之。性耿介，取與有分辨，雖茗果之微，于寮寀間，亦不輕受，或謂公不能容人之私，而有容人之量。人能屈其所可爲，而不能屈所不可爲，聞者以爲知言。配郭氏，同邑世家女，父諱寧，母張氏，年十七歸于公。梁宜人性嚴甚，宜人事之盡禮。初隨公居邑中，躬紡績以供薪米及楮墨之費，時舅氏與梁留鄉舍，旬日必具酒肉問慰。邑舍有杏若梨數株，每結實，朝暮守視，必先親摘以奉舅姑，乃敢嘗，其孝誠類如此。凡公有義舉，多宜人贊成之。子男二人：長師孔，七品散官；次師儒，舉進士，累官鳳陽知府，方進未已。女五人：長適韓鴻，次適衛輝府同知張經，次適都察院右副都御史劉愷，次適尚寶司丞劉皋，次適指揮袁繼勳。孫男六：東生，邑庠弟子，東作、東升、東少皆治舉子業，東喬、東涵尚幼。孫女十人：已嫁者六，其婿郭廷賀、張溉、馮芝、房大有、馮鰲、丁篪，皆名家子，亦各治舉子業，餘未字。公生正統三年正月二十九日，其卒弘治十六年十一月二十七日，得年六十有六。以卒之又明年，葬所居龐口村之東北二里。宜人生于正統二年，卒于正德八年八月二十日，年七十有七，與公合葬。初，公葬時未有銘，後師儒請予表其墓，尚未有以應也。至是宜人卒，乃併以請。予與公爲同年進士，師儒又予考會試所取士，有世好也，故爲之表。復係以銘曰：

君之行己，斤斤自持。非以爲異，不涉于隨。施于有政，不必于慈。謂果與達，從政之宜。不究其用，其澤則遺。彼美宜人，德則匹之。人亦有言，刑家之儀。終焉同藏，子孫之思。考履于素，不愧刻辭。

山西布政使司叅議李儼墓表　楊廷和

公諱儼字仲威姓李氏其先世爲高陽人曾大父諱德明大父諱進皆有隱操父諱甫榮質直好古卒時年八十三以公貴贈奉直大夫南京戶部員外郎母顏氏復聖公之後贈宜人繼梁封太宜人公以成化七年舉於鄉十四年第進士授南京戶部主事歷員外郎郎中至山西布政司右叅議少力學攻苦爲諸生時常寓宿學舍隆冬至以雪盥面及居官長於吏理所至盡心職守每建一事輒思爲久遠計在山西主邊餉先是姦豪多所乾沒重困貧民公盡法繩之不少假借顧爲當路者所梔遂致其事歸曰在我者固無愧也公孝友性成待族人有恩義或有強割公分地以自益

者不與較曰使我有力如范文正公置義田彼寧至是耶寡姊年老而貧其子女婚嫁皆公爲之經理親表中有孤煢者多收恤之同官張郎中倫與其配俱卒於官遺一女甫及笄公親爲殯殮移其女偕已女處保愛周悉待其家人至資之以歸里馬氏孤隨其母嫁郭氏郭欲蠧有馬之產賕隣郡有軍籍者誣訴之代役訟繫歲餘公爲白其事於所司乃得釋嘗假南京富人金爲道里費歸休後特令其子走數千里往償之性耿介取與有分辨雖茗果之微於寮家閭亦不輕受或謂公不能容人之私而有容人之量人能屈其所可爲而不能屈所不可爲聞者以爲知言配郭氏同邑世家女父諱寧母張氏年十七歸于公梁宜人性嚴甚宜人事之盡禮初隨公居邑中躬紡績以供薪米及楮墨之費時舅氏與梁留鄉舍旬日必具酒肉問慰邑舍有杏若梨數株每結實朝暮守視必先親摘以奉舅姑乃敢嘗其孝誠類如此凡公有義舉多宜人贊成之子男二人長師孔七品散官次師儒舉進士累官鳳陽知府方進未已女五人長適韓鴻次適衛輝府同知張經次適都察院右副都御史劉愷次適尚寶司丞劉皐次適指揮袁繼勳孫男六東生邑庠弟子東作東升東少皆治舉子業東喬東涵尚幼孫女十人已嫁者六其婿郭廷賀張澱滿芝房大有滿燚丁篪皆名家子亦各治舉子業餘未字公生正統三年正月二十九日其卒弘治十六年十一月二十七日得年六十有六以卒之又明年瘞所居龐口村之東北二里宜人生於正統二年卒於正德八年八月二十日年七十有七與公合瘞初公瘞時未有銘後師儒請予表其墓尚未有以應也至是宜人卒乃併以請予與公爲同年進士師儒又予考會試所取士有世好也故爲之表復系以銘曰

君之行已斤斤自持非以爲異不涉于隨施於有政不必於悊謂果與達從政之宜不究其用其澤則遺彼美宜人德則匹之人亦有言刑家之儀終爲同藏子孫之思考履於素不愧刻辭

一一、李文敏公專祠碑記

題解：

《李文敏公專祠碑記》收録于民國二十二年（1933）《高陽縣志·集文》，金之俊撰文，刊刻于明·崇禎四年（1631）。

碑文：

夫祀典之崇，非獨表揚先哲，亦所以風勵後世，至鉅典也。而崇祀于鄉，爲學者矜式之所自始，其關係名教尤切，而徵信于月旦更真，必其人品望超卓，德業兼隆，大節細行，毫無間然。俾後人愛慕感悦，歷數十年如一日，斯足生俎豆之光，而廟貌亦永永弗替，此非聲勢赫奕所可襲而取也。故有位登臺鼎，傾動一時，其始也，畏壘之宮，非不巋然，而或名與實不相副，將噏噏訿訿。無論田夫牧豎，皆得指摘其短。即身在裸將之列者，或貌承而心不愜，久且群情懈弛，掉臂去之，敗瓦頹垣，淪没于荒烟衰草者多矣。况能令父老子弟興懷于隔代，相與焕榱桷，潔牲醴，以媲隆大饗爲愉快者乎！

明故大學士李文敏公，捐館在崇禎四年辛未，距今上龍飛之十一年甲午閲二十四春秋矣。鄉之縉紳士民思公未嘗刻置，列狀有司，稱公懿行純備，亮節昭著，功繫一時社稷之重，而澤貽百年風教之遠，請崇祀澤宮，以昭國典、慰輿望。維時鉅禮雖舉，喁喁者尚未厭也。又六載，爲今順治己亥春，復請建專祠祀公，憲議僉乎，新楹聿焕，蠲吉薦羞，猗歟盛哉！縉紳士民將勒辭麗牲之石，而徵余言颺其事。余按：高陽爲上谷傍邑，受博大爽塏之氣，固宜鴻啓人文，光彰大業。而公以德閥儒宗，接四世南宫之武。甫垂髫即天挺逸藻，迥然不群。登萬曆癸丑進士，由庶常授簡討。己未，分較禮闈，稱得士。後三歲，洊晋宫僚，攝少司成。值天啓初年，猶勤新政，修臨雍之典，公升堂講《易》，天子動容，橋門環聽，一時歎稽古之效，復見漢東京盛事。既而啓沃經筵，引《尚書》義規切時務，格非廣益，朝野且拭目，公參大政致太平，會璫焰方張，詔獄屢起，負鯁者既遑螳立糜，含垢者因結蟬紓禍，撲炎乃益其灼，從風不勝其靡。公燕居深念，謂城社未便灌熏也。故正己而不示以圭棱，闞虓弗可犢牿也。故閑邪而不深其嫉，忌劀牙也，弗以抵吻絡首也，弗以決踶。方璫冒引邊功，合諸營建，捕緝竊祟五等，濫及廝養，要結黨附，恐喝朝紳，駸駸乎勸進九錫矣。公矢心曲防，以身爲砥，所被誥蔭賚予，再四疏辭，婉言微中，令積慮頌新者，不寒而慄。及璫計傾戚畹以撼中宮，公雪涕危言，子不宜佐父難母，奸謀沮戢，宮闈獲安。時媚璫者，至頌天與人歸，建祠遍海宇，其在輦下者，公未嘗捐貲拜謁。後復規覬辟雍隙地，以公持之堅而寢，諸所挾喜怒，以矯潛威福。公委蛇，曲劑釐正，保全爲多。蓋以正色垂紳之度，寓其潛消默折之權。至于導揚末命，擁戴長君，弭肘腋之危疑，啓風雷于旋轉。公之爲功，藏于不見不聞，誠無得而稱焉。其爲功也，更何如哉！

迨夫滌除凶豎，庶政維新，嚮之徘徊持祿者，或自陳曲突之勞，爲躐升之地。而公獨介然引咎，屢疏乞身。人主援義責留，勉出受命。一時高文大册，如登極，如册后，咸取辦公手，所條列十事，皆用人恤民之大，至爲敉幾者防怨，藉權者杜微，比于魏文貞之陳規思漸。當日稱崇禎始政，庶幾貞觀遺風云。蓋正人秉鈞，雖碩果猶食福，而是時四郊多壘，中朝日構驪黃，民窮餉匱，綢繆罔策。公隨事抒藎，用圖匡救，人主亦降心倚重，而公既堅引退，復感人言，連章稱母老身病，情辭剴摯，始得允歸。其子告隆恩爲輔臣所罕遘，祖帳傾都門，人皆榮之。公以冲襟雅量，際明夷艱貞之會，念漢季北寺酷禍成于正人憤疾輕試，爲不密失身之戒。逮宋元祐、熙豐間，君子以徑情獨往，方隅自窒，爲小人所借援，而適以重其構。公是以匪躬兩朝，惟和衷求濟，嚴于律己，寬于恕物，常令吾身立于有餘，以默杜凶人不測之圖，不遽履尾而速之咥，幾沉慮遠，恒形諸前後章奏中。其辭有云：「天下不可以方隅限，人才不可以恩仇私。以天下心用天下人，以天下人理天下事。」又云：「舉世無不可用之人，而不必同于己。天下無不可爲之事，而不必有其功。」又云：「恩威出于明主，或藉之以行私；職掌隸在諸司，或干之以行意。巽懦博長厚之譽，偏執冒介勁之聲。惟便身圖，罔恤國事。」皆切中時弊之語。上稱其忠清端亮，誠然哉！

蓋嘗論公生平大節，有呼吸安危者三：當熹廟大漸，璫猶矯遺旨竄顧命，公奮議削之，使不得逞，比漢絳侯之立奪北軍；憑几之際，承諭大聲傳宣皇弟，以絶非常，同韓魏公之捲簾審視。至身將去國，首薦蒲州象雲韓公，謂可當大任，用心等之鄭、武兩侯，而疏中所稱破方隅忘恩怨，實公居身立朝之第一義。自筮仕以至蓋棺，總無渝此。嗚呼！若公者洵無愧休，休之個臣歟！

公孝有天性，痛贈公不逮禄養，哀慕終身，其遄歸晨昏太夫人，愉愉膝下者三載，所受兩朝敘蔭，分予從弟及從兄之子。祀先而家廟創，贍族而義倉置，敦倫好義，殆不遺余力。角巾杖履，徜徉洪山白水間，海内仰公如祥麟威鳳，猶望東山再起，而台星告隕，俄乘箕尾，德功高于曠代，而享年不登中壽，天下悼焉。公本以儒術起家，操一心周旋兩主，履險如夷，出處争光日月。肯堂敷畝，克開翼子。今揆輔坦園公發跡興朝，懋膺簡注，宅心如水，觸事如鏡，廓然于方隅恩怨之外，皆纘公令緒，以引伸于無窮也。昔濂洛諸儒崇正闢邪，廟食千載，公更益以圓機妙用，不毁其方，而適以濟其方，在朝朝重，在鄉鄉重，所稱鄉先生没而祭于社者，唯公足以當之。詩曰：「高山仰止，景行行止。」是不可無記，以詔後之聞風興起者。

李文敏公專祠碑記　　金之俊

夫祀典之崇非獨表揚先喆亦所以風勵後世至鉅典也而崇祀於鄉爲學者矜式之所自始其關係名教尤切而徵信於月旦更實必其人品望超卓德業兼隆大節細行毫無間然俾後人愛慕感悅歷數十年如一日斯足生俎豆之光而廟貌亦永永弗替此非聲勢赫奕所可襲而取也故有位登台鼎傾動一時其始也畀壘之宮非不巋然而或名與實不相副將喻喻訾譏無論田夫牧豎皆得指摘其短即身在祼將之列者或貌承而心不愜久且舉情懈弛掉臂去之敗瓦頹垣淪沒於荒烟衰草者多矣况能令父老子弟興懷於隔代相與煥榱桷潔牲醴以蠲隆大饗爲愉快者乎明故大學士李文敏公捐館在崇禎四年辛未距今上龍飛之十一年甲午閱二十四春秋矣鄉之縉紳士民思公未嘗刻置列狀有司稱公懿行純備亮節昭著功業一時社稷之重而澤貽百年風教之遠請崇祀澤宮以昭闕典慰輿望維時鉅禮雖舉嘐嘐者尚未厭也又六載爲今順治己亥春復請建專祠祠公憲議僉孚新楹聿煥蠲吉薦羞猗歟盛哉縉紳士民將勒辭麗牲之石而徵余言颺其事余按高陽爲上谷傍邑受博大爽塏之氣固宜鴻啓人文光彰大業而公以德閥儒宗接四世南宮之武甫垂髫即天挺逸藻迥然不羣登萬歷癸丑進士由庶常授館討己未分校禮闈稱得士後三歲洊晉宮僚擢少司成値天啓初年猶勤新政修臨雍之典公升堂講易天子動容橋門環聽一時歎稽古之效復見漢東京盛事既而啓沃經筵引尚書義規切時務格非廣益朝野且拭目公叅大政致太平會璫焰方張詔獄屢起負縲者既

逞蝗立廉含垢者因結蟬紓禍撲炎乃登其灼從風不勝其嫌公燕居深念謂城社未便淵熏也故正己而不示以圭稜蹤艫弗可憤牾也故閑邪而不深其嫉忌爾牙也弗以抵吻絡首也弗以決隄方璫冒引邊功合諸營建捕紺緣崇玉等濫及厮養要結黨附恐喝朝紳嚴罷乎勸進九錫矣公矢心曲防以身為砥所被譖嫉賚予再四疏辭婉言徵中令積盧頌新者不寒而慄及璫計傾戚畹以撼中宮公雪涕危言子不宜佐父難母奸謀沮戢宮闈獲安時媚璫者至頌天與人歸建祠遍海宇其在輦下者公未嘗捐貲拜謁後復規覘辟雍隙地以公持之堅而寢諸所挾喜怒以蠶借威福公委蛇曲劑盜正保全為多蓋以正色垂紳之度寓其潛消默折之權至於導揚末命擁戴長君弭肘腋之危疑啓風雷於旋轉公之為功藏於不見不聞誠無得而稱焉其為功也更何如哉迨夫滌除兇豎庶政新向之徘徊持祿者或自陳曲突之勞為驟升之地而公獨介然引咎屢疏乞身人主援義責留勉出受命一時高文大册如登極如册后咸取辦公手所條列十事皆用人恤民之大至為剴幾者防怨藉權者杜微比於魏文貞之陳規思漸當日稱崇禎始政庶幾貞觀遺風云蓋正人秉鈞蹇碩果猶食福而是時四郊多壘中朝日攜驟黃民窮餉匱綱紀罔競公隨事抒蓋用國匡救人主亦降心倚重而公既堅引退復感人言連章稱母老身病情辭剴摯始得允歸其予告隆恩為輔臣所罕遣祖帳傾都門人皆榮之公以沖襟雅量際明夷艱貞之會念漢季北寺醞禍成於正人憤疾輕試為不密失身之戒遂宋元祐熙豐間君子以徑情獨往方隅自畫為小人所借援而適以重其攜公是以匪躬兩朝惟和衷求濟嚴於律己寬於恕物常令吾身立於有餘

以獻杜兇人不測之圖不遂履尾而逆之咥幾沉盧蔑恆形諸前後章奏中其辭有云天下不可以方隅限人才不可以恩讐私以天下心用天下人以天下人理天下事又云舉世無不可用之人而不必同於己天下無不可為之事而不必有其功又云恩威出於明主或藉之以行私職掌隸在諸司或干之以行意異懊博長厚之譽偏執冒介勁之聲惟便身圖罔恤國事皆切中時弊之語上稱其忠清端亮誠然哉蓋嘗論公生平大節有呼吸安危者三當熹廟大漸璫猶矯遺旨寬顧命公奮議創之使不得逞比漢絳侯之立尊北軍懸几之際承論大聲傳宣皇弟以絕非常同韓魏公之撤簾奪璽至身將去國首薦瀟州象雲韓公謂可當大任用心等之鄭武兩侯而疏中所稱破方隅忘恩怨實公居身立朝之第一義自登仕以至蓋棺總無逾此嗚呼若公者洵無愧休休之个臣歟公孝有天性痛貽公不逮祿養哀慕終身其還歸晨昏太夫人愉愉膝下者三載所受兩朝敘廢分予從弟及從兄之子祀先而家廟揃贍族而義倉置敦倫好義殆不遺餘力角巾杖屨徜徉洪山白水間海內仰公如祥麟威鳳猶望東山再起而台星告隕俄乘箕尾德功高於曠代而享年不登中壽天下悼焉公本以儒術起家操一心周旋兩主履險如夷出處爭光日月肯堂敷畝克開覺子令揆輔垣園公發跡興朝懋膺簡注宅心如水觸事如鏡廓然於方隅恩怨之外皆纘公令緒以引伸於無窮也昔濂洛諸儒崇正闢邪廟食千載公更登以圖機妙用不毀其方而適以濟其方在朝朝重在鄉鄉重所稱鄉先生沒而祭於社者唯公足以當之詩曰高山仰止景行行止是不可無記以昭後之聞風興起者

一二、明累贈光禄大夫左柱國少師兼太子太師吏部尚書中極殿大學士振野李公暨配累封一品太夫人鄺氏合葬墓誌銘

題解：

《明累贈光禄大夫左柱國少師兼太子太師吏部尚書中極殿大學士振野李公暨配累封一品太夫人鄺氏合葬墓誌銘》收録于民國二十二年（1933）《高陽縣志》。孫承宗撰，李紅權輯録、點校《孫承宗集》（中）卷十七《墓誌銘》，北京：學苑出版社，2014年，第540–541頁。孫承宗撰文，刊刻于明・崇禎四年（1631）。

誌文：

予邑文行世家，則有郡城之劉、龐口之李兩族，罔不祖孫父子甲第蟬聯，而劉得其四，李得其三。李饒孝廉二，其在者發元，仍當千佛上第。兩族多文，而又罔不簡束至行，其幅巾方袍，安爾蓬繩，絶不效大家兒弟，而質有其文，乃丁甲繁多，則李尤最。予與兩族多姻親，在諸生，則與孝廉發元之祖龍塘、中翰國棠之父肖野，洎少師元冶之太翁振野爲友，而中翰霔之父玄溪同入序。玄溪之子孝廉震同予兒籍，而侄鍈，婚姻兄弟也，乃少師實師予。蓋太翁殁三十年，而太夫人殁時，少師殁已逾年。當少師殁，而堂于耋，室于嫠，藐孤于庭，衆爲心惻。無何！太夫人殁，衆爲心惻。然太翁摭古爲咠，寶樹千霄，太夫人黄扉退食，佩規聖善，赤舄承懽，作頌閟宫。蓋予讀世綸，而雲錦天章，昭垂日月，乃知少師所嗛嗛未慊，凡以太翁之養不比夫人，而太夫人之喪不比于翁。然而承冶學弓，和丸調鼎，其功大，而太翁木供門高，麗景長楸。太夫人大年異數，列茵日下，斯亦日畿之特瑞、皇際之殊榮已。太翁孝友惠和，哀殊慧辨，當靡瞻載嘆，而孤峙鴒原，合群雁序，仲産不問确肥，嫡幃調于温清。蓋身晦道光，家貧行義，故平亭糾紛，立應取携。其噓枯比于春暘，祭酒高爲月旦，而藜

光未耀，座客不空，眠柳植槐，有泥蟠天蜚者矣。太夫人嚴姑谿
于毛裏，則太翁之奉嫡也；介婣釋于耦猜，則太翁之友昆也。乃
若解佩食賓，佐翁爲德，暇以含飴，貴猶效績，則貧而能禮，豐
而能約，故察及米鹽，御以澣濯，遂以承九命之攽，飽大官之賜，
無亦手足之澤，行開霖雨，歿存之誼，式于鼎彝乎？

太翁生嘉靖辛亥四月十一日，卒萬曆乙巳八月二十一日，壽
五十五歲。太夫人生嘉靖丁未二月二十一日，卒崇禎辛未十二月
二十二日，壽八十五歲。按狀：太翁諱知先，振野其號也。爲邑
諸生，以少師貴，累贈光禄大夫、左柱國、少師兼太子太師、吏
部尚書、中極殿大學士。其始祖平福，居邑之龐口村，生德明，
德明生進，進生甫榮，贈奉直大夫、南京户部員外郎。甫榮生儼，
成化戊戌進士，歷官山西參議。生二子：長師孔，七品散官，今
贈柱國、少師兼太子太師、吏部尚書、中極殿大學士；次師儒，
弘治庚戌進士，歷官參政。師孔生東少，臨洮府經歷，累贈左柱國、
少師兼太子太師、吏部尚書、中極殿大學士，是爲太翁父。配胡
氏，累贈一品夫人。臨洮公有子六，太翁其六也。生母爲吴氏，
累贈一品夫人。太翁配鄺氏，累贈一品太夫人，爲任邱儒官淳女，
祖爲平凉太守珩，其母王氏。鄺實生少師，諱國楷。太翁不售于
璞，而以迪少師。司衡以少師茂才異等，當太翁艱，而予之餼，
而太翁不見也，然相業迪于太翁。少師初娶陳氏，爲邑人陳焕女；
繼娶趙氏，爲永平訓導任邱趙應夢女，俱早卒，俱累贈一品夫人。
繼娶張氏，累封一品夫人，爲順天庠生張經綸女。女一，適任邱
庠生胡守憲，爲蘇州府通判思恭男。孫男一，爲蔭尚寶司司丞霨，
趙出。孫女二：長適邑庠生馮倬，爲貢生嘉祥男，陳出；次尚幼，
張出。兩中翰國棠、霔，謂霨以崇禎五年三月二十四日奉太夫人柩，
合葬于太翁之壙，而乞言，乃爲銘。銘曰：

六龍翩翩，匪蟄匪赫；閟其爲潛，或振于野。子龍天蜚，兩
于方夏。高城之東，高河之下。雄雌合宫，永食有嘏。

明累贈光祿大夫左柱國少師兼太子太師吏部尚書中極殿大學士振野李公暨配累封一品太夫人鄭氏合葬墓誌銘

孫承宗

予邑文行世家則有郡城之劉龍口之李兩族罔不祖孫父子甲第蟬聯而劉得其四李得其三李饒孝廉二其在者發元仍當千佛上第兩族多文而又罔不簡束至行其幅巾方袍安舒蓬繩絕不效大家兒弟而質有其文迺丁甲繁多則李尤最予與兩族多姻親在諸生則與孝廉發元之祖龍塘中翰國棨之父肖野泊少師元治之太翁振野爲友而中翰霍之父玄溪同入庠玄溪之子孝廉鍰同予兒鑰而侄鍈婚媚兄弟也迺少師實師予蓋太翁歿三十年而太夫人歿時少師歿已逾年當少師歿而堂於叢室於煢藐孤於庭衆爲心惻無何太夫人歿益爲心惻然太翁撫古爲呵護樹千霄太夫人黃扉退食佩規坐善亦爲承懽作嬪閨宮蓋予讀世綸而雲錦天章昭垂日月迺知少師所嚶嚶未慊凡以太翁之養不比夫人而太夫人之喪不比於翁然而承治學弓和丸調鼎其功大而太翁未供門高麗景長楸太夫人大年異數列茵日下斯亦日織之特瑞皇際之殊榮已太翁孝友惠和哀殊慧辨嘗辦瞻戴歎而孤峙砥原合群雁序仲產不問确肥嫻嬉調於湄淸蕪身晦道光家貧行義故平亭糾紛立應取攜其嘘枯比于春曬祭酒高爲月旦而蔾光未燿座客不空眠柳植槐有沈蟠天蜚者矣太夫人嚴姑貉於毛裏則太翁之搴嫡也介姒釋於耦猜則

太翁之友昆也迺若解佩食貧佐翁爲德暇以含飴貴猶劬積則貧而能禮豊而能約故蔡及米鹽御以淅灌爨以承九命之敝飽大官之賜無亦手口之澤行開衆兩歿存之誼式於鼎彝乎太翁生嘉靖辛亥四月十一日卒萬曆乙巳八月二十一日壽五十五歲太夫人生嘉靖丁未二月二十一日卒崇禎辛未十二月二十二日壽八十五歲按狀太翁諱知先振野其號也爲邑諸生以少師貴累贈光祿大夫左柱國少師兼太子太師吏部尚書中極殿大學士其始祖平爾居邑之龍口村生德明德明生進進生甫榮贈奉直大夫南京戶部員外郎甫榮生儼成化戊戌進士歷官山西參議生二子長師孔七品散官令贈柱國少師兼太子太師吏部尚書中極殿太學士次師儒弘治庚戌進士歷官參政師孔生東少臨洮府經歷累贈左柱國少師兼太子太師吏部尚書中極殿大學士是爲太翁父配胡氏累贈一品夫人臨洮公有子六太翁其六也生母爲吳氏累贈一品夫人太翁配鄭氏累封一品太夫人爲任邱儒官淳女祖爲平涼太守珩其母王氏鄭實生少師諱國楷太翁不售於璞而以廸少師司衡以少師茂才異等嘗太翁艱而予之餽而太翁不見也然相業廸於太翁少師初娶陳氏爲邑人陳煥女繼娶趙氏爲永平訓導任邱趙應夢女俱早卒俱累贈一品夫人繼娶張氏累封一品夫人爲順天庠生張經綸女女一適任邱庠生胡守憲爲蘇州府通判恩恭男孫男一爲廕尚寶司司丞霦趙出孫女二長適邑庠生馮偉爲貢生嘉祥男陳出次尚幼張出兩中翰國棨霍謂霨以崇禎五年三月二十四日奉太夫人柩合葬於太翁之壙而乞言廼爲銘銘曰六龍翩翩匪鶩匪翥闓其爲潛或振于野子龍天蜚爾于方夏高城之東高河之

下雄雖合宮永食有殷

一三、李文敏公墓碑略

題解：

《李文敏公墓碑略》收録于民國二十二年（1933）《高陽縣志》，王崇簡撰文，刊刻于明・崇禎四年（1631）。

碑文：

公諱國槽，字元治，號續溪，保定高陽人。其先有聞于高陽者，曰平福，四世皆以積善稱鄉里。至成化戊戌進士、山西布政使司參議儼，則公之高祖也，生師孔、師儒。師儒中弘治庚戌進士，官至山西參政。師孔則公曾祖也。祖東少，仕爲臨洮府經歷。父知，先以公貴，自父以上四代，皆贈柱國、少師兼太子太師、吏部尚書、中極殿大學士。高曾祖妣，皆贈一品夫人，而累封一品太夫人鄺氏，則公母也。自參議至公奕世登科，蟬聯不絶。公髫稚，輒勵于學，思繼承先業，與從兄子發元、震交相勖。已而三人皆登第，而公中萬曆癸丑進士，改庶吉士。丙辰授檢討，己未會試同考，辛酉與修實録，歷升左贊善、左諭德、管國子監司業事。乙丑，熹宗視學，公坐講《易》。熹宗斂容聽之，蓋已心簡注矣。尋晋左庶子，充經筵日講官，進講輒屬目焉。會廷卜輔臣，逐由詹事學士，特簡禮部尚書兼東閣大學士。時閹勢張甚，公念雖以講筵受知，閹焰不可邇，再疏辭，不允。及入閣辦事，非公意也。在庭多以媚閹，借殿工敘捷，重封累蔭。公耻之，皆辭讓，于錦衣兩世蔭，不辭允不已。公配趙夫人卒，例應乞恤，公方以濫恩爲戒，終不請。初，閹恨副都御史楊漣、僉都御史左光斗、吏科給事中魏大中諸人之劾己也，殺之。至是，復欲殺御史方震孺、給事中惠世揚。公援三殿告成，肆赦以免。斯時閹之從子孫皆封公侯伯，與黨閹者之濫進奪情，誅除異己諸弊政，雖皆假内批以行，而由公調旨者，未嘗或狥。崇禎帝在潛邸稔知之，嗣位，特倚公爲重，詔册咸命公擬進，眷錫日隆。先是，公在政府多所挽回，慮爲閹所忌。無日不思乞休，始以邊警告亟，既而熹宗違豫，迨帝踐祚，監生胡煥猷論公當閹時不能引退，帝惡其妄言，黜之。公遂六疏求去，不聽。尋進首輔，復力辭。帝報曰：「卿忠誠洞達，允愜元揆，機衡重務，今悉以委卿。」遣官敦趨入直。亡何，御史羅元賓復有言，公奏至十餘，猶不許。後以母老身病，求之不已，乃予告，恩禮優渥，非他輔臣之可望。公輔帝僅數月，其請于帝者如經筵日講，下詢講官，俾反覆盡所欲言；章奏票擬及傳諭，容閣臣推審，事理有未合得隨封執奏；召大臣言官時議政事，皆關係治體之大者。帝咸稱善。至云：「舉世無不可用之人，而不必同于己；天下無不可爲之事，而不必有其功。天下萬世之事，當以天下萬世之心處之。」則誠相臣名言也。若夫請恤楊漣，復胡煥猷監冑，去國薦舊輔臣韓爌、孫承宗。其公忠大度，求之古人未多見也。而帝之于公曰：「善爲調劑，誠然砥柱之倚。」曰：「終始無阿，心跡剖明。」同時輔臣咸聽其去，獨任公爲首輔，帝亦可爲知公矣。公樸誠，不事矯激以求名，事親孝，恒以贈公不逮祿養爲恨，歸奉太夫人，熙熙承顏，惟恐違其意。立家廟以祀先，置義倉以贍族。從弟國棠，從兄子霔、霑，皆俾承蔭，而養女兄，拊母黨，恩厚尤篤。其繕性禔躬之間，雖尊貴不少懈，日與故人徜徉山水間。甫三年，當寧擬召公，而公遽以疾終矣。訃聞，帝爲哀悼，贈太保，諡文敏，賜恤加等。

嗚呼！公當閹寺鴟張，入參大政，其所陰爲匡持者甚衆，而議者或以爲言。跡公所爲，潔身非難，而調劑爲難。昔平、勃之在漢，不能不王諸呂；狄仁傑之在唐，不能不改唐爲周。皆迂其身，不潔其名，以爲扶危拯傾之計千古未有，不諒其心仰其人者，以公簡自講幄，力砥狂瀾，默扶國是，所謂履變而持以正者，豈不愈于古人哉！予以夙昔之所知，合于事久之定論，著其可信者如此。嗟夫！百世而下，可想見公之始終也與。銘曰：

展也相臣，端操惠衷。履險不回，濟變有終。洿污汎瀾，宜潔其躬。淺鮮之見，此論匪通。所貴乎智，愚以成忠。徑情觸藩，其道何窮。適成彼威，摻惘無功。澄淆克定，矯枉辭豐。逆形默折，正氣潛充。夙荷主鑒，倚任惟隆。輔相兩朝，廓然大公。告歸薦賢，古大臣風。顒望赫奕，令德昭融。有高者原，喜氣蒙叢。雲浮春藹，月朗秋空。以景以企，如岱如嵩。

李文敏公墓碑畧　王崇簡

公諱國槽字元治號續溪保定高陽人其先有聞於高陽者曰平禰四世皆以積善稱鄉里至成化戊戌進士山西布政使司參議儆則公之高祖也生師孔師儒師儒中宏治庚戌進士官至山西參政師孔則公曾祖也祖東少仕爲臨洮府經歷父知先以公貴自父以上四代皆贈柱國少師兼太子太師吏部尚書中極殿大學士高曾祖妣皆贈一品夫人而累封一品太夫人鄭氏則公母也自參議至公奕世登科蟬聯不絕公髫稚嶷嶷于學思繼承先業與從兄子發元震交相屬已而三人皆登第而公中萬歷癸丑進士改庶吉士丙辰授檢討已未會試同考辛酉與修實錄歷陞左贊善左諭德管國子監司業事乙丑熹宗視學公坐講易熹宗欽容聽之蓋已心簡注矣尋晉左庶子充經筵日講官進講輒屬

目焉會廷卜輔臣遂由詹事學士特簡禮部尚書兼東閣大學士時閹勢張甚公念雖以講筵受知閹焰不可邇再疏辭不允及入閣辦事非公意也在庭多以媚閹借殿工敘捷重封累廕公恥之皆辭讓於錦衣兩世廕不辭允不已公配趙夫人卒例應乞䘏公方以濫恩爲戒終不請初閹恨副都御史楊漣僉都御史左光斗吏科給事中魏大中諸人之劾己也殺之至是復欲殺御史方震孺給事中惠世揚公援三殿告成肆赦以免斯時閹之從子孫皆封公侯伯與黨閹者之濫進奪情詠除異己諸弊政雖皆假內批以行而由公調旨者未嘗或徇崇禎帝在潛邸稔知之嗣位特倚公爲重詔冊咸命公擬進眷錫日隆先是公在政府多所挽回盧爲閹所忌無日不思乞休始以邊警告亟既而熹宗遘豫迨帝踐祚監生胡煥猷論公營閹時不能引退帝惡其妄言黜之公遂六疏求去不聽尋進首輔復力辭帝報曰卿忠誠洞達允愜元揆機衡重務今悉以委卿遣官敦趣入直亡何御史羅元賓復有言公奏至十餘猶不許後以母老身病求之不已乃予告慰諭優渥非他輔臣之可望公輔帝僅數月其請於帝者如經筵日講下詢講官俾反覆盡所欲言章奏票擬及傳諭容閣臣推敲事理有未合得隨封執奏召大臣言官時議政事皆關係治體之大者帝咸稱善至云舉世無不可用之人而不必同於己天下無不可爲之事而不必有其功天下萬世之事當以天下萬世之心處之則誠相臣名言也若夫請䘏楊漣復胡煥猷監胄去國薦稽輔臣韓爌孫承宗其公忠大度求之古人未多見也而帝之於公曰善爲調劑誠然砥柱之倚曰終始無阿心跡剖明同時輔臣咸讓其去獨任

公爲首輔帝亦可爲知公矣公樸誠不事矯激以求名事親孝恒以贻公不逭菽養爲恨歸奉太夫人熙熙承顔惟恐逆其意立家廟以祀先置義倉以贍族從弟閎棨從兄子漋溍皆俾承廕而養女兄柎母黨恩厚尤篤其稽性樸躬之間雖尊貴不少懈日與故人徜徉山水間甫三年當宁擬召公而公遽以疾終矣訃聞帝爲哀悼贈太保謚文敏賜䘏加等嗚呼公當閹寺臨張入參大政其所陰爲匡持者甚衆而議者或以爲言跡公所爲潔身非難而調劑爲難昔平勃之在漢不能不王諸呂狄仁傑之在唐不能不改唐爲周皆迂其身不潔其名以爲扶危拯傾之計千古未有不諒其心仰其人者以公簡自靖輕力砥狂瀾默扶國是所謂履變而持以正者豈不愈於古人哉予以夙昔之所知合於事久之定論著其可信者如此嗟夫百世而下可想見公之始終也與銘曰展也相臣端操惠衷履險不回濟變有終洿汙汎濫宜潔其躬淺鮮之見此論匪通所貴乎智勗以成忠徑情觸藩其道何窮適成彼威摻恫無功澄淆克定矯枉辭豐逆形默折正氣潛充夙荷主鑒倚任惟隆輔相兩朝廓然大公告歸藟 古大臣風顒望赫奕令德昭融有高者原喜氣蒙叢雲浮春藹月朗秋空以景以企如岱如嵩

一四、李文敏公墓表

題解：

《李文敏公墓表》收録于民國二十二年（1933）《高陽縣志》，胡世安撰文，刊刻于明・崇禎四年（1631）。

碑文：

嗚呼！是有明冢輔李文敏公之墓。公諱國橏，字元治，號續溪，世居高陽龐口里。公承累葉簪纓，資冠塾雋，誦《毛詩》，甫八齡即工制義。稍長鑒具人倫，擇交不苟，所與共業子弟，後皆峥嵘兩榜。雖沉静自貴，不欲以藝能衿長，每試輒售知于先達名公。乙巳，侍贈公疾，迄于崇封，誠信如禮，孝克有終。己酉，登賢書。癸丑成進士，改庶常。丙辰，授簡討。己未，分校禮闈，所拔極一時之選。辛酉，與修實録。甲子，歷左諭德、管司業事。越明年，熹皇帝臨雍，公坐講《易》，敷陳天人大義，兼切時務，上霄色恭聽，傾動圜橋。署司成，敦明禮教，多士烝烝，樂即祥治。尋晋左庶子，以夙望遴充講幄，因進講《尚書》，借闡政要，有益宸聰。丙寅枚卜，由廷推第八，膺特簡，以詹事學士升禮部尚書兼東閣大學士，入直辦事。公以狐鼠憑陵，患逼肘腋，獨力拄瀾，坐窮邪許，再疏申辭，不允。既思漢勃于吕，唐仁傑于武，匪異人任將，用行權之巽，以庶幾濟夬乎，而何示以跡？受命飲冰，矢以一身衛社稷，不以利鈍生死貳其心。如所云重名節，絶怨嫌，用人不必同己，任事不必居功。恩威期歸諸朝廷，職掌先戒其旁侵，毋巽懦博長厚之名，偏執冒介勁之譽，將使天心感格，國步清寧，閑邪折逆之志蚤見乎疏章，知其匡扶有本矣。以故日歷虐焰穢流中，而焚溺莫侵。蓋不茹不吐，根于性成，而爵禄不入，寵辱不驚，尤足以杜忌恚者之隙。公參大政後，有甘延邊鎮造捷之敘，有三殿告成之敘。逆璫魏忠賢欲侈張己地，閣僚之崇級蔭賚類逾等，公無所不力辭。雖有允、有未允，卒不肯濫叨以違本志。初，忠賢構禍于戚畹也，以撼宫闈。公表正彝倫，安宫闈以錫福戚畹。逆黨頌璫功德者，遂假上傳，欲史臣撰述告廟，藏之皇史宬，以公持不可而寢。若救忤璫之令，及臺諫智能婉解，故事克濟而不及于猰噬。

公在位，凡看詳章奏，惟酌理法之當，不肯唯諾逢迎，亦有堅持不可，由中私竄奪情，若朱童蒙等謬封，若魏良卿等公第。存此公議，以昭示汗青而已。熹宗升遐，假遺旨以忠賢首受顧命。公執議削之，毅持于勢，莫可挽之，時而深心圓智，優運其斡旋。崇禎帝潛邸，心在公者久矣，御極遂倚公爲重。一時登極，詔立后册及一切飭厲停刑諸諭，俱公奉命撰擬，無不克當上意。以登極覃恩，加左柱國兼支尚書俸，贈蔭有加，精鏐文綺之貺。日渥卿雲，華旦荃宰，道孚群式，亨屯經綸，郅隆運掌。公獨以器並薰蕕，未能早遂肥遯，怦怦在念，抗疏乞休。其略云：「昨年七月，先帝拔臣講席之次，適逆焰方張，謬謂忝跡鉉路，或可挽救，不謂竊柄動借上傳。今年五月決意乞歸，值外患孔亟，旋遘先帝奄棄，群臣引慝避位，腸一日而九迴，恭遇皇上削除元凶，渙發新政，回想一年之內，猰㺄與居，虺蝎與處，種種愆尤，人非鬼責，無地自容。」蒙温旨諭留，公再疏云：「自恨待罪台司，上之不能如申屠嘉之困鄧通，韓琦之斥任守中；次之不能如望之死于弘恭，陳蕃之死于王甫。悱惻城社，薰灌力窮，妻死經年，歸骨下里，絶不求恤，遠避權豎之私憐，其情可知。」上仍温旨慰留再三。乃出視事，隨有辨明心跡一疏，旨稱「忠清瑞亮，堅意主持。」又云：「善能調劑，誠砥柱之倚。」咸謂皆實録也。又從所奏，優恤楊漣等以慰忠魂。因陳各邊所急，得發帑金五十萬以濟缺餉，及條次關切聖躬十事，以上襄明作，咸荷採納。其他用人恤民之大計，杜漸廣諮之敷陳，綜名實焚私揭，塈讒息邪；以及票擬或誤，求明示省改，歸于事理之當。凡有所請，咸獲俞旨。戊辰春，乞休之疏凡四上，忽傳首輔，公力辭，有「卿忠誠洞達，允愜元揆，機衡重務，今悉委卿」之答，以詰朝進《光宗實録》，遣官敦趨入直。公因疏陳：今天下民窮矣，而追比方急；軍饑矣，而月餉日匱；外難構禍未息，插酋擁衆臨邊；蘭賊毒焰正熵，閩寇已橫戈渡海。皆《光廟實録》未經見者，今並集一時，在事諸臣，或悠忽日月，議論折衝，一旦警告，何恃不恐。願召對時勤，俾任事與言事者，參稽祖制爲經常可久之策，實力行之，天下可爲也。有旨優答。夏初，復抗疏乞歸者五，皆不得請。五月，以母老身病，六懇，其詞切至，上感動，乃獲予告，加恩溢格，近代所無，兩朝苦心，洽于中外。其謝疏有云：「嚴嚬笑，謹幾微，左右非老成著聞，不以奉起居；女謁非外庭公選，不以承御幸。」又云：「正氣沉伏之後，利在發舒；元氣休復之時，法宜將護。」皆切鑒前車之覆。上鑒其忠愛溢于言表，仍許以力行。抵里後，再疏申謝有云：「吏道悠忽，邊方蒙蔽，勿謂富強爲末務，法廉爲迂譚。」上嘉悅納之。公正揆席僅三閲歲，艱危歷涉，定鎮多方，涇渭之辨綦明，水火之罹無眚，豈獨學識貞勝，蓋才德之允孚矣。其奉慈闈歡也，猶嗛嗛贈公之不逮鼎養，懋繩祖德，克篤宗盟，永贈公未竟之緒而光昌，如建家廟，置義倉，營教塾，敘蔭之推錫從弟從子，事姊如兄，敦母黨如合族，皆繼志纂服之明章者。

崇禎辛未季春幾望，以疾終于正寢，距生萬曆乙酉孟冬既望，享年四十有七，蓋歸奉太夫人歡三年，又嗛嗛于先訣也。凶聞達于朝，上惋悼者久，遣官祭葬，有加增太保，予蔭，中書謚文敏。公元配陳，繼趙，佐養内襄，賢聲遠近無間。皆不逮公履端揆，累贈一品夫人。今宮保、司空、東閣大學士霨，趙出。如有孫其凝其昶，至世係溯傳，生平善行，凱陽先生已詳著諸墓誌，特紀立朝鉅績，烜赫後世先者，勒石以附于惇史。

李文敏公墓表　胡世安

嗚呼是有明冢輔李文敏公之墓公諱國㯳字元治號綸溪世居高陽龎口里公承累葉簪纓資冠勢雋誦毛詩甫八齡即工制義稍長鑒其人倫擇交不苟所與共業子弟後皆崢嶸兩榜雖沉靜自貴不欲以藝能矜長每試輒售知於先達名公乙巳侍贈公疾迄于崇封誠信如禮孝克有終己酉登賢書癸丑成進士改庶常丙辰授簡討己未分校禮闈所拔極一時之選辛酉與修實錄甲

子歷左諭德管司業事越明年熹皇帝臨雍公坐講易敷陳天人大義兼切時務上霽色恭聽傾動圜橋晉司成敦明禮教多士蒸蒸樂即祥冶壽晉左庶子以夙望遴充講幄因進講尚書借喻政要有益宸聰丙寅枚卜出廷推第八膺特簡以詹事學士陞禮部尚書兼東閣大學士入直辦事公以孤貞懸陵患滔肘腋獨力拄瀾坐窮邪許再疏申辭不允既思漢勃於呂唐仁傑於武匪巽人任將用行權之巽以庶幾濟夬乎而何示以跡受命飲冰矢以一身衛社稷不以利鈍生死貳其心如所云重名節絕怨嫌用人不必同巳任事不必居功恩威期歸諸朝廷職掌先戒其旁侵毋巽懊博長厚之名偏執冒介勁之譽將使天心感格國步清寧闢邪折逆之志蚤見乎疏章知其匡扶有本矣以故日歷虐焰穢流中而焚溺莫侵蓋不茹不吐根於性成而爵祿不入寵辱不驚尤足

以杜忌恚者之隙公發大政後有甘延邊鎮告捷之叙有三殿告成之叙逆璫魏忠賢欲侈張已地陽僚之崇級廕賚類逾等公無所不力辭雖有允有未允卒不肯濫叨以遂本志初忠賢構禍於戚畹也以撼宮闈公表正彝倫安宮闈以錫福戚畹逆黨頌璫功德者遂假上傳欲史臣撰述告廟藏之皇史宬以公持不可而寢若教忤璫之令及羣諫習能婉解故事克濟而不及於搏噬公在位凡有詳章奏惟酌理法之當不肯唯諾逢迎亦有堅持不可由中私竄奪情若朱童蒙等謬封若魏良卿等公第存此公議以昭示汗青而已熹宗升遐假遺旨以忠賢首受顧命公執議創之毅持於勢莫可挽之時而深心叫習優逆其斡旋崇禎帝潛邸心在公者久矣御極遂倚公為重一時登極詔立后冊及一切飭厲停刑諸論俱公奉命撰擬無不克當上意以登極恩加左柱國兼

支尚書俸蔭有加精鏐文綺之賜日凝卿雲華旦荃宰道孚羣式亨屯經綸郅隆運掌公獨以器重黨孫未能早遂肥遯怦怦在念抗疏乞休其畧云昨年七月先帝拔臣講席之次適逆焰方張謬謂忝跡鉉路或可挽救不謂竊柄動借上傳今年五月決意乞歸値外患孔亟旋遭先帝奄棄羣臣引慝避位腸一日而九迴恭遇皇上創除元兇渙發新政回想一年之內猰貐與居虺蝎與處種種寃尤人非鬼責無地自容蒙溫旨論留公再疏云自恨待罪台司上之不能如申屠嘉之困鄧通韓琦之斥任守中次之不能如望之死於宏恭陳蕃死於王甫侏側城社黨禍力窮妻死經年歸竹下里絕不求郵遠避權豎之私憐其情可知上仍溫旨慰留再三乃出視事隨有辨明心跡一疏旨稱忠清瑞亮堅意主持又云善能調劑誠砥柱之倚咸謂皆實錄也又從所奏優䘏楊漣等以慰忠魂因陳各邊所急得發帑金五十萬以濟缺餉及條次關切聖躬十事以上襄明作咸荷採納其他用人恤民之大計杜漸

廣諮之賦陳綜名實焚私揭聖讒息邪以及票擬或誤求明示省改歸於事理之當凡有所請咸獲俞旨戊辰春乞休之疏凡四上忽傳首輔公力辭有卿忠誠洞達允愜元揆機衡重務今悉委卿之咨以詰朝進光宗實錄遣官敦趣入直公因疏陳今天下民窮矣而追比方急軍饑矣而月餉日匱外雖搆禍未息插酋擁衆臨邊湖賊毒焰正熾閩寇已橫戈渡海皆光廟實錄未經見者今幷集一時在事諸臣或悠忽日月議論折衝一日警告何恃不恐願召對時勤俾任事與言事者參稽祖制為經常可久之策實力行之天下可為也有旨優答夏初復抗疏乞歸者五皆不得請五月以母老身病六懇其詞切至上感動乃獲予告加恩溢格近代所

無兩朝苦心洽於中外其謝疏有云戲嘲笑謔幾微左右非老成著明不以奉起居女謁非外庭公選不以承御幸又云正氣沉伏之後利在發舒元氣休復之時法宜將護皆切要前車之覆上鑒其忠愛溢於言表仍許以力行抵里後再疏申謝有云吏道悠忽邊方蒙敝勿謂富強為末務法廉為迂譚上嘉悅納之公正揆席僅三閱歲艱危歷涉定鎮多方涇渭之辨蔡明水火之罹無背豈獨學識貞勝蓋才德之允孚矣其奉慈闈歡也猶嘛嘛貽公之不逮甘養懋繩祖德克篤宗盟永貽公未竟之緒而光昌如建家廟置義倉營教塾叙廕之推錫從弟從子事姊如兄敦母黨如合族皆繼志纘服之明章者崇禎辛未季春幾望以疾終於正寢距生萬歷乙酉孟冬既望享年四十有七蓋歸奉太夫人歡三年又嘛嘛于先訣也囟聞達于朝上惋悼者久遣官祭葬有加增太保予廕中書謚文敏公元配陳繼趙佐養內襄賢聲遠近無間皆不逮公履端揆累贈一品夫人今宮保司空東閣大學士驥趙出如有孫其凝其恕至世系迴傳生平善行凱陽先生已詳著諸墓誌特紀立朝鉅績烜赫後世先者勒石以附于惇史

一五、明光禄大夫左柱國少師兼太子太師吏部尚書中極殿大學士贈太保謚文敏李公暨元配封孺人累贈一品夫人陳氏繼配封安人累贈一品夫人趙氏合葬墓誌銘

題解：

《明光禄大夫左柱國少師兼太子太師吏部尚書中極殿大學士贈太保謚文敏李公暨元配封孺人累贈一品夫人陳氏繼配封安人累贈一品夫人趙氏合葬墓誌銘》收録于民國二十二年（1933）《高陽縣志》。孫承宗撰，李紅權輯録、點校《孫承宗集》（中）卷十七《墓誌銘》，北京：學苑出版社，2014年，第542–549頁。

孫承宗撰文，刊刻于明·崇禎四年（1631）。

誌文：

予觀古大臣，以出處與天下興替相對，故有剥以貫魚，不嫌爲碩，亦有乾以飛龍，不嫌爲潛，要以内觀身，外觀天下。當其隙開媢相，孽生孽卿，緝思編苦，儗退以進，儗去以留，迂其身，衛社稷，以待聖明。及天剗荒茶，聖啓夷庚，方且問冥鴻于碩邁，楊滯羽于瘁林，而當進乃退，當留乃去，舉天下以仰奉一人，而謝大任于風虎雲龍之佐。蓋駢陰抗趾，决不可無一君子，以續離綆；衆正連茹，正可容一君子，白其嚮日雅懷，以光盛世。予蓋有慨于予邑文敏李公云。公當今皇帝，以熹皇帝遺命，遵高皇帝弟及之命，登寶位也。蓋天人歸與，中外頌懽，自非臣下可贊一辭。獨是黨臣交口美新，賴正人防微杜漸，頓令低徊而未敢恣，則公之功在不見不聞。及熹皇帝憑几顧命，更煩深心。公于時承諭傳皇五弟，大聲宣揚，遂由禁中，遞傳轂下，以絶非常。其意殆不翅捲簾審視，則又功在見見聞聞，即跡求者，未必深知；而老成長慮，未嘗不頌龍行虎步之聖人，德福如天；而國家所賴于聖人，遠且大，正人所爲迂身梟叢，仰裨國家，慮長而謀精。

按狀：公李姓，諱國𣚴，字元治，號續溪，世居邑之龐口里。其八世祖曰平福。平福生德明，德明生進，進生甫榮，贈奉直大夫、

南京户部員外郎。生儼，成化戊戌進士，歷山西參議。有丈夫子二：長師孔，公曾祖也；次師儒，弘治庚戌進士，官山西參政。師孔生東少，臨洮府參軍。生知先，公父也。高曾而下，俱贈左柱國、少師兼太子太師、吏部尚書、中極殿大學士。高曾祖妣，俱贈一品夫人，母鄺氏累封一品太夫人。

公生而秀跂玉立，五歲讀《毛詩》，八歲能文，稍長即與兄子進士發元、舉人震相摩切，仰百歲祖武，未嘗不念雪靧面也。萬曆乙巳，試童子，即爲大司農錢令公梅谷器重，督學使周公更奇之。當餼于庠，而丁外艱，特令學博以缺補公，隨報公缺，以補其次。當贈公病，衣帶不解者五閱月，卒不起。哀毁骨立，襄事如禮。遂讀書張觀察藍田公塾，雅爲觀察重。己酉，冠大比生，入都門，同兒輩與四方雅士雉盟。予故與贈公友善，爲贈公慶迪哲也。是年，登鄉薦。越庚戌，登癸丑進士，改翰林院庶吉士。公初謁予丹白園，議試中秘，予謂：「能辨廿年博士弟子乎？」公曰：「自今一如未第耳。」其豪傑風略，不一第躁競如此。

公文藻瑰穎，而放準循繩，不獨剬詩緝頌、注蟲魚屑屑爲媒繄至誠心直道，即精神蔭暎，而風規澄峻。初，不推襟送抱，博嘖曲之笑，然嶄嶄中立，貞不絶俗，故異我不甚猜疑，又念詞苑非有柄枯，頓見展錯，愈益斂弢丰稜，但不置身于窾，殊不令世人有謀人之疑。

丙辰，授翰林簡討。己未，分校禮闈，拔名士二十人。辛酉，與修實録。壬戌，晋左贊善。甲子，再晋左諭德，管司業事。乙丑，熹皇帝幸太學，以公坐講《易》，上方親禮儒臣，舉歷朝曠典。公以德望發明天人大義，上斂容恭己以聽，環橋門而觀聽者千萬人，頌漢家白虎横經，尚爲太平偉觀也。署大司成，精心引舊法，敦尚太學，以仰副天子臨雍雅化。尋晋左庶子，充經筵日講官。次講《尚書》，每借經發明世政，以廣聖聰，仰承注簡。及庭卜，奏名第八，遂承特簪，由詹事學士，升禮部尚書兼東閣大學士，入閣辦事。

公念璫患方張，未可嚮邇，再疏瀝辭甚懇。上以舊學特簡，不允。公又念當鷹瞵鶚視，以一二大臣提莊衿老帶，試分風擘流之手，養大蠹，及蠹成，而罔密事叢，方且決滯怒淹恚，鎸石畱于東波，而剛腸勁骨，不勝忿憤，遂以軟堰嫩灘，負一墣千焚輪，而益其潰。當是時，結膽之孱既已寒心銷志，即翩翩鳳遰，亦復矜容愛儀，曾厲鶩習驥之未能；而耽一絇之絡者，遂且附影觀風，耑登槐嶽，以謁款于蜃閣蠔山。蓋勢成而不可解，自非深心大力，誰爲寢淮南之謀，而況偪在肘腋，乃自矢曰：「漢勃之吕，唐仁傑之武，何如？殺其身，有益于君，古人優爲之，而況迂其身。」

于是翻然承帝命，其辭疏云：「天災物異，縣宇未寧。」又云：「須使天心感格，國步清寧。」時璫方詡詡身致太平，有頌天與人歸者，而公不忌。其謝疏云：「妄意名節之重，絶無恩怨之嫌，身欲曠然立于四虚，心欲恤然周乎六幕。」又云：「舉世無不可用之人，而不必同于己；天下無不可爲之事，而不必有其功。」又云：「恩威出于明主，或藉之以行私；職掌隸在諸司，或干之以行意。巽懦博長厚之名，偏執冒介勁之聲，惟便身圖，罔恤國是。」蓋公兩年圖揆總此，先資而曲防，終始一腸。

初，璫欲以邊功合諸營建，若捕緝徽王封，一時濫溢榮黨臣而要結其挺勁者，于綸扉更奓。公以丙寅六月參大政，則有皇極殿成功若甘鎮捷，明年有延鎮捷，及熹皇帝違豫，則急敘錦州捷，敘三殿告成銜，則三太宮銜爲下蔭，則内衛中舍爲下賚，則坐虬文綺爲下，四代之誥，幾于版授，而皇封紫帉，時下九霄。公無一不疏辭再三，中間有允，有未允，公殊嗛嗛。而兩金吾之蔭再三，不得辭，乃不問優給，至上登極，得允。凡公所辭，累累若若，不比璫歡，微獨循閣體，不與邊功，不與營繕，總以進當患成，不以濫恩傷本懷。故趙夫人之喪，終歲歸里，而不一乞恤。即伯爵謬干，止票以指揮使。蓋清正以銷逆萌。即今上御極，眷注特隆，後先放罷閣員，而獨于公眷留不替。乃公之請罷，至六七上，不允不休，則公之進退大義爲昭。當是時，婉曲周折，事與持而卒歸于正。璫初以狡謀劾三戚畹，予以劉司隸，得不深及之。璫恨楊忠愍之指爲一罪也，復以劉志選劾張武清，特重恚以撼宮闈。公極言子不宜佐父難母，而況無間之父母，亦如予請，武清得不重譴而罷。然予議在璫方張，而公議在患既成，遂以安皇親、安宮闈，公之力爲大。

予邑唐令紹堯，以法故璫之裔，觸狐兔之怒，逮下司寇獄，坐幾千金。公明其事，而仍婉爲解，令得釋，今且爲良二千石。輦下逆祠，不捐不謁，自丁翰編乾學外，不知有幾人，而綸扉實概絶之，挾璫以請者，公絶不見，而辟雍之隙睥不予。媢疏中朝有不祠之鼎臣也，公之力爲大。

璫初以矯坊于里，鐫忠臣印，勒天下，概有遂疏茅土不足封者。璫一一效莽新，試天下，其黨亦無一不效美新。至是，擬令史臣撰述功德告廟，藏之金匱，以璫希召言，假上傳，得公持不可而寢。

初，璫類有廓清之議已亟，欲殺方御史震孺、惠給事世揚諸人，公力執之不得。會殿工成，公援肆赦以停，璫狺狺而罷。璫屡以偵捕邀邊功，及款予不應而歸，乃以款屬□□邊吏，不成。適有寧城之捷，遂以款卸邊而奪其功，邊吏當有重譴，得功議，仍得薄敘，而文武主兵者罷歸。公凡票擬，每據法調辭，不盡得于瑠，而決不唯諾以行其意。如朱童蒙等之奪情，魏良卿等之謬封，公俱擬不可，而瑠獨以意行。熹皇帝大漸，瑠假遺旨，忠賢首受顧命，公執議削之，曰：「奈何當此際，致主上亂命乎？」上在潛邸，業識群臣大概，及龍飛御萬邦，而黨臣尚左右，天縱聰明，一一辨識，遂倚公爲重，一時高文大册，如登極，如册聖后，如一切飭厲停刑，俱公奉命擬上。以登極恩加左柱國兼支尚書俸蔭，中書予誥，再疏，允辭兼俸。于時，覃恩有加，典册有加，精鏐文綺之賜日隆。公方班在季孟，自幸脱涴淖，登明清，展布支體，仰答注眷，然終念涴淖之與居爲心嗛也。

方以病擬疏乞罷，適國子生胡焕猷有言，公疏曰：「昨年七月，先帝拔臣講席之次，適逆焰方張，謬謂忝跡鉉路，或可挽救，不謂竊柄銜憲，動借上傳以行。今年五月，決意乞歸，值敵患孔亟，繼以先帝違豫，旋忽奄棄群臣，然引慝避位，腸一日而九迴，恭遇皇上削除元凶，焕發新政，回想一年之内，猰㺄與居，虺蠍與處，種種愆尤，人非鬼責，無地自容。」上温旨諭留。

公又疏曰：「自恨待罪台司，上之不能如申屠嘉之困鄧通，韓琦之斥任守中；次之，不能如蕭望之死于弘恭，陳蕃之死于王甫，悱惻城社，薰灌力窮。妻死經年，歸骨下里，絶不徼求恤典，避遠權豎之私憐，其情可知也。」上仍温旨慰留。

公感激時事，乃更疏曰：「天下不可以方隅限，人情不可以恩誓私，日來轉局日奇，業報日速，如何一意急公，併忘偏暱，以天下心，用天下人，理天下事，事必考其底績，人務期于靖共。」上優答慰留，乃出視事。

隨有辯心跡疏，有旨稱公忠清端亮，堅意主持。又曰：「善爲調劑，足稱丹赤，誠然砥柱之倚。」又曰：「終始無阿，心跡剖明。」又從所奏，優恤楊漣等，以慰忠魂。

是年十一月之望，月食太甚，公擬諭修省。明年，以大憝既除，百官未飭，擬諭云：「嚮者，動云權奸掣肘，不得自行其志，今大奸既除，職掌還之各司，而猶不致忠竭節！」一時惕然悚動。公乃條次十事，其仰關聖躬，則曰：「勵必爲，務實益，廣聽納，崇節儉。」上一一採納。其獻替内傳、節要貼黄、分曹簿稽，即令公與同官舉行。至用人恤民之大，則積材懲貪，務修久任，以部院如議申飭。公念上方鋭意明作，其所條次，不獨推體聖心，正以防上所漸，忽下所乘，藉以仰佐明作，故其辭有曰：「聲色貨利，不得移；讒諂面諛，不得惑；左右贄御，不得候。」意旨有曰：「經筵日講，下詢講臣，俾反覆盡所欲言，無臣亦竭慮補講臣所未備。」有曰：「題奏文繁，當先籤節要，以便省覽。」有曰：「咨詢群臣，如古宰相奏事，諫官隨之，明達益開，品材可照。」有曰：「一切章奏，概發票擬。或有上傳，容輔臣推審事理，有未合者，隨封執奏，于獻可替否之中，杜竊恩藉威之漸。」

時邊餉急缺，公詳各邊餉疏，因奏各邊所急，且天津運價十數萬無措，上立發帑金五十萬。上致齋文華殿，召公入對，令參詳黄袱揭帖。公覽奏：「此無知小人，淺俚悠謬，不宜傳示外庭，焚之便。」上從之。又敕改票，御史袁弘勳疏，公稱：「皇上明目達聰，塈讒息邪，真聖德之事。」又出請帑揭帖，公復頓首謝，因言：「天威咫尺，臣等一時悚懼，所懷未能盡吐，惟願皇上召對時勤，與大臣言官共商政事，取自上裁，則君臣情通，治平可期。」上曰：「卿言是。」公又言：「章奏票擬，或有錯誤，惟皇上明示省改，歸于事理之當。」上曰：「改票，朕親以御筆行之，卿等詳酌。」公頓首謝。上又敕遵行詔旨，公上言：「皇上躬親大政，綜核名實，召臣工課勉之，諸臣自能振起精神，以襄維新之運。」上霽色嘉納。

公入二月，以病乞骸者再。入三月，凡四疏，以傳首輔。有疏，上報曰：「卿忠誠洞達，允愜元揆，度品既宜，論資亦當，機衡重務，朕今悉以委卿。已有旨諭留，何得復申前請。況詰朝恭進皇考實録，卿以心膂大臣，正宜表率百僚，贊朕孝思，光兹大典，若再安私室，君臣之義謂何。」公遂以遺官敦趨，入直疏謝，因言：「輔臣昔謂鼎司，以其關通水火之交，而燮和公餗也。第德不配位，則瑕釁彰，受過其量，則顛隕速，此其咎在臣一身。然今天下民窮矣，而追比方急；軍饑矣，而月餉日匱。敵難構禍未息，閩寇已横戈渡海。此皆《光廟實録》未經見者，乃今並集一時，在事諸臣，或悠忽日月，議論拆衝，一旦警急，何恃不恐。聖明洞悉安危，博覽材品。願召對時勤，俾任事者與言事者，參稽祖制，爲經常可久之策，實力行之，天下可爲也。」有旨：「召對諸臣，參求祖制，當不日舉行。」公以乞歸，引舊輔薦韓蒲州及予。其所稱，抗權批逆，定難持危，兩人未敢當，而中引論相語有云：「持心如水，以義理爲權衡，而己無與。」又云：「天下萬世之事，當以天下萬世之心處之。」則誠相道也，上以忠誠嘉之。公乞歸之疏，無月不上，輒蒙眷留。會羅御史元賓復有言，公自四月之望，辭疏凡五上，不得請。入五月，以母老身病六懇，其切至之辭，不趨李令伯。上爲感動，允去。其予告隆恩，近代閣臣所未易得。旨有云：「終始隆眷。」真可以酬公兩朝苦心矣。

先是，辭實録，恩允；辭太保，至是允。辭太傅謝疏有云：「嚴嚬笑，謹幾微，左右非老成著聞，不以奉起居；女謁非外庭公選，不以承御幸。」又云：「陰陽寒暑之過激也，其極至于折膠墮指，鑠石流金。然而候至則移，時過則退，凝寒極熱，不可爲常。臣以爲，正氣沉伏之後，利在發舒，元氣休復之時，法宜將護，義正仁育，神運時出，秋肅春涵，乾綱獨攬。」又乞還胡煥猷胄監。有旨：「忠愛溢于言表，朕何能恝然，仍許以要著，許以力行。准復煥猷，許以録用。」

公以六月之朔抵里，其謝疏有云：「吏道悠忽，邊方蒙蔽，勿謂富強爲末務，法廉爲迂談。」有旨嘉悦，乃三疏辭川省敘恩，受銀幣，又辭實録俸蔭，不允。公歸，以得奉太夫人爲快，而殊恨于贈公不一日養也。每會宗人，語以仰念祖德，勿以偶博一官而叢人怨。其敘蔭，予從弟國棠，再予從兄子霳及霑。立家廟爲塾，置義倉于側，贍族人，以仰慰祖慈。奉女兄如兄，拊母黨如姓宗也。當其脱豹虎，際雲風，斯已爲快。乃更謝天下安危之任，與同學少年徜徉洪山、白水之間，攬千巖之真氣，佩六月之寒濤，舉手捫天，把杯問月，未嘗不快身到滄州，樂携伯仲也。公與涿鹿同館並留，遂成大業。當事實嚮予贊决去留，兩公皆少年。公參大政，則予登第之歲，低徊史館日，公以角巾里第。予再居東，各相勉，而不意爲訣也。予邑以甲第接武四世者，公與郡城之劉，而公遂以大業顯，蓋文行世家云。

辛未春三月，忽以疾不起。蓋抵里奉太夫人，三年而終，以先訣太夫人爲恨也。上聞震悼，遣官祭葬如制，贈太保，予中書蔭，謚曰文敏。公凡三娶，今爲累封一品夫人張氏，順天張庠生經綸女，有子女，不育，今爲公拊其前兩夫人之子若女。其初娶于陳，爲邑陳處士煥女，封孺人，累贈一品夫人。順正勤恪，逮事舅姑，佐公成大業，每分燈爲紉也。即登第上玉堂，公猶是予嚮所云十年諸生也。蓋攻苦茹淡，夫人同之，以初封而殁。再娶于趙，爲任邱趙司訓應夢女，封安人，累贈一品夫人。穎慧，通詩書大義。公方歷宫詹，涉通顯，夫人視起居惟謹，佐公孝事姑，貴而能約，不見公參大政也。

公生于萬曆乙酉十月十七日，卒于崇禎辛未三月十四日，享年四十有七。陳夫人生于萬曆戊子十二月初十日，卒于天啓壬戌七月十九日，享年三十有五。趙夫人生于萬曆己酉五月二十五日，卒于天啓丙寅五月初五日，享年十有八。子一，霨，蔭尚寶司司丞，趙夫人出。女一，適庠生馮倬，爲貢士馮嘉祥子，陳夫人出。

嗚呼！諸君子當天啓丙丁之會，非迕即溺，或蚤圖隱約，未有毁譽錯而璧完者。及歲當新祚，風虎雲龍，仰承作睹，亦未有一脱梟群，頓躋鳳覽，上契天衷，下集民譽，終始稱一代完人，而履順居正如公者。予讀《易》，至《剥》《復》，悉持「剥」之大臣，即養「復」之大臣也。熹皇帝以堯舜格于中人，逆方行而小人長，須大臣以止之。今上鋤奸芟頑，逆方除而剛長，須大臣以行之。然薰灌在婉曲，而承聖神寧容直，遂故于《剥》曰「以順止」，于《復》曰「以順行」。蓋剥若附而不入其中，逆不折，復若在中而不動乎外，順不行。然則朋來而以順處順，尚猶蔑貞而以順處逆乎？予于此識天心云。霨以崇禎十年四月二十八日奉公柩，葬于賜兆，以公門人薛知府玉衡狀乞石言，蓋不勝詰人之慟也。乃爲銘，銘曰：

獨勝有權，衆適有禬，以握以調，不結不齗。才智狺狺，戰爭偈偈，結轄我中，齟齬我外。公曾有言，用明而晦；龍休于蟄，蜩藏于蜕。公曾有言，用鈍而駛；驚舟安流，要駕安轡。國鮮嘉琦，節嬈乃羶，騰淵怒濤，横流逆濺。出没百怪，呑噬萬川；不有巨靈，其擘迍邅。導于勢因，束于氣瀸，涵育龍魚，浸浴日天。坤維不洩，乾經以旋，龍從淵躍，乃用汝雨。波亦不揚，飈亦不舉，醒于國狂，冥于漸羽。枯不以籢，菀不以囷，雲臥裴莊，屐遊謝墅。戢噦鳳梧，弄丸狙茅，讀《易》剥復，如循于環。以山附地，豈不駭焉；蔚爾碩果，而終巖巖。以雷在地，初亦閟潛，黄鐘方芽，青帝握璇。扶杳于若，迴光于崦，玉琢益栗，金鎔益堅。其在先朝，乃辭華盛；其在維新，乃承榮命。辭爲留嗛，承爲去徑；碩以剥孤，朋以復勝。剥順以止，復順以動，一動一止，天心永定。

明光祿大夫左柱國少師兼太子太師吏部尚書中極殿大學士贈太保謚文敏李公暨元配封孺人累贈一品夫人陳氏繼配封安人累贈一品夫人趙氏合葬墓誌銘

孫承宗

予觀古大臣以出處與天下與替相對故有剝以貫魚不嫌爲碩亦有乾以飛龍不嫌爲潛要以內觀身外觀天下當其隙閉孀相戛生孽卿緝思編苦履退以進履去以留迂其身衛社稷以待聖明及天剝荒茶聖啓彝庚方且問冥鴻于碩薖楊滯羽於瘁林而當進迺退當留迺去舉天下以仰奉一人而謝大任於風虎雲龍之佐甚騏陰抗疏決不可無一君子以續離緶衆正連茹正可容一君子自其鬱日雅懷以光盛世予甚有慨於予邑文敏李公云公當今皇帝以熹皇帝遺命遵高皇帝弟及之命登寶位也甚天人歸與中外頌懽自非臣下可贊一辭獨是黨臣交口美新韜正人防徽杜漸顧令低徊而未敢恣則公之功在不見不聞及熹皇

帝憑几顧命更殖深心公於時承諭傳皇五弟大學宜揚遷由禁中遞傳敎下以絕非常其意殆不翅撥纛審視則又功在見見聞聞卽迹求者未必深知而老成長慮未嘗不頌龍行虎步之聖人德福如天而國家所賴於聖人遠且大正人所爲迂身朶叢仰裨國家盧長而謀精按狀公李姓諱國楷字元治號續溪世居邑之麗口里其八世祖曰平福平福生德明德明生進進生甫榮贈奉直大夫南京戶部員外郎生儼成化戊戌進士歷山西叅議有丈夫子二長師孔公曾祖也次師儒宏治庚戌進士官山西叅政師孔生東少臨洮府叅軍生知先公父也高曾而下俱贈左柱國少師兼太子太師吏部尚書中極殿大學士高曾祖妣俱贈一品夫人母鄒氏累封一品太夫人公生而秀岐玉立五歲讀毛詩八歲能文稍長卽與兄子進士發元舉人儼相摩切仰百歲祖武未嘗

不念雪額面也萬曆乙巳試童子卽爲大司農錢令公梅谷器重督學使周公更奇之當餼於庠而丁外艱特令學博以缺補公隨報公缺以補其次當贈公病衣帶不解者五閱月卒不起哀毀骨立襄事如禮遂膺審張觀察藍田公塾雅爲觀察重己酉冠大比生入都門同兒輩與四方雅士雄盟予故與贈公友善爲贈公慶迪喆也是年登鄉薦越庚戌登癸丑進士改翰林院庶吉士公初謁予丹白閣議試中秘予謂能辦廿年博士弟子乎公曰自今一如未第耳其豪傑風略不一第躁競如此公文藻瓌穎而放準循繩不獨劃詩絹頌注蟲魚屑屑爲煤緊至誠心直道卽精神藤映而風規澄峻初不推襟送抱博噉曲之笑然嶄嶄中立貞不絕俗故異我不甚猜疑又念詞苑非有柄枯顧見展錯僉益歛戢手稜但不置身於寵殊不令世人有諜人之疑丙辰授翰林簡討己未

分校禮闈拔名士二十人辛酉與修實錄壬戌晉左贊善甲子再晉左諭德管司業事乙丑聖皇帝幸太學以公坐講易上方親禮儒臣學歷翊贊典公以德業發明天人大義上歛容恭已以聽環橋門而觀聽者千萬人頌漢家白虎横經尙爲太平偉觀也晉大司成特心引舊法敎冑太學以仰副天子臨雍雅化尋晉左庶子充經筵日講官次講尙書每借經發明世政以廣聖聰仰承注簡及庭卜奏名第八遂承特簡由詹事學士陞禮部尙書兼東閣大學士入閣辦事公念瑞患方張未可彌遏再疏遜辭甚懇上以爲學特簡不允公又念當虞暴虎視以一二大臣提莊矜老奮試分風擘流之手養大姦及姦成而罔密事發方且決潰怒滔患鋤石落于東波而剛腸勁骨不勝忿憤遂以缺堤撤灌負一坏千焚輪而益其潰當是時結腳之府既已寒心銷志卽翩翩鳳遷亦復矜

容愛儀曾磁熊習蠍之未能而就一絇之絡者遂且附影覩鳳進登槐岳以謝款於嚴闈嶂山蓋勢成而不可解自非深心大力誰爲旋淮南之謀而况僞在肘腋乃自矢曰漢勃之呂唐仁傑之武何如殺其身有益於君古人優爲之而况迂其身於是翻然承帝命其辭疏云天災物異縣寓未寧又云須使天心感格國步清寧時瑞方翊翊身致太平有頌天與人歸者而公不忌其謝疏云妄意名節之重絕無怨怨之嫌身欲曠然立於四虛心欲廓然周乎六幕又云舉世無不可用之人而不必同於己天下無不可爲之事而不必有其功又云恩威出於明主或藉之以行私職掌隸在諸司或干之以行意巽愞博長厚之名偏執胃介勁之聲惟便身圖罔恤國是蓋公兩年圖授總此先資而曲防終始一腸初瑞欲以邊功合諸營建若捕緝徽王封一時濫盜榮薦臣而要結其挺

勁者於綸扉吏奎公以丙寅六月癸大政則有皇極殿成功若甘鎮捷明年有延鎮捷及熹皇帝遺詔則急叙錦州捷叙三殿告成銜則三太宮銜爲下蔭則內銜中舍爲下賚則坐虬文綺爲下四代之誥幾於版授而皇封紫㯃時下九霄公無一不疏辭再三中間有允有未允公殊慊慊而兩金吾之蔭再三不得辭乃不問優給至上登極得允凡公所辭纍纍若若不比璫歡徼獨循閣體不與邊功不與營繕總以進當患成不以濫恩傷本懷故趙夫人之喪終歲歸里而不一乞郵卽伯爵讓千止票以指揮使叢清正以錦逆萌卽今上御極眷注特隆後先放罷閣員而獨于公眷留不替適公之請罷至六七上不允不休則公之進退大義爲昭當是時婉曲周折事與持而卒歸于正璫初以狡謀劾三原晚予以劉司隸得不深及之璫恨楊忠愍之指爲一罪也復以劉志選劾張

武清特重恚以撼宮闈公極言子不宜佐父讎母而況無間之父母亦如予請武清得不重譴而能然予議在璫方張而公議在患既成遂以安皇親安宮闈公之力爲大予邑唐令紹堯以法故璫之裔觸狐兎之怒逮下司寇獄坐幾千金公明其事而仍婉爲解令得釋今且爲良二千石輦下逆祠不揖不謁自丁翰編乾學外不知有幾人而綸扉實槩絕之挾璫以請者公絕不見而辟雍之際嘖不予媚疏中朝有不祠之罪臣也公之力爲大璫初以繙坊於里錯忠臣印勒天下概有遂疏茅土不足封者璫一一效莽新試天下其黨亦無不效美新牟是擬令使臣撰述功德告廟藏之金匱以璫希召言假上傳得公抹可而寢初璫類有廓清之議已亟欲殺方御史震孺惠給事世揚諸人公力執之不得會殿工成公援肆赦以停璫猾猾而罷璫廠以偵捕邀邊功及款予不應而

歸廼以欵屬□□邊吏不成適有寧城之捷遂以欵卸邊而奪其功邊吏當有重譴得功議仍得辦叙而文武主兵者罷歸公凡票擬每據法調辭不盡得於璫而決不唯諾以行其意如朱童蒙等之奪情魏良卿等之謬封公俱擬不可而璫獨以意行熹皇帝大漸璫假遺旨忠賢首受顧命公執議刪之曰奈何當此際致主上亂命乎上在潛邸業識群臣大槩及龍飛御萬邦而羣臣尚左右天縱聰明一一辨識遂倚公爲重一時高文大册如登極如册聖后如一切飭厲停删俱公奉命擬上以登極恩加左柱國兼支尚書俸廕中書予誥再疏允辭兼俸於時卓恩有加典册有加精繆文綺之賜日隆公方班在季孟自幸脫涴淖登明清展布支體仰荅注眷然終念涴淖之輿居爲心慊也方以病擬疏乞罷適國子生胡煥猷有言公疏曰昨年七月先帝拔臣講席之次適逆焰方

張謬謂忝跡鉉路或可挽救不謂竊柄銜憲勤借上傳以行今年五月決意乞歸値敵患孔亟繼以先帝違豫旋忽奄棄群臣然引慝避位賜一日而九廻恭遇皇上剷除元兇渙發新政回想一年之內猰狳與居虺蜴與處種種愆尤人非鬼責無地自容上溫旨諭留公又疏曰自恨待罪台司上之不能如申屠嘉之困鄧通韓琦之斥任守中次之不能如蕭望之死於弘恭陳蕃之死於王甫悱惻城社董濯力窮妻死經年歸骨下里絕不徼求郵典避遠權豎之私憐其情可知也上仍溫旨慰留公感激時事適更疏曰天下不可以方隅限人情不可以恩讐私日來轉局日奇業報日速如何一意急公併忘偏暱以天下心用天下人理天下事事必考其底績人務期于靖共上優答慰留廼出視事隨有辯心迹疏有旨稱公忠清端亮堅意主持又曰善爲調劑足稱丹赤誠然砥柱

之倚又曰終始無阿心跡剖明又從所奏優䘏楊漣等以慰忠魂
是年十一月之望月食太甚公擬諭修省明年以大憝既除百官
未飭擬諭云衢者動云權奸掣肘不得自行其志今大奸既除職
掌還之各司而猶不致忠竭節一時惕然悚動公遞條次十事其
仰關聖躬則曰勵必為務實益廣聽納崇節儉上一一採納其獻
替內傳節要貼黃分曹溥稽即令公與同官舉行至用人恤民之
大則積材懲貪務修久任以部院如議申飭公念上方銳意明作
其所條次不獨推體聖心正以防上所漸忽下所乘藉以仰佐明
作故其辭有曰聲色貨利不得移讒諂面諛不得惑左右暬御不
得候意旨有曰經筵日講下詢講臣俾反覆盡所欲言無臣亦竭
慮補講臣所未備有曰題奏文繁當先籤節要以便省覽有曰咨
詢羣臣如古宰相奏事諫官隨之明達益開品材可照有曰一切

章奏暨發票擬或有上傳容輔臣推審事理有未合者隨封執奏
于獻可替否之中杜竊恩耕威之漸時邊餉急缺公詳各邊餉疏
因奏各邊所急且天津運價十數萬無措上立發帑金五十萬上
致齋文華殿召公入對令叅詳黃袱揭帖公覽奏此無知小人淺
俚悠謬不宜傳示外庭焚之便上從之又勅改票御史袁　勳疏
公稱皇上明目達聰堅讒息邪貞聖德之事又出請帑揭帖公復
頓首謝因言天威咫尺臣等一時悚懼所懷未能盡吐惟願皇上
召對時勤與大臣言官共商政事取自上裁則君臣情通治平可
期上曰卿言是公又言章奏票擬或有錯誤惟皇上明示省改歸
于事理之當上曰改票朕覩以御筆行之卿等詳酌公頓首謝上
又勅遵行詔旨公上言皇上躬親大政綜核名實召臣工課勉之
諸臣自能振起精神以襄維新之運上霽色嘉納公入二月以病

乞骸者再入三月凡四疏以傳首輔有疏上報曰卿忠誠洞達允
愜元揆度品既宜論資亦當機衡重務朕今悉以委卿已有旨諭
留何得復申前請況詰朝恭進皇考實錄卿以心膂大臣正宜表
率百僚贊朕孝思光茲大典若再安私室君臣之義謂何公遂以
遣官敦趣入直疏謝因言輔臣昔謂鼎司以其關通水火之交而
燮和公錬也第德不配位則瑕釁彰受過其量則顛隕速此其咎
在臣一身然今天下民窮矣而追比方急軍饑矣而月餉日匱敵
難搆禍未息闖寇已横戈渡海此皆光廟實錄未經見者乃今幷
集一時在事諸臣或悠忽日月議論折衝一旦警急何恃不恐聖
明洞悉安危博覽材品願召對時勤俾任事者與言事者叅稽祖
制為經常可久之策實力行之天下可為也有旨召對諸臣叅求
祖制當不日舉行公以乞歸引舊輔盧韓蒲州及予其所稱抗權

批逆定難持危兩人未敢當而中引論相語有云持心如水以義
理為權衡而已無與又云天下萬世之事當以天下萬世之心處
之則誠相道也上以忠誠嘉之公乞歸之疏無月不上輒蒙眷留
會羅御史元賓復有言公自四月之望辭疏凡五上不得請入五
月以母老身病六懇其切至之辭不趐李令伯上為感動允去其
予告隆恩近代閣臣所未易得旨有云終始隆眷眞可以酬公兩
朝苦心矣先是辭實錄恩允辭太保至是允辭太傅謝疏有云嚴
嚬笑謹幾微左右非老成耆閣不以奉起居女謁非外庭公選不
以承御幸又云陰陽寒暑之過激也其極至於折膠墮指鑠石流
金然而候至則移時過則退凝寒極熱不可為常臣以為正氣沆
伏之後利在發舒元氣休復之時法宜將護義正仁育神運時出
秋肅春涵乾綱獨攬又乞還胡煥猷胃監有旨忠愛溢於言表朕

何能恝然仍許以要着許以力行准復煥猷許以錄用公以六月
之朔抵里其謝疏有云吏道悠忽邊方蒙蔽勿謂富強爲末務法
廉爲迂談有旨嘉悅乃三疏辭川省叙恩受銀幣又辭實錄俸廕
不允公歸以得奉太夫人爲快而殊恨於贈公不一日養也每會
宗人語以仰念祖德勿以偶博一官而叢人怨其叙廕予從弟國
棨再予從兄子罹及㴋立家廟爲塾置義倉於側贍族人以仰慰
祖慈奉女兄如兄祔母歲如姓宗也當其脫豹虎際雲風斯已爲
快適更謝天下安危之任與同學少年徜洋洪山白水之間攬千
岩之貢氣佩六月之寒濤舉手捫天把盃問月未嘗不快身到滄
州樂携伯仲也公與涿鹿同館並留遂成大業當事實嚮予贊決
去留兩公皆少年公叅大政則予登第之歲低徊史館日公以角
巾里第予再居東各相勉而不意爲訣也予邑以甲第接武四世

者公與郡城之劉而公遂以大業顯盍文行世家云辛未春三月
忽以疾不起蓋抵里奉太夫人三年而終以先訣太夫人爲恨也
上聞震悼遣官祭葬如制贈太保予中書廕謚曰文敏公凡三娶
今爲累封一品夫人張氏順天張庠生經綸女有子女不育今爲
公祔其前兩夫人之子若女其初娶於陳爲邑陳處士煥女封孺
人累贈一品夫人順正勤恪逮事舅姑佐公成大業每分燈爲紉
也即登第上玉堂公猶是予嚮所云十年諸生也盍攻苦茹淡夫
人同之以初封而歿再娶於趙爲任邱趙司訓應夢女封安人累
贈一品夫人穎慧通詩書大義公方歷宦僕涉通顯夫人視起居
惟謹佐公孝事姑貴而能約不見公叅大政也公生於萬歷乙酉
十月十七日卒於崇禎辛未三月十四日享年四十有七陳夫人
生於萬曆戊子十二月初十日卒於天啟壬戌七月十九日享年

三十有五趙夫人生於萬曆乙酉五月二十五日卒於天啟丙寅
五月初五日享年十有八子一爾廕尚寶司司丞趙夫人出女一
適庠生馮倬爲貢士馮嘉祥子陳夫人出嗚呼諸君子當天啟丙
丁之會非迂即濁或畫圖隱約未有毀譽錯而璧完者及歲當新
祚風虎雲龍仰承作睹亦未有一脫梟羿顛躋鳳覽上契天衷下
集民譽終始稱一代完人而履順居正如公者予讀易至剝復悉
持剝之大臣即養復之大臣也兹皇帝以堯舜格于中人逆方行
而小人長須大臣以屯之今上鋤奸芟頑逆方除而剛長須大臣
以行之然黨溺在婉曲而承聖翀寧容直遂故於剝曰以順止於
復曰以順行蓋剝若附而不入其中逆不折復若在中而不動乎
外順不行然則朋來而以順處順尚猶蔑貞而以順處逆乎予於
此識天心云爾以崇禎十年四月二十八日奉公柩葬於賜兆以

公門人薛知府玉衡狀乞石言蓋不勝喆人之慟也乃爲銘曰獨
勝有權衆適有袷以提以調不結不齘才智猜猜戰爭偈偈結轄
我中幽歸我外公曾有言用明而晦龍休而蟄蜩藏於蛻公曾有
言用鈍而駛鷟舟安流要寵安轡國鮮嵇琦節嬈乃翔騰淵怒濤
横流逆瀾出沒百怪吞嚙萬川不有巨靈其孰遵導於勞因東
於氣戩涵育龍魚浸潞日天坤維不洩乾經以旋龍從淵躍乃用
汝兩波亦不揚颻亦不褰醒於國狂寘於漸羽枯不以斂菀不以
闕雲臥裘莊履遊謝聖戢嘯鳳梧弄丸狙茅讀易剝復如循於環
以山附地豈不駿爲爵爾碩果而終巖巖以雷在地初亦閟潛黃
鐘方芽青帝擬璇扶杳于若翅光于晻玉琢登栗金鎔登堅其在
先朝迺辭華盛其在維新迺承橥命辭爲留嚎承爲去徑碩以剝
孤朋以復勝剝順以止復順以動一動一止天心永定

一六、高陽縣成新建慈臨庵記

題解：

《高陽縣成新建慈臨庵記》孫承宗撰文，刊刻于明・崇禎十年（1637）。碑文17行，滿行40字。楷書。拓片長106厘米，寬61厘米。拓片現藏于國家圖書館。

碑文：

縣之南城有重門，題曰「滋襟」。繇滋襟門南行，折而東逕三皇廟，過錢梅谷諸令公祠，有庵曰「慈臨」，蓋天啓六年以祠白衣大士。其東有火德祠，有碧霞祠，有真人祠，有古高陽氏廟，而風雲雷雨壇，居數祠之中。是庵當祠廟間，以左右諸祠廟。而北負城之東南隅，適以新角臺若樓爲後屏，其前則兩郡劇驂，又前則大河如帶，而名家兆域，分列河陽，其阜岡點綴，林樾簇環，時則舼船柳蔭，魚網鳩洲，或作城南記焉。其東北隅，則楞嚴寺浮屠插霄乎二里外，而大河之南佩者，東折而北，過浮屠左，受城西之水，合襟于予之西原左。其比庵而左鄰，亦予奈園也。庵入門，而隊柏葱葱，輒有凌雲氣。祠三楹，中爲龕，相白衣，蓋三十二相之一相，曰主善信胤嗣云。後爲僧寮三楹，亦有列柏，其土高而煬，每安步埃壒，苦門外諠鬨，而一入門，則若深巖邃壑中，不復聞。

因念鄉居東□撫軍□公家，金御史叢之以行金，不問而□□鄉，予乃爲□教□。人曰：愧不能。黄葉止啼，而震旦學久遯西方大士乎？大士以無量身，現白衣相，主生，故尋聲救苦，曰觀世音。夫世音，音也，觀何以故？無亦淪落泥犁，悲號萬狀，都現爲音聽，則止其音觀，則並得其悲號苦痛之狀，形以用聲，非形非聲，目以用耳，非目非耳。予今從洪波巨浪中，見披髮男子與波呼號，安得不引手慈筏，畀以懺悔，且千百萬魔，方付維馱，而暇從善財問龍珠乎？林鸚有口勿防宰官矣。撫軍後竟怖懼死因□。世人以清净心，生貪戀，遂生怖懼，遂生嗔怨。要惟一癡大士後，聞思入三摩地，破癡爲慧，慧故了一切輪迴心，而爲正法明，如來嘗予天下以生。予□謂御史能以慧劍破撫軍慳，而實堅其貪□作面壁行三年，其監碣當其滿期云。

而竟死矣。遂次爲記以誡，且以視生之途。祠僧昌藴頗静慧，

崇禎十年歲丁丑夏之吉七十五歲老人孫承宗手書

一七、明光禄大夫左柱國少師兼太子太師吏兵兩部尚書中極殿大學士贈太傅謚文正孫公（承宗）墓表略

題解：

《明光禄大夫左柱國少師兼太子太師吏兵兩部尚書中極殿大學士贈太傅謚文正孫公（承宗）墓表略》收録于民國二十二年（1933）《高陽縣志》，魏裔介撰文，刊刻于明·崇禎十一年（1638）。

碑文：

先生諱承宗，字稚繩，别號愷陽，生于嘉靖四十三年正月壬申。六歲入塾，出語驚人。十六歲補博士弟子。十七歲試首卷食餼。三十一歲選入國雍，甲午中鄉試第五。會試落第，仗劍遊薊門、榆關，周歷塞下亭障，具知險塞阨要處，詢營弁老革之習于兵事者，按行戚將軍所設施防守事宜，慨然有志。己亥，讀書雲中撫署，值兵躁，公教吏書榜，頃刻定之。自甲午至甲辰十年讀書，以一甲第二名及第，除授翰林院編修。又十年甲寅，升左春坊左中允。庚申，升左春坊左庶子，充日講官，添設兵部侍郎，以公爲之。壬戌，以公爲兵部尚書兼東閣大學士，又以在晋懦，自請督師，辟鹿善繼爲參佐。至關門，旌旗壁壘爲之變色。立六館以招天下豪傑，簡汰老弱，訓練精兵，烽火方息，朝議遂起，謂公用撫鎮爲不得人。公求去，不允。崔呈秀首疏劾，科臣郭興治和之，公遂告歸。公當官四載，其籌畫訓練，節省諸經濟俱在本傳中。乙巳，命公移鎮關門，復遵化、永平、灤州、遷安，加公太傅，蔭一子錦一世襲，而中朝科道議者不已，公上疏乞休，不許，仍令視事。公十七疏求罷，得閑住。戊寅，高陽失守，公被執，主兵者勸之降，不屈，縊死之，冬十一月十日也。距其生，得年七十有六。公配王，贈一品夫人，生子七：銓、鈐、鈴、鉿、錀、鉌、鐫。諸孫之滂，官至錦衣衛指揮僉事，見存之瀠等十餘人，俱青衿，餘載墓誌家傳中，不具述，所著文集共二百餘卷。

明光祿大夫左柱國少師兼太子太師吏兵兩部尚書中極
殿大學士贈太傅謚文正孫公墓表畧　魏裔介
先生諱承宗字稚繩別號愷陽生於嘉靖四十三年正月壬申六
歲入塾出語驚人十六歲補博士弟子十七歲試首餼三十
一歲選入國雍甲午中鄉試第五會試落第仗劍遊薊門榆關周
歷塞下停障具知險塞阨要處詢營弁老革之習於兵事者按行
戚將軍所設施防守事宜慨然有志己亥讀書雲中撫署值兵躁
公教吏書榜頃刻定之自甲午至甲辰十年讀書以一甲第二名
及第除授翰林院編修又十年甲寅陞左春坊左中允庚申陞左
春坊左庶子充日講官添設兵部侍郎以公爲之壬戌以公爲兵
部尚書兼東閣大學士又以在晉懦自請督師辟鹿善繼爲叅佐
至關門旌旗壁壘爲之變色立六館以招天下豪傑簡汰老弱訓
練精兵烽火方息朝議遂起謂公用撫鎮爲不得人公求去不允
崔呈秀首疏劾科臣郭興治和之公遂告歸公當官四載其籌畫
訓練節省諸經濟俱在本傳中乙巳命公移鎮關門復遵化永平
灤州遷安加公太傅廕一子錦一世襲而中朝科道議者不已公
上疏乞休不許仍令視事公十七疏求罷得閑住戊寅高陽失守
公被執𡍲兵者勸之降不屈縊死之冬十一月十日也距其生得
年七十有六公配王贈一品夫人生子七銓鈐鈴鑰鍼鋐鑰諸孫
之䜽官至錦衣衛指揮僉事見存之㵾等十餘人俱靑衿餘載墓
誌家傳中不具述所著文集共二百餘卷

一八、修高陽城記

題解：

《修高陽城記》收録于民國二十二年（1933）《高陽縣志・集文》。孫承宗撰，李紅權輯録、點校《孫承宗集》（中）卷十八《碑記》，北京：學苑出版社，2014年，第606–607頁。

碑文：

予曾上言：「今天下州邑，予以守具，乃可責其守。」且言：「畿以南，土城非城，鄉兵非兵。」兼以積甋之説進。其後以功令築土城，高且厚，仍以甋增喬令公之埤堄而新之，蓋稍有所據以守。嗣是設備之檄如星火，而土不可憑，甋不可辦。從邑人士之請，先修四重門，乃敦擇雅有行誼者，以分督四門，分司支納。義不用牙前，而獨藉督促丁匠。其轉輪蹄取諸有家，不繼則分督分司者給之，諸鄉紳孝廉，日省成而勸勵之；其廬舍樹木，令得稱功令，除其當去者，仍易南門外，横街而縱之。擬四重之額，南曰「滋襟」，北曰「濟倚」，東曰「瀛環」，西曰「恒仰」，爲四大門，而四重門屹爲可守，乃更議重角爲犄。蓋高苑令銓、舉人鉁之議曰：「法依功令，爲橋爲池，爲羊馬墻。」既于四正門爲重門，仍于四隅角爲重角，合以羊馬墻，連五隅而繚以通之。其重門之墻如半環，以抱城門，上如城，下爲複壁。其中大鐵門，如城之門。其兩樞之後，各爲小鐵門，以入複壁。其中爲夾道，其傍土城仍各爲小鐵門，以出人出炮。其列城門兩傍之複壁，面外下爲炮眼，視外當腰膂，上爲望眼，視内當眉，上爲甋櫨，以窽明于腹，虚其腹，實其巔。巔之實，欒以木，碉以甋，而巔之平面，其沿外爲埤堄，其兩夾之空爲炮臺，行炮其内。有女墻，下爲渠出水，而守具依女墻。其四隅之重角如却月，其複其巔，其以炮以望。其兩側有兩小鐵門，與重門之鐵門相向，盡如重門。獨其巔爲臥門，以鐵合木爲之，穿層級而下複道，以行人與炮，而建重樓其上，以覆臥門。其兩小鐵門爲夜出計，可不煩啓閉，而突出奇。蓋議成而衆皆曰可，城成而諸長上皆曰可。既落成，乃約用數，計灰石若干、丁夫若干，而里書作奸漏夫，而取其傭錢，且不下二萬，遂不覺偏苦樸人。令乃按藉，清其奸漏，力追所漁，爲甎爲灰，而佐以設備，而四重角復成。蓋重角之費，可當兩正而有加焉。嗟乎！邑惟瘠薄，故一役而三分之乃成，臬府躬度之，且再且三，兩臺日督促，御史臺實躬莅之，軍容使又歷焉。有司得以朝廷之令成城，而民不爲厲，即費不在官，而人力殫瘁，亦足念矣。

修高陽城記　孫承宗

予曾上言今天下州邑予以守具迺可責其守且言畿以南土城非城鄉兵非兵衆以積甎之飛進其後以功令築土城高且厚仍以甎增喬令公之坤垸而新之蓋稍有所據以守嗣是設備之檄如星火而土不可恐甎不可辦從邑人士之請先修四重門乃敦舉雅有行誼者以分督四門分司支納義不用牙儈而獨藉督促丁匠其轉輸歸取諸有家不繼則分督分司者給之諸鄉紳孝廉

日沓成而勸勵之其廬舍樹木令得稱功令除其當去者仍易南門外横街而縱之擬四重之額南曰邈禁北曰濟倚東曰瀛環西曰恒仰爲四大門而四重門乾爲可守迺更議重角爲犄蓋高苑令鉩舉人紗之議曰法依功令爲濠爲池爲羊馬墻既於四正門爲重門仍於四隅角爲龜角合以羊馬墻連五隅而綫以通之其重門之墻如半環以抱城門上如城下爲複壁其中大鐵門如城之門其兩楄之後各爲小鐵門以入複壁其中爲夾道其傍土城仍各爲小鐵門以出人出砲其列城門兩傍之複壁面外下爲砲眼眶外當腰脊上爲望眼眶內當眉上爲甌櫳以竅明於腹虛其腹實其巔巔之實築以木碙以甎而巔之平而其沿外爲坤垸其兩夾之空爲砲臺行砲其內有女墻下爲渠出水而守具依女墻其四隅之重角如却月其複其巔其以砲以望其兩側有兩小鐵門與重門之鐵門相向盡如重門獨其巔爲臥門以鐵合木爲之穿層級而下複道以行人與砲而建重樓其上以覆臥門其兩小鐵門爲夜出計可不煩啓閉而突出奇蓋議成而衆皆曰可城成而諸長上皆曰可既落成迺約用數計灰石若干丁夫若干而里書作奸漏夫而取其傭錢且不下二萬遂不覺偏苦樸人令乃按藉清其奸漏力追所漁爲甎爲灰而佐以設備而四重角復成蓋重角之費可當兩正而有加焉嗟乎邑惟瘠薄故一役而三分之廼成臬府躬度之且再且三兩臺日督促御史臺實躬涖之軍容使又歷焉有司得以朝廷之令成城而民不爲厲即費不在官而人力殫瘁亦足念矣

一九、車道口堤記

題解：

《車道口堤記》收録于民國二十二年（1933）《高陽縣志·集文》。孫承宗撰，李紅權輯録、點校《孫承宗集》（中）卷十八《碑記》，北京：學苑出版社，2014年，第615–616頁。

碑文：

邑有兩大水，其南匯延福，帶蠡而北，與我共，東折而又北曰「白洋」，當濡、渥、虞丘之交，我與濡共。與我共，我得爲備；與濡共，濡嘗掣我肘。不難我爲壑，又不難我爲捷。即地遠濡，而且欲壑我待潴。蓋邑隸濡，雖強有力如冒公，亦不得健執而畏多口，間或田不必趾，膝不必目，即濡長者，非有意督過之，而或不能不格。瀕白洋有河曰「豬龍」，逆而南，可二十里，或曰高河之遺也。歲久而壅，渠不受滛潦，而洩洋之水于兩岸。于是歲發民夫防兩岸，合之可四五十里，費以千百計，猶若束獰狰而懼不羈。久之，兩防不時築，而河歲決，歲毁我廬舍若禾稼，又以千佰計，糧逋民流，長吏竟格于濡有口者末爲計，乃其横可五十弓，而受名車道口者，足捧土塞也。錢明府梅谷來履畝，視高下，察原委，顛利害，進父老，屬曰：「與魚吾民而歲無算費者，孰與以百趾塞而無壑吾土。」又進濡有口者，屬曰：「瀕河而田，若隘遠，我廣近。即妨若，將復計廣隘，而若顧無妨也。」遂不兩旬，而車道堤成。或又曰：「是且受南水，將不便南者。」公熟顧曰：「南水北者，北水當仆逆而南，予自爲南計耳。」

是歲，全民田廬無算，河之經，麥且有秋，遂入其地鄉校，供諸博士弟子費，而十八疃之民歡呼額手，僉謂：「不勒貞珉，久且罷于有口者。」董生恪來問記。嗟乎！水誠予邑一大利害也。屋溜妨人，人猶患之，而況鄰之壑。然我非垣四土而家視氓，其孰以斷。是役也，省物力，全民田，蘇煢孑，絀豪健，大而能綜，明而能斷，皆可爲後人法。往時延福横堤，冒令公曾爲我民爭命于蠡，數十年水不浸城下。今洋之水，得錢令公安流，而東北邑之半，不至歲爲魚。蓋兩大水得兩公而安，然則利害興除，豈不以人哉。堤白洋之南曰：唐以宋，唐公介令虞丘成也。公風裁如唐，而詳練周到，不知唐何如。公其塞車道口，蓋補唐之缺云。己未，馬家河棄故道東決，一支從豬龍河入白洋，遂開車道口以出南水。蓋河從故道入白洋，則白洋水南溢豬龍，而此口可塞，河棄故道而東入豬龍，則此口可開，杜令公議爲水門云。

車道口堤記　孫承宗

邑有兩大水其南匯延𥢓帶淼而北與我共東折而又北曰白洋

當濡凝虞邸之交我與濡共與我共我得爲備與濡共濡脅掣我肘不離我爲壑又不離我爲椗即地逕濡而且欲壑我待瀦蓋邑隸濡雖強有力如冒公亦不得鍵執而毀多口間或田不必趾塍不必目即濡長者非有意督過之而或不能不格瀨白洋有河曰豬龍逆而南可二十里或曰高河之遺也歲久而壅渠不受溢潦而洩洋之水於兩岸於是歲發民夫防兩岸合之可四五十里費以千百計猶若束獉猙而聽不羈久之兩防不時築而河歲決歲毀我廬舍若禾稼又以千佰計糧逋民流長吏竟格於濡有口者末爲計乃其橫可五十弓而受名車道口者足捧土塞也錢明府梅谷來履畝眡高下察原委覩利害進父老屬曰與魚吾民而歲無莽費者孰與以百趾塞而無壑吾土又進濡有口者屬曰瀨河而田若隘遠我廣近即妨若將復計廣隘而若願無妨也遂不兩甸而車道堤成或又曰是且受南水將不便南者公熟顧曰南水北者北水嘗什逆而南予自爲南計耳是歲全民田廬無莽河之經麥且有秋遂入其地鄉校供諸博士弟子費而十八疃之民歡呼額手僉謂不勒貞珉久且能於有口者董生恪來問記嗟乎水誠予邑一大利害也屋溜妨人人猶患之而况鄰之壑然我非垣四土而家眡叩其孰以斷是役也省物力全民田蘇煢孑紓豪健大而能綜明而能斷皆可爲後人法往時延𥢓橫堤冒令公曾爲我民爭命於淼數十年水不浸城下今洋之水得錢令公安流而東北邑之半不至歲爲魚蓋兩大水得兩公而安然則利害興除豈不以人哉堤白洋之南曰唐以宋唐公介令虞邱成也公風裁如唐而詳練周到不如唐何如公其塞車道口蓋補唐之缺云已未馬家河棄故道東決一支從豬龍河入白洋遂開車道口以出

南水蓋河從故道入白洋則白洋水南溢豬龍而此口可塞河棄故道而東入豬龍則此口可開杜令公議爲水門云

二〇、橫堤記

題解：

《橫堤記》收録于民國二十二年（1933）《高陽縣志·集文》。孫承宗撰，李紅權輯録、點校《孫承宗集》（中）卷十八《碑記》，北京：學苑出版社，2014年，第614–615頁。

碑文：

郡之河九，而匯于蒲陰者三，曰滋，曰溏，曰沙。歲領秋潦，逕博陵，歷蠡吾，入于邑，距城南可三里，而從岸瞰城，如瓴盆盎，一不戒，則彈丸宛在水中。其毁民田廬，遂以波及于濡。其一時倉襄號呼，不翅兵荒，而異時詬租追逋，塗莩溝瘠，姑無問。蓋王弇州行部予邑，曾從吏民號睥睨中，其寓書中丞，乃予邑監門圖也。

今上丁丑，則維揚冒令公守愚遍河東西爲堤，且力請于上，得坊邑以南曰橫堤，起延福，迄塔兒頭，可七里許。又三十年，晉陵錢令公春續爲堤，可三里許，遂及于留祥左。其後河益壅，溢益遠且深。蓋庚辛、壬癸，水溢者再，于時清源周令公之藩，既身從畚鍤泥淖，脱民于魚，復傾槖而傭役，大筑之，日傭二千有奇，凡八日而竣。傭可二十千，費制泉七十千有奇，計當中金伯。蓋三老洎諸傭咸曰：「明府不難出俸錢，食我衛我，吾儕其敢念四支不力于役。」假令以調起丁傭，當十倍其費，而堅厚不復如法。是役也，力省而成速，功堅而民逸，無問城無魚沸，室無鼃沉，而留七十萬錢于民間，亦足以起翳桑，敦望杏。

予始嘆廉吏可爲也。廉吏饒膽智，視帑藏秋毫皆可爲民用，而不自爲用，故不復攢靡于不可爲。夫周令公飲高陽一盂水耳，俸入幾何，且以治坊。予澡髮事幾令公，其强力有爲，若冒若錢，無不廉智如公。然予觀公精敏雍和，當偬劇，逌如也，蓋有遠局焉。嚮從公于風雨蟣蠓中，又實見其懇惻忉怛，非復世人囂然啖名者，殆廉吏也，仁人也。弇州之述民言曰：「旁邑踵困，無所移食。」乃或曰：「可活變也。」嗟乎！昔謂民之于仁也，甚于水；予謂民之于不仁也，亦甚于水。乃從闔邑之請，勒其事于珉。而告後來者，曰「廉吏爲仁人」云。

橫堤記　孫承宗

郡之河九而匯於蒲陰者三曰滋曰溏曰沙歲領秋潦逕博陵歷蠡吾入於邑距城南可三里而從岸瞰城如頫盆盎一不戒則彈丸宛在水中其毀民田廬遂以波及於濡其一時倉襄號呼不翅兵荒而異時詬租追逋塗孪溝瘠姑無問蓋王弇州行部予邑嘗從吏民號睥睨中其寓書中丞乃予邑監門圖也今上丁丑則維揚胥令公守慼徧河東西爲堤且力請於上得坊邑以南曰橫堤起延福迄塔兒頭可七里許又三十年晉陵錢令公春續爲堤可三里許遂及於留祥左其後河益壅溢益遠且深蓋庚辛壬癸水溢者再於時淸源周令公之蒞旣身從畚鍤泥淖脫民於魚復傾橐而僱役大築之日傭二千有奇凡八日而竣傭可二十千費倜泉七十千有奇計嘗中金伯蓋三老洎諸傭咸曰明府不難出俸錢食我衛我吾儕其敢念四支不力於役假令以調起丁傭當十倍其費而堅厚不復如法是役也力省而成速功堅而民逸無問城無魚沸室無黿沉而留七十萬錢於民間亦足以起翳桑敦望杏予始嘆廉吏可爲也廉吏饒膽智眡秭藏秋毫皆可爲民用而不自爲用故不復攢靡於不可爲夫周令公飲高陽一盂水耳俸入幾何且以治坊予渙髮事幾令公其強力有爲若胥若錢無不廉智如公然予觀公精皦雖和當傯劇適如也蓋有遠局焉黯從公於風雨蟣蠓中又實見其懇惻怏怛非復世人囂然噉名者殆廉吏也仁人也弇州之迹民言曰旁邑蹶困無所移食乃或曰可活變也嗟乎昔謂民之於仁也甚於水予謂民之於不仁也亦甚

於水廼從闔邑之請勒其事於珉而告後來者曰廉吏爲仁人云

二一、濟橋記

題解：

《濟橋記》收録于民國二十二年（1933）《高陽縣志·集文》。孫承宗撰，李紅權輯録、點校《孫承宗集》（中）卷十八《碑記》，北京：學苑出版社，2014年，第616–617頁。

碑文：

邑之南三里，佩城而東，折而北，曰馬家河。跨河之北而南，舊爲橋，曰宏濟。歲戊寅，則維揚冒公修之，幾二十年而圮。又數年己巳，則晉陵錢公重修之，以慶藩理齊君敬才，內鄉簿單君一鱗司其籌，工有值，丁夫有餼。蓋邑當荒歉，藉是役食其壯者，且以值歸遺老稚，計木之金，蓋三百有奇，而他費稱是。嗟乎！吏土者趾前修，而不以難遺後人，則成者不圮，圮者立成。然歷三十年而若有待，則邑之成廢，寧獨橋也。邑在高河之陽，河入郡九，入邑三：曰溏，曰沙，曰滋。沙出繁峙，滋出放回山，溏出靈丘，統匯于蒲陰之三岔口。入邑爲二，其一合滱水背邑之西北，東入濡，其一出邑之南，匯延福淀爲馬家河，所謂佩城而東、折而北者。以三水束衣帶間，故其勢迅若樊鶩，稍益之秋潦，則澤潴而淫，遂至鬵沸不可涉。且邑介在燕陲趙際，西北則綿亘樊輿、武遂之衝，而濡、渥、溆、淶爲負，東南則聯絡瀛、鄚、肅、蠡之會，而南走齊、魏，東入海，北達大都，是柴周、趙宋列雄關以控契丹者。且兩郡之行李時往來，而城據西偏，又東南十數社所途經，吏土者，豈其烏填黿駕之需，而佐河伯以益之波也。嘗憶冒公築金堤三十里，夾岸樹萬柳，而橋適成。當是時，關梁不列，邑政既清，東南之貨賄、天津之魚鹽、晉恒之材木，畢集于橋側，而茶酒之務相望。于時，騷人墨客，携壺觴而維舟乎，青秧白鳥之壖，相與歌大堤、咏棠蔭，田夫野老，時佐塵譚，快哉菰蘆，爲不僻也。曾幾何時，而税繁賦重，堤窮于水，柳窮于爨，四方之賈旅不來，而邑之富者，化爲篳路藍縷，貧者化爲溝瘠，憂土之士，行吟澤畔，而斷岸頹梁，若助喻于魚藻焉。嗟乎！興廢寧獨橋也。錢令君來，亦既宣堙疏滯，食而教之，且恤我墊溺，而橋復成。予不知往來歡呼者何狀，舉杯而咏如虹者幾何人。然令君雅不以難遺後人，而力倍于前，則予邑之風氣，殆三十年而開。况褰裳者，突予之從席，則懽必倍幸，而後之人無以川之不梁爲過陳誚，則司險者，尚亦從時焉。而成者不圮，圮者立成。然則是役也，寧以占邑，無寧占令耳。予澡髮習諸令君，其賢者未有不經久是圖，然僅一再見，而冒公以繁調，錢公幸狥我士民，以安予邑。即予邑不足盡公，而公終不以難遺後人，予邑尚有賴焉。冒公别有紀。錢公名春，别號梅谷，與不佞宗同甲辰籍，以是年八月來視邑篆，而橋成于明年之秋，語曰：「與其溺于人也，寧溺于淵。」予懼後之人重法前人而溺吾士也，爲之記。

濟橋記　孫承宗

邑之南三里佩城而東折而北曰馬家河跨河之北而南舊爲橋曰宏濟歲戊寅則維揚冒公修之幾二十年而圮又數年己巳則晉陵錢公重修之以慶藩理齊君敬才內鄉甯單君一麟司其籌工有値丁夫有餼蓋邑當荒歉藉是役食其壯者且以値歸遺老稚計木之金蓋三百有奇而他費稱是嗟乎吏土者跬前修而不以難遺後人則成者不圮圮者立成然歷三十年而若有待則邑之成廢寧獨橋也邑在高河之陽河入郡九入邑三曰漕曰沙曰滋沙出繁峙滋出放回山漕出靈邱統滙於蒲陰之三岔口入邑爲二其一合滱水背邑之西北東入濡其一出邑之南滙延福淀爲馬家河所謂佩城而東折而北者以三水東衣帶間故其勢迅若焚熬稍益之秋潦則澤濊而滛遂至霈沸不可涉且邑介在燕趙際西北則緜亘樊輿武遂之衝而濡瀑溵溹爲負東南則聯絡瀛鄚蕭蠡之會而南走齊魏東入海北達大都是柴周趙宋列雄關以控契丹者且兩郡之行李時往來而城據西偏又東南十數社所途經吏士者豈其烏塡蹔駕之需而佐河伯以益之波也嘗憶冒公築金堤三十里夾岸樹萬柳而橋適成當是時關梁不列邑政既清東南之貨賄天津之魚鹽晉恒之材木畢集於橋側而茶酒之務相望於時騷人墨客攜壺觴而維舟乎青秧白鳥之壖相與歌大堤咏棠蔭田夫野老時佐塵譚快哉菰蘆爲不僻也曾幾何時而稅繁賦重堤窮於水柳窮於爨四方之賈旅不來而邑之富者化爲篳路藍縷貧者化爲溝瘠憂土之士行吟澤畔而斷岸頹梁若助喻於魚藻焉嗟乎興廢寧獨橋也錢令君來亦既

宣堙疏滯食而教之且鄙我塾鄙而橋復成予不知往來讙呼者何狀舉杯而咏如虹者幾何人然令君雅不以難遺後人而力倍於前則予邑之風氣殆三十年而開況褰裳者突予之從席則懼必倍幸而後之人無以川之不梁爲過陳諸則司險者倘亦從時焉而成者不圮圮者立成然則是役也寧以占邑無寧占令耳予澡髮習諸令君其賢者未有不經久是固然僅一再見而冒公以緊調錢公幸狥我士民以安予邑即予邑不足盡公而公終不以難遺後人予邑倘有賴焉冒公別有紀錢公名春別號梅谷與不佞宗同甲辰籍以是年八月來視邑篆而橋成於明年之秋語曰與其溺於人也寧溺於淵予愳後之人重法前人而溺吾土也爲之記

二二、重修廟學記

題解：

《重修廟學記》收録于民國二十二年（1933）《高陽縣志·集文》。孫承宗撰，李紅權輯録、點校《孫承宗集》（中）卷十八《碑記》，北京：學苑出版社，2014年，第608–609頁。

碑文：

夫吏任師帥，而稍不牽于俗，未有不欲天下回心向道，而獨簿書筐篋之務者。然土肥則力充，歲登則官省，吏士者得以緣飾俎豆、敦說詩禮，其爲所欲爲，曾不咄嗟而辦。若夫彈丸瘠土、儉歲罷民，力不共皂牧，而政歲蟬聯，頓欲啓大明于昒爽，是何異假蜚衛以空拳，試公輸以瘣木也。予邑廟學，自改邑來，且二百餘年，而繼修者，亦嘗剪荆榛，塗丹雘，而麗牲方勒，函席頓傾，遂至堂絶金絲，壁餘鼠蠹。蓋李下之蹊不言，而庭中之草可鞠矣。錢明府始視事，輒低佪久之，然煩苛未捐，瘡痍未起，賦不忍有羨金，詞不忍有贖鍰，而魚沸于渠，蛙沉于竈。三水薄城，家無射蛟之弩；九馗通道，人有濡首之厄。兼之萑苻晝警，行李露宿，野稀佩犢，室尠織蛩。嗟乎！民不安作，吏敢煩興。明府于時，百嗇節物，一意寧人，一之歲除苛政，二之歲綜百維，三之歲定經制，遠撫長駕，灑沉澮灾。故乃防龍河，梁馬木，徼潢池，綏下里。其于士也，引恬抑躁，優異惠貧，肆有田，社有餼，饋酳有儀，簡束有榘，以故瘉夫起俞□之門，曲士直繩墨之側。然後鳩材集力，諏日起功，即期迫大擢，而心勞經久。蓋圮多者，難以補苴告成；積寡者，雖有興作終廢。是以圖之三年，成之一日，自殿堂廊廡，門庭齋廚，以至帷幄簠簋之屬，罔不撤舊圖新，而前啓聖于二祠，則又崇尼山之脉，而識絶曩今也。于休哉！基壞于難，因功同于甫創矣。夫吏士者，輕蘧廬，重厨傳，迂繇聖人之道，何如近結要人之懽，而况臥轍難再，歌襟有期，尚猶不忘我人士，而勤鄒魯之思。我人士無忘聖人之道，其敢忘明府，而無忘明府，其敢忘聖人之道。

夫士生如礪，樸不習拾級，穎不習撫席，其自負以才者，直芬彤管，則夫率其樸與爲明，率其穎與爲誠，合明府數年之誨，摛藻拾華耳。然高陽氏之才，乃在齊聖廣淵、明允篤誠。當是時，而復吾鄉明誠之才，將在吾黨矣。吾黨無忘聖人之道也，乃其無蒼舒、隤敳，功名才略，爛然勳華，而逡逡交讓，至與之天下不受，忘明府。明府爲予同年進士，諱春，號梅谷，武進人。

士奈何便孝先之腹，侈桓生之綬，而况未涉風雲，頓作宦况，甫窺月露，遽傲老宿也。夫見知佐光華之旦，私淑登美富之牆，唯是明誠之目，而實夫子所惓惓旃厦者。千秋學脉，始自吾鄉，而且當彈冠振衣之會，樸者近誠，穎者近明，豈其若蠖屈于葉，唯所蒼黃者。予澡髮登庠，事幾令公矣。當其兩相厭薄，則學將落于原伯，校幾毁于然明。乃若幕無請間，庭無非公，而愛則慈父，畏則神君，無亦有引之繩斯材、置之溝斯窾者乎？雖然，祝轅則欲遠，禳田則願奢，斯皆不緣功令，不謀父兄。而獨趦馳王路，登穫情田，則入埴之甄，尚假平傾，躍冶之金，間狎陶鑄。夫告之則頑，舍之則嚚，是謂不明，是謂不誠，斯亦高陽氏所不才也。才不才之間，不可以頓身，而况鼓笥則炳炳麟麟，踵堂則誾誾秩秩，明府爲大邑所難，而吾黨不爲樂歲所易，其何以不愧才名也。予觀古之興學者，雅不欲弄筆墨、徼利達，而其大節在臣死忠、子死孝。夫忠孝，非明誠不立，而許睢陽之舌、劉户侯之肝，尚

重修廟學記

孫承宗

夫吏任師帥而稍不牽於俗未有不欲天下回心向道而獨簿書筐篋之務者然土肥則力充歲登則官省吏士者得以緣飾俎豆敦說詩禮其爲所欲爲曾不咄嗟而辦若夫彈丸瘠土儉歲罷民力不共阜牧而政歲蟬聯頓欲啓大明於晹爽是何異假蜚衛以空拳試公輸以瘣木也予邑廟學自改邑來且二百餘年而繼修者亦嘗剪荆榛塗丹雘而麗牲方勸函席頤傾遂至堂絕金絲壁餘鼠蠹蓋李下之蹊不言而庭中之草可鞠矣錢明府始視事輙

低徊久之然煩苛未捐瘡痍未起賦不忍有羡金詞不忍有贖鍰而魚沸於釜蠹沉於竈三水薄城家無射蛟之弩九馗通道人有濡首之厄兼之萑苻晝警行李露宿野稀佩犢室尠織蛩嗟乎民不安作吏敢煩興明府於時百嗇節物一意寧人一之歲除苛政二之歲綜百維三之歲定經制遠撫長駕瀧沉澧灾乃防龍河梁馬木徹潢池綏下里其於士也引恬抑躁優異惠貧肄有田社有餼饋酳有儀簡束有禦以故猗夫起敘 之門由士直繩墨之側然後鳩材集力諏日起功即期迫大擢而心勞經久蓋圮多者難以補葺告成積寡者難有興作終廢是以圖之三年成之一日自殿堂廊廡門庭齋廚以至帷幄籩簋之屬罔不撤舊圖新而前啓聖於二祠則又崇尼山之脈而識絕曩今也於休哉基壞於難因功同於甫擬矣夫吏士者輕蘧廬重廚傳迂繇聖人之道何如近結要人之懽而況臥轍雖再歌襟有期尚猶不忘我人士而勤鄒魯之思我人士無忘聖人之道其敢忘明府而無忘明府其敢忘聖人之道夫士生如礪朴不習拾級顙不習撫席其自負以才者直擷藻拾華耳然高陽氏之才乃在齊聖廣淵明允篤誠當是時蒼舒隤敳功名才畧爛然勛華而遜遜交讓至與之天下不受士奈何使孝先之腹侈桓生之綬而況未涉風雲頓作官況甫窺月露遽傲老宿也夫見知佐光華之日私淑登美富之牆唯是明誠之目而實夫子所惓惓旃厦者千秋學脈始自吾鄉而且當彈冠振衣之會樸者近誠穎者近明豈其若蠖屈於葉唯所蒼黃者予澡髮登庠事幾令公矣當其兩相厭薄則學將落於原伯校幾毀於然明乃若幕無譎閭庭無非公而愛則慈父畏則神君無亦有引之繩斯材置之溝斯竅者乎雖然祝轅則欲遠耦田則願畬斯

皆不緣功令不謀父兄而獨趨驪王路登稷情田則入壇之璺尚假平傾躍冶之金間犁陶鑄夫告之則頑是謂不明舍之則闇是謂不誠斯亦高陽氏所不才也才不才之間不可以頓身而況鼓筒則炳炳麟麟陣堂則誾誾秩秩明府爲大邑所難而吾黨不爲樂歲所易其何以不愧才名也予觀古之興學者雅不欲弄筆墨徼利達而其大節在臣死忠子死孝夫忠孝非明誠不立而許睢陽之舌劉戶侯之肝徇芬彤管則夫率其樸與爲明率其穎與爲誠合明府數年之誨而復吾鄉明誠之才將在吾黨矣吾黨無忘聖人之道也乃其無忘明府明府爲予同年進士諱春號梅谷武進人

二三、錢令公（春）遺愛碑

題解：

《錢令公（春）遺愛碑》收録于民國二十二年（1933）《高陽縣志·集文》。孫承宗撰，李紅權輯録、點校《孫承宗集》（中）卷十八《碑記》，北京：學苑出版社，2014年，第603–605頁。

碑文：

漢有換縣之法，後世遂爲下邑患苦。蓋下邑罷劫，曾不供展錯，故高材目爲蘧廬，而上或重材，又不暇爲地，即送往事居，罷劫良苦已。錢令公不鄙夷我下邑，屢議調，輒屢從我遮留，而拮据我罷劫者四年矣，乃調廣成去。去之日，衆相與築宮，而以誕日事公，比于岠山，即新令公閲舊政以爲當。予乃得次公所拮据予邑者，勒之石。

公明哲宣慈，而嶄嶄孤立，其于邑，雅意孺畜，不爲苛急，而宿蠹大猾若薙。邑分里十有四，其長以督賦，其長之直年，以應供億，乃賦逋，至傾産不償，而供應煩，至以償傾産，多置長，分其督，而盡罷直年，故錙銖不逭逋、不民費也。邑兩税與雜徵，嚮以入出爲低昂，而諸胥緣低昂爲奸利，公入不加秋毫，出不減秋毫，于入即豪胥批指，已踐更之徭，或憑胥吏爲解免。公以雜閲參嘖言，使田不匿額，而交闗之費官給之，故徭平而省，無復求解免者。異時帑金化爲槖中裝，穀化爲金，公根株其往，無以涴來者而櫛比之，故帑清而穀儲以三千。邑承三大河下流，南接蠡，既潰防以壑我，而東北瀛、濡，又善以我爲壑。公日夜率吏民堅其防于蠡，而東請瀛，决石城之道，北請濡，塞龍河之口，計此衣帶水不絶，則決者不塞，塞者不决，公之力也。邑比閭灑削，賣漿百數耳，而供應雜取其中，諸工匠半在公家，而薪木之榷，暴及遠人。公淡無所需于邑，而盡罷河榷，獨稍存其額供上者。

邑不善訟，或以訟成牘入，而隸胥稍不厭，則陰陽令君而變黑白，故訟不窮公法，而窮私劍也。公著令，計道里遠近，期訟者來，來輒奏成手中，而又聽其和解。邑延袤不百里，季僉丁壯者八人，司巡徼，大豪爲窟穴，而逋逃借爲藪。至閭巷勃磎，則執爲大故，諸鄉社讀法，責以捕緝。朝朔望，醵金泉，啖曹掾，公一切罷免，而里中額手歡也。邑馬不給于濡，而枉濫不裁，輒借民馬，乃廄吏匿而私其值，遞在民矣。公節縮而恤之無枉。邑道茀不可行，行李野宿，公堙谿嶄岸，以梁水涸，而又大修亭舍，實以供帳。即輪蹄錯趾，民不聞焉。邑士樸，而間者爲佻。公奬恬抑躁，時引說大誼，置學田，修學宮，以示風尚，而士習于萬。今所登賢書高第，其尤拔也。歲比不登，公單騎視煢獨，食之。以意奉功令，不以格柅，故貿貿者得不爲溝瘠。濡隸我，故其人得修睚眦于守，而追呼爲殘虐，公禁不予，即予者，預白曲直，而守不易也，民乃息。邑得祀高陽氏，若諸所尸祝，而額田没，至借牲以薦。公覈其田，庀其豆，登歲時，率父老低徊祠下有秩。祀已，大盗探丸萑苻，白晝剄人于市，連數州邑，莫之敢攖。公跳身游徼中，借騎兵窮其宂，盡殲之。蓋公澹于操，故邑不以極欲；嚴于交，故邑不以結歡。力能使久疲屢灾之區，比于一同，而它人所亟去者，公獨四年拮据，而不我鄙。蓋公尊人爲啓新先生，起家廬陵，以忠言直節名天下，斯其治譜也。公諱春，字若木，號梅谷，武進人，萬曆甲辰進士。

錢令公遺愛碑　孫承宗

漢有換縣之法後世遂爲下邑患苦蓋下邑罷劾嘗不供展錯故高材目爲蓬廬而上或重材又不暇爲地即遂往事居罷劾良苦已錢令公不鄙棄我下邑屢議調輒屢從我遮留而拮据我罷劾者四年矣乃調廣成去去之日衆相與築宮而以誕日事公比於岠山即新令公閱舊政以爲當予乃得次公所拮据予邑者勒之石公明哲宣慈而嶄嶄孤立其於邑雅意獨嗇不爲苛急而宿蠹大猾若薙邑分里十有四其長以督賦其長之直年以應供億殖賦逋至傾產不飭而供應煩至以償傾產多留長分其督而盡罷直年故錙銖不逭逋不民貲也邑兩稅與雜徵繇以入出爲低昂而諸胥緣低昂爲姦利公入不加秋毫出不減秋毫於入即棄胥批指已毀吏之徭或憑胥吏爲解免公以雜閱參嘖言使田不匿額而交關之費官給之故徭平而省無復求解免者異時解金化爲橐中裝穀化爲金公根株其往無以澆來者而櫛比之故解清而穀儲以三千邑承三大河下流南接蠡既潰防以壑我而東北瀛濡又善以我爲壑公日夜率吏民堅其防於蠡而東請瀛決石城之道北請濡塞龍河之口計此衣帶水不絕則決者不塞塞者不決公之力也邑比閻灑餉賈漿百數耳而供應雜取其中諸工匠半在公家而薪木之權暴及遠人公淡無所需於邑而盡罷河

權獨稍存其額供上者邑不善訟或以訟成牘入而隸胥稍不厭則陰陽令君而變黑白故訟不窮公法而窮私劍也公著令計道里遠近期訟者來來輒奏成手中而又聽其和解邑延袤不百里季僉丁壯者八人司巡徼大豪爲窟穴而逋逃借爲藪至閭巷勃磎則執爲大故諸鄉社讀法責以捕緝朔望鍒金泉咯曹椽公一切罷免而里中額手歡也邑馬不給於濡而柱遞不裁輒借民馬乃廐吏匿而私其稙遞在民矣公節縮而歸之無枉邑道弗不

可行行李野宿公堙谿嶄岸以聚水潤而又大修亭舍實以供帳即輪蹄錯趾民不聞焉邑士樸而闇者爲佻公獎恬抑躁時引說大誼置學田修學宮以示風尙而士習於萬今所登賢書高第其尤拔也歲比不登公單騎睬煢獨食之以意奉功令不以格梶故貿貿者得不爲溝瘠濡隸我故其人得修睚眦于守而追呼爲殘虐公禁不予即予者捐白曲直而守不易也民乃息邑得祀高陽氏若諸所尸祝而額田沒牟借牲以薦公嚴其田庀其豆登歲時率父老低徊祠下有秩祀已大盜探丸佳符白晝剽人於市連數州邑莫之敢攖公跳身游徼中借騎兵窮其冗盡殲之蓋公濟於操故邑不以極欲嚴於交故邑不以結歡力能使久疲屢災之區比于一同而它人所亟去者公獨四年拮据而不我鄙蓋公尊人爲啓新先生起家廬陵以忠言直節名天下斯其治譜也公諱春字若木號梅谷武進人萬曆甲辰進士

二四、關帝廟記

題解：

《關帝廟記》收録于民國二十二年（1933）《高陽縣志·集文》。孫承宗撰，李紅權輯録、點校《孫承宗集》（中）卷十八《碑記》，北京：學苑出版社，2014年，第593–594頁。

碑文：

邑西八里許爲邢家，南又西里許爲六家莊。予田于六而過邢，邢有漢前將軍關帝祠，邢之人以黄生應聘因劉生利用來問記，其言曰：「祠，萬曆三十六年春月建，而有事于祠者，爲趙崇芳、馮禄、陳光宗。」予謂帝祠遍天下，是祠曾不足駐龍旂火馬，然重念鄉人樸茂，其藏緼或不供耕耘，而慕嚮明神，無亦其丹誠歟。蓋帝之言曰：「日在天，普照萬方；心在人，以表丹誠。」夫丹誠如日，縱此樸茂。予嘗兩記帝祠，大約謂「子孝臣忠，兄良弟悌，惟神貺。其有行不履諸，未不蓋初，利害易嚮，生死易交，菀枯易集，成敗易志，惟神羞。」予挈兩記，告鄉人，使善用吾樸茂，以不辱于神明，則龍旂火馬，珊珊其來，未可知。然丹誠如日，亦何必龍旂火馬、赭面戟髯者神也。

關帝廟記

孫承宗

邑西八里許爲邢家南又西里許爲六家莊予田于六而過邢邢有漢前將軍關帝祠邢之人以黃生應聘因劉生利用來問記其言曰祠萬歷三十六年春月建而有事於祠者爲趙崇芳馮祿陳光宗予謂帝祠遍天下是祠曾不足駐龍旂火馬然重念鄉人樸茂其藏縕或不供耕耘而慈嚮明神無亦其丹誠歟蓋帝之言曰日在天普照萬方心在人以表丹誠夫丹誠如日縱此樸茂予嘗兩記帝祠大約謂子孝臣忠兄良弟悌惟神睨其有行不履諾未不蓄初利害易嚮生死易變菀枯易集成敗易志惟神羞予黎兩記告鄉人使善用吾樸茂以不辱于神明則龍旂火馬珊珊其來未可知然丹誠如日亦何必龍旂火馬赭面戟髯者神也

二五、北嶽祠記

題解：

《北嶽祠記》收録于民國二十二年（1933）《高陽縣志·集文》。孫承宗撰，李紅權輯録、點校《孫承宗集》（中）卷十八《碑記》，北京：學苑出版社，2014年，第594–595頁。

碑文：

按，嶽稱恒宗，在雲中渾源，而秩祀在曲陽。予嘗負劍塞下，登恒巔，歷虎谷、集僊諸峰，以攬結河山雄秀，而北望白登、紀干，南眺五臺，逶迤幾千里而來結聚，以撐柱燕晋之交，遂以劃内外之界。是以有顯赫靈爽奠我朝，而更爲北偏屏翰。予邑依帝畿，在日月光際，于柴周、趙宋，則關南要害，而元爲鎮撫彈壓地，乃天下大勢，則北嶽之隸也。古者表山爲嶽，以分天下爲五，遂分嶽建侯，以司牧元元，而嶽祀視三公，天子巡方則祀，諸侯在其地則祀，法不得祀于下里。然年歲豐和，雨暘時若，即下里，亦得以豚盂仰報，尊而親之。予嘗比天子大吏鎮撫其地，豈細氓得望見顔色，而軫瘼恤煢，即細氓得稱頌功，得擬于岵，峴神于地，興雲結雨，捍禦患灾，以屏翰我如礪之區，則我人似宜有崇報，以比天子大吏然。予嘗謂：「世昌明，憑人；世衰絶，憑神。」倘吏士者調輯柔剛，無患若百姓，尚其唯神庥，凡我百姓，尚得戴守土之吏如明神，而其榮報明神，亦復如守土之吏。歲時伏臘，烹炰羊豚，醉飽庭下，即神亦樂只，而縉紳先生，且于若輩，以觀帝畿太平之象。鄉文學李大賓曰：「祠最古遠，再修于正、嘉際，先後俱其族人。」今天子癸丑，會首李大受、李春陽、僧福會、徒慶蓮洎鄉人修之，而予仲父壽官府君麗、庠生王令績亦有事云。

北嶽祠記

孫承宗

按嶽稱恒宗在雲中渾源而秩祀在曲陽予嘗負劍塞下登恒巔歷虎谷集僊諸峰以覽結河山雄秀而北望白登紀千南眺五臺逶迤幾千里而來結聚以撐柱燕晉之交遂以劃內外之界是以有顯赫靈爽奠我朝而更爲北偏屏翰予邑依帝畿在日月光際於柴周趙宋則關南要害而元爲鎭撫彈壓地乃天下大勢則北嶽之隸也古者表山爲嶽以分天下爲五遂分嶽建侯以司牧元元而嶽祀視三公天子巡方則祀諸侯在其地則祀法不得祀於下里然年歲豐和雨暘時若即下里亦得以豚盂仰報尊而親之予嘗比天子大吏鎭撫其地豈細民得望見顏色而紾擬郵傳即細民得稱頌功得擬於岈峴神於地興雲結雨捍禦患災以屏翰我如儞之區則我人似宜有崇報以比天子大吏然予嘗謂世昌明懲人世衰絕恐神偷吏士者調輯柔剛無忠若百姓尚其雖神麻凡我百姓尚得戴守土之吏如明神而其榮報明神亦復如守土之吏歲時伏臘烹羔羊豚醉飽庭下即神亦樂只而縉紳先生且於若輩以觀帝畿太平之象鄉文學李大賓曰祠最古遠再修于正嘉際先後俱其族人今天子癸丑會首李大受李春陽僧福會徒慶蓮洎鄉人修之而予仲父壽官府君麗庠生王令續亦有事云

二六、興化寺記

題解：

《興化寺記》收録于民國二十二年（1933）《高陽縣志·集文》。孫承宗撰，李紅權輯録、點校《孫承宗集》（中）卷十八《碑記》，北京：學苑出版社，2014年，第592–593頁。

碑文：

予以壬子冬，與舊令公錢若水御史約，會于石門，夜過汜頭，宿興化寺，喜其風土沉樸，兩僧亦復願謹，漏再下，具脫粟啜茗，起視明月掛籬落間，遂成四偈。洎晨行，則僧指礱石索記，曰：「寺創于金大定元年，修于明洪武庚子，再修于萬曆癸巳。其修者爲鄉民謝安、郭尚義、王東曉、王奪世、陳可大，洎僧會科。又十一年乙巳，則僧性良與省祭官郭應期等加飾焉。乞一言，留鎮山門，以當蘇公之帶。」予笑而諾之。越明年，癸丑秋，始隨沉樸之俗，而爲白衣諸父老說法。

予觀蠉蜚蠕動，具有趨避，其趨必利，其避必畏，乃世法之四維三尺，可避可趨，而愚迷或以爲常而生玩。于大慈悲主俯就世人所必趨必避，以導通途。謂我予以利，不若自趨其利；我予以畏，不若自避其畏。故一切輪回之說歸命于佛，冀佛慈悲，以重徼福利，而去所畏。然佛有法，僧有律，一入法律，輒落輪回，種種惡業，種種惡報，凡世法所不盡及，若一切付之佛。至私居密語，減祿減算，必不可爽，而慈悲之心乃更密于世法。然世法甚寬而不漏，甚顯而不涉有無，故漢家之法三章，先蘭臺四十二章，而日月閻浮，乃知世界法律，語語大慈大悲，世人不犯世法，即不犯佛法。其遠科律，便是净土，便是靈花忍草；其近科律，便是泥犂，便是刀山劍林。試觀狂夫操利劍，繫徽纏，掐膺仰泣曰：「庶幾佛其救之。」顧操利劍者誰乎？我自不操利劍，我自不繫徽纏，故不殺人是佛，能自救身是佛。予謂率爾沉樸，且有佛理矣。且佛法空净，捐離一切。竊計爾能捐墳墓，不能捐田宅；能離父母，不能離妻子。就爾所能，便是禽門；就爾所不能，便是欲海；以爾不能，益恣爾能，便是永墮阿鼻。昔維摩答菩薩問眷屬曰：「智度爲母，方便爲父，法喜爲妻，慈悲爲女，善心成實爲男。」予今爲爾等轉語曰：「母爲智度，父爲方便，妻爲法喜，女爲慈悲，男爲成實。吾所眷屬，即是眷屬。無以我欺心，名曰如來；無以我損人，名曰平等；父慈子孝，兄友弟恭，夫義婦聽，名曰極樂。昔佛言：『出家不修善根，不如在家；出家能修善根，則勝在家。』須知西方無貪嗔佛，震旦無迕逆佛，弟子以身試法，舉目寒林，以法檢身，普門金地。」僧聞而合掌稱善。予笑曰：「予爲在家白衣說法，不爲爾精進者說法。」因拈氾頭之氾爲語曰：「水別而復會爲氾，其別其會，當作何解？」更爲誦和修偈曰：「非法亦非法，無心亦無法，說是心法時，是法非心法。」

維三尺可避可趨而愚迷或以爲常而生甑於大慈悲主俯就世
人所必趨必避以導通途謂我予以利不若自趨其利我予以畏
不若自避其畏故一切輪回之說歸命於佛冀佛慈悲以重微福
利而去所畏然佛有法僧有律一入法律輒落輪回種種惡業種
種惡報凡世法所不盡及若一切付之佛至私居密語減祿減算
必不可爽而慈悲之心乃更密於世法然世法甚寬而不漏甚顯
而不涉有無故漢家之法三章先蘭臺四十二章而日月閻浮乃
知世界法律語語大慈大悲世人不犯世法即不犯佛法其遠科
律便是淨土便是蓮花忍草其近科律便是泥犁便是刀山劍林
試觀狂夫操利劍繫徽纆搯膺仰泣曰庶幾佛其救之顧操利劍
者誰乎我自不操利劍我自不繫徽纆故不殺人是佛能自救身
是佛予謂舉爾沉樸且有佛理矣且佛法空淨捐離一切竊計爾
能捐墳墓不能捐田宅能離父母不能離妻子就爾所能便是禽
門就爾所不能便是慾海以爾不能登慈爾能便是永墮河鼻昔

維摩詰菩薩問眷屬曰智度爲母方便爲父法喜爲妻慈悲爲女
善心成實爲男予今爲爾等轉語曰母爲智度父爲方便妻爲法
喜女爲慈悲男爲成實吾所眷屬即是眷屬無以我欺心名曰如
來無以我損人名曰平等父慈子孝兄友弟恭夫義婦聽名曰極
樂昔佛言出家不修善根不如在家出家能修善根則勝在家須
知西方無貪嗔佛震旦無迕逆佛弟子以身試法舉目寒林以法
檢身普門金地僧聞而合掌稱善予笑曰予爲在家白衣說法不
爲爾精進者說法因拈氾頭之氾爲語曰水別而復會爲氾其別
其會當作何解更爲誦和修偈曰非法亦非法無心亦無法說是
心法時是法非心法

興化寺記

孫承宗

予以壬子冬與舊令公錢若水御史約會於石門夜過氾頭宿興
化寺喜其風土沉樸兩僧亦復愿謹漏再下具脫粟啜茗起視明
月挂籬落間遂成四偈泊晨行則僧指甓石索記曰寺刱于金大
定元年修於明洪武庚子再修於萬曆癸巳其修者爲鄉民謝
安郭尚義王東曉王尊世陳可大泊僧會科又十一年乙巳則僧
性良與省祭官郭應期等加飾焉乞一言留鎮山門以當蘇公之
帶予笑而諾之越明年癸丑秋始隨沉樸之俗而爲白衣諸父老
說法予觀蠉蜚蠕動具有趨避其趨必利其避必畏廼世法之四

二七、齊公祠募疏

題解：

《齊公祠募疏》收録于民國二十二年（1933）《高陽縣志·集文》。孫承宗撰，李紅權輯録、點校《孫承宗集》（中）卷十八《碑記》，北京：學苑出版社，2014年，第598–599頁。

碑文：

伏以道存信古，誼在興今，故彰往菰蘆，采其翹昐，取材桑梓，不厭離奇。蓋饜以所嘗聞則易入，沃于其最切則難遷。即爵名亦足以風，矧德業特堪爲範。竊惟有唐大曆四年，博學宏辭科狀元、中書舍人、賜紫金魚袋、同門下平章事兼判兵部、河間縣男、贈禮部尚書齊忠公映，上公華胄，南省儇踪，局貌皙修，言音鴻爽，博學直探丘索，宏辭尚臭周秦；驀諸昆而耀中朝，踵世父而魁天下；倚馬歷參書記，承蜩妙應軍機。當其佐策行帷，託孤幕府，化強梁以納節，起儒緩而勝殘，固已渙小成群，既明以保。迨夫奉天奔義，梁道御忠，貴授中丞，親爲前馬，諭帥見朝廷之貴，持車知馭世之方。又迨載筆承明，綰魚中舍，稽古則道參堯舜，核今則法舉祖宗，肯盜禄以苟安，悉竭忠而自效。又迨平章門下，建爵河間，載判兵曹，兼修國史，合夔、龍于頗、牧，收遷、固于典謨，謙居伴食之朝，勇厝當權之會。材正可用，忤帝旨以先登；交匪可私，絶舊恩而寧薄。又迨寇盜交閧，關輔震騷，慷慨當車，殷勤流涕，雅不忍憂遺君父，其更求謀合臣工，是其力可回天，忠能犯主。蓋生當下里，真稱爲代之豪；即簡在清朝，尚作救時之相。而世譜不存，苗裔往書，尚想風猷。是以揚大烈于睢陽，既欽節義；表元英于瀛澥，更識文章。蓋八才子開萬古明誠，兩世家擅一朝文武。凡同衿佩，其共激揚。

齊公祠募疏　孫承宗

伏以道存信古誼在興今故彰往菰蔯采其翹盻取材桑梓不厭雕奇蓋臚以所嘗聞則易入沃于其最切則難遷即爵名亦足以風勗德業特堪爲範竊惟有唐大曆四年博學宏辭科狀元中書舍人賜紫金魚帶同門下平章事兼判兵部河間縣男贈禮部尚

書齊忠公映上公華胄南省儤踪局貌晳修言音鴻爽博學直探邱索宏辭尚跑周秦歙諸昆而耀中朝踵世父而魁天下倚馬歷參書記承鯛妙應軍機當其佐策行帷託孤幕府化強梁以納節起儒緩而勝殘固已渙小成登既明以保迨夫奉天奔義梁道御忠貴授中丞親爲前馬論帥見朝廷之貴持車知馭世之方又迨載筆承明綰魚中舍稽古則道參堯舜核今則法舉祖宗肯盜蘇以苟安悉竭忠而自効又迨平章門下建爵河間裁判兵曹兼修國史合夔龍於賡牧收遐圖於典謨謙居伴食之朝勇屑當權之會材正可用忤帝旨以先登交匪可私絕舊恩而寧薄又迨寇盜交鬨關輔震驚慷慨當車殷勤流涕雅不忍聚道君父其更求謀合臣工是其力可回天忠能犯主蓋生當下里眞稱爲代之豪即簡在清朝尚作救時之相而世譜不存苗裔往書尚想風猷是以揚大烈於睢陽既欽節義表元英於瀛滸更識文章蓋八才子開萬古明誠兩世家擅一朝文武凡同衿佩其共激揚

二八、元孝子百户劉智墓記

題解：

《元孝子百户劉智墓記》收録于民國二十二年（1933）《高陽縣志·集文》。孫承宗撰，李紅權輯録、點校《孫承宗集》（中）卷十七《墓誌銘》，北京：學苑出版社，2014年，第579頁。

碑文：

劉孝子者，勝國百夫長。曾剖肝瘳親，事在劉進士士美題詞。蓋由泰定來三百餘年，兵火幾遭，而此石巋然無壞，亦孝秉天彝，即盭夫悍卒，有不忍墮者。孝子里，去城三里許，去予塋可半里。予每拉友人步其下，即枯株野鳥，啁嘲上下，嘗低徊久之不能去。其地佩兩水，而孤峰亢爽回環，故其人遂得與舒、敳同名天壤，則人地靈傑，豈偶也。孝子之裔孫諸生燦然爲予門人，予偶謂生云：「爲侯王之裔，不若爲忠孝之裔，世有裔侯王，而不敢自列其先，乃忠孝類侈言之。」予邑許睢陽忠烈，苗裔滿天下，而所在列其塚祠。一時熏轑豪華，如某如某，其子孫聞語及者，無不靦然汗下而不能語。然則忠孝之裔，勝公胄也。予既表許忠烈祠，乃更低徊孝子，適燦然除先墓，而薙蕪立仆，補其缺甂，遂題其語于石。嗟乎！臣忠子孝，宇宙大倫。劉户侯鞂軩，君子而躬摯行，以彼引芒一念，秉障當敵，尚可爲睢陽乎？誰謂不經不訓也，敢藉以勵靡靡者。

元孝子百戶劉智墓記

孫承宗

劉孝子者勝國百夫長曾剖肝療親事在劉進士士美題詞碁由燕定來三百餘年兵火幾遍而此石巋然無壞亦孝秉天彝即蓋夫悍卒有不忍墮者孝子里去城三里許去予塋可半里予每拉友人步其下即枯株野鳥啁啾上下瞀低徊久之不能去其地僻臨水而孤峰亢爽回環故其人遂得與舒歆同名天壤則人地靈傑豈偶也孝子之裔孫諸生爍然爲予門人予偶謂生云爲侯王之裔不若爲忠孝之裔世有裔侯王而不敢自列其先蹇忠孝類侈言之予邑許睢陽忠烈苗裔滿天下而所在列其塚祠一時烝轢豪華如某如某其子孫聞語及者無不靦然汗下而不能語然則忠孝之裔勝公冑也予既表許忠烈祠廼更低徊孝子適爍然除先塋而薙蕪立仆補其缺齾遂題其碣於石嗟乎臣忠子孝宇宙大倫劉戶侯疎鞈君子而躬擊行以彼引芒一念乘障當敵倘可爲睢陽乎誰謂不經不訓也敢藉以勵靡靡者

二九、清代禮部題奉欽依曉示生員臥碑

題解：

《清代禮部欽依出榜曉示生員臥碑》收録于《文物春秋》2014年第2期，第61—62頁，刊刻于清·順治九年（1652）。拓片長100厘米，寬29厘米。碑文36行，滿行20字。此碑出土于河北省高陽縣。

碑文：

順治玖年貳月初玖日，禮部題奉欽依刊立臥碑，曉示生員。
朝廷建立學校，選取生員，免其丁糧，厚以廩膳，設學院、學道、學官以教之，各衙門官以禮相待，全要養成賢才，以供朝廷之用。諸生皆當上報國恩，下立人品。所有教條，開列于後：

生員之家，父母賢智者，子當受教；父母愚魯，或有非爲者，子既讀書明理，當再三懇告，使父母不陷于危亡。

生員立志，當學爲忠臣清官。書史所載忠清事跡，務須互相講究，凡利國愛民之事，更宜留心。

生員居心忠厚正直，讀書方有实用，出仕必作良吏。若心術邪刻，讀書必無成就，爲官必取禍患，行害人之事者，往往自殺其身，當宜思省。

生員不可干求官長，交結勢要，希圖進身。若果心善德全，上天知之，必加以福。

生員當愛身忍性，凡有司官衙門，不可輕入，即有切己之事，止許家人代告，不許干與他人詞訟，他人亦不許牽連生員作證。

爲學當尊敬先生，若講說，皆須誠心聽受，如有未明，從容再問，毋妄行辯難。爲師長者亦當盡心教訓，勿致怠惰。

軍民一切利病，不許生員上書陳言。如有一言建白，以違制論，黜革治罪。

生员不許糾黨多人，立盟結社，把持官府，武斷鄉曲，所作文字，不許妄行刊刻，違者聽提調官治罪。

康熙肆拾壹年伍月貳拾玖日。

高陽縣知縣陳守創、儒學教諭張□、儒學訓導李牲同立。

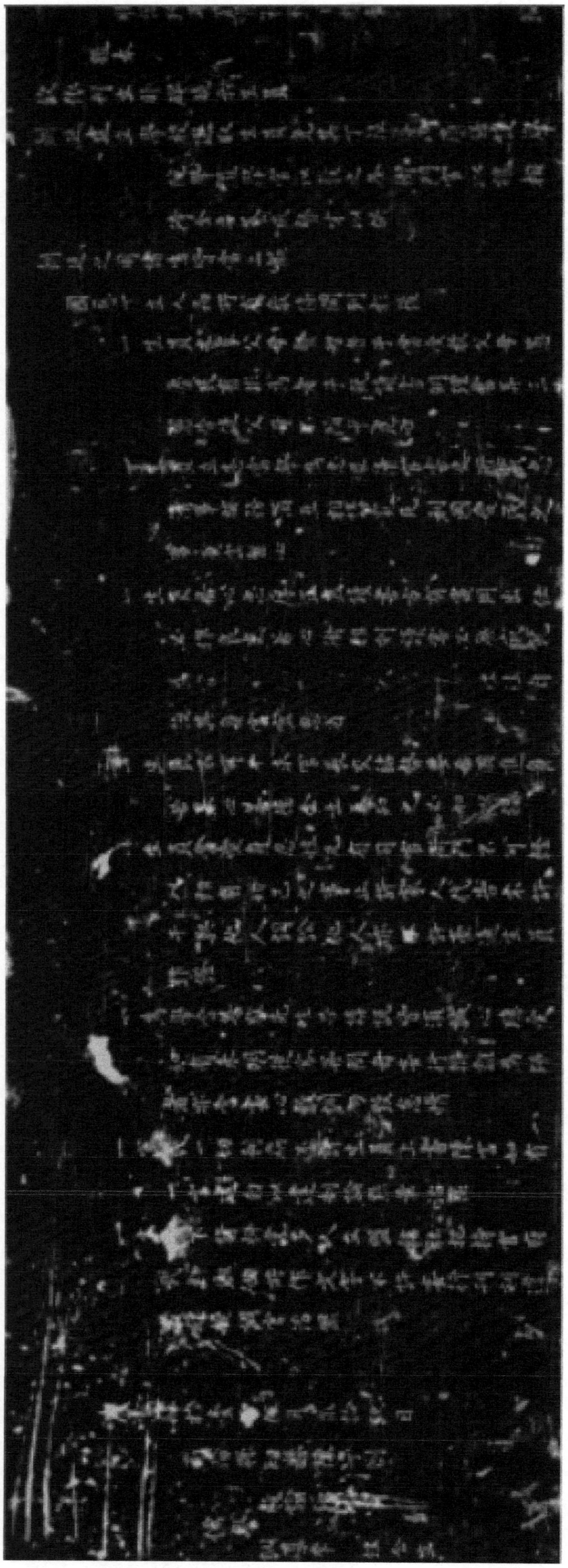

三〇、孝義孫深仲墓誌銘

題解：

《孝義孫深仲墓誌銘》收録于民國二十二年（1933）《高陽縣志》，王餘佐撰文，刊刻于清·康熙十七年（1678）。

誌文：

嗚呼！大難後，吾師孫徵君向余道高陽文正公遺烈，言其家子孫不忘化碧之慘如王偉元者，爲衷淵君。衷淵當攖城時，闔門踐血，身帶八矢，復投繯不死。既甦而思有老母在，隱忍以生，爲親存也。及沙移雁散，脫屣時名，舉平生攻苦連篇累牘之業，付之流水。放懷于溪山詩古文辭，意有所痛悼也。哀哉！余過高陽至君家，瞻拜文正公祠，與君嗚咽相對。高言遠旨，匪俗所參，知其志矣。已而衷淵辭世，門弟子私謚貞介。歸窆穸畢，吾師紫峰公爲之傳。君子柠同門人任斌、齊震炯等匍匐請余追誌其墓。嗟呼！衷淵之爲人，雖不文亦傳，然願爲之傳者，余心也。君姓孫氏，諱之淬，字深仲，衷淵其號也。其先湯陰人，徙實内地，居高陽城北之西莊。始祖遇，生讓，讓生懷，懷生逵，逵生麒，贈少師。麒生子四：長敬先；次敬思；次敬宗，萬曆辛卯舉人；次承宗，萬曆甲辰榜眼，即文正公。敬思是爲君大父，壽官，鄉飲大賓，好義俠，喜讀古史，孫氏文教得于延師友之力居多。敬思生三子：鋐；鍈；錬，即君父，家頗厚，能文章，不欲以科名羈逸志，貴介聲華，儃不染焉。生子四：伯之漢，叔之茌，俱庠生；季之滋仲，即君也。君生而穎異，氣質端凝，髫年具有大志。目不視玩好，手不持金錢，不苟言笑，進止不失常度。于書多所淹貫，焠掌之勤，人罕及之，志學之年，即舉茂才。繼食廩餼，爲文奥博，自爲一家。常試率異等，闈牘兩值，名宿皆奇。賞佹得，復失，人惋其不偶。戊寅，邑城陷，君家祖父、伯叔俱以身殉，妻邊孺人之節更烈，君捍賊被矢，浮于雷將軍，不死，自縊至三。復蘇，背鏃嚙骨矣！幸獲良藥出之，鹿角長三寸，不數日痊。異哉！神助孝子也。此後奉堂上歡，曲盡志養，敦睦克施。恒慕范文正公義田之舉，而力不贍者久之。甲申之變，偕范篤生、張聚五兩孝廉，趁西山之爽，是終焉計耳。暨聞甘旨告缺，操丹黄管，出博饘粥資，亦自食其力。未幾，賦歸與，蓋垂念吾黨小子也。正襟危坐于家塾間，所讀四五經，雜至《陰符》《道德》《南華》諸書，皆有注解。生徒日進，雍雍儒雅，振姚樞、許衡之遺緒，亦小經綸，不徒神禫其辭、第佗其冠而已。邑尹沈純禔，頗能禮重，有「孝弟久乎于末俗，尚有典型；身心早近乎古人，不求聞達」之題，爲肖其實云。丁未，母夫人終堂，君哀毀過禮，三年斷葷酒，祭奠以誠。苫塊間，猶披對吾師徵君先生兼山諸刻，心切仰止。每以接其遥誨，未遂負笈爲恨。及讀《紫峰集》，則清操峻節，如在羹墻，其好賢樂道之懷如此。孝義炳然，照耀千古，中間講誦淑人直餘事耳。邊孺人烈節當合志，以其已特傳，兹不具述。

君生于萬曆四十一年十二月二十日巳時，卒于康熙十七年九月二十六日子時。初配王氏，邑庠生王庭桂女。再配邊氏，任邱庠生邊世興女，即烈婦也。被賊剚胸而殞，入火不焚，屍氣如蘭，面色若生，真金鐵胎也。繼配白氏，清苑庠生白汝操女。子一，柠，庠生，邊出，初娶蠡縣庠生齊氏女，繼娶蠡縣庠生王龍光女。孫一，爾焯，業儒，娶邑庠生王允文女。嗚呼！衷淵死矣，衷淵之心未死也。舊壠之上，不能絜酒一杯澆泉下魂，謹揮淚而爲之銘。銘曰：

窣堵波兮，馬鬣封聊其穴兮。埋人龍文光，攙攙發長虹。天傾地坼不能滅，其中縮轂爲孤忠。顓頊之里，有奇如此，千秋萬祀，吊孝義之逸士。

孝義孫深仲墓誌銘　王餘佐

嗚呼大難後吾師孫徵君向余道高陽文正公遺烈言其家子孫不忘化碧之慘如王偉元者爲袁淵君袁淵當攖城時闔門殘血身帶八矢復投繯不死既甦而思有老母在隱忍以生爲親存也及沙移雁散脫屣時名舉平生攻苦連篇累牘之業付之流水放懷於溪山詩古文辭蓋有所痛悼也哀哉余過高陽至君家瞻拜文正公祠與君嗚咽相對高言遠旨匪俗所㕘知其志矣已而袁淵辭世門弟子私謚貞介難晻歲舉吾師紫峰公爲之傳君子杼同門人任斌齊震炯等匍匐請余追誌其墓嗟呼袁淵之爲人雖不文亦傳然顧爲之傳者余心也君姓孫氏諱之獬字深仲袁淵其號也其先湯陰人徙實內地居高陽城北之西莊始祖遇生護

護生懷懷生遜遜生巍曉少師巍生子四長敬先次敬思次敬宗萬歷辛卯舉人次承宗萬歷甲辰榜眼即文正公敬思是爲君大父壽官鄉飲大賓好義俠喜讀古史孫氏文教得於延師友之力居多敬思生三子鋐鐄鋉即君父家頗厚能文章不欲以科名羈逸志貴介聲華僿不染焉生子四伯之渼叔之菹俱庠生季之遴仲即君也君生而穎異氣質端凝髫年具有大志目不視玩好手不持金錢不苟言笑進止不失常度於書多所淹貫焠掌之勤人罕及之志學之年即舉茂才繼食廩餼爲文奧博自爲一家常試率異等闈牘兩儐名宿皆奇賞侂得復失人惋其不偶戊寅邑城陷君家祖父伯叔俱以身殉妻邊孺人之節更烈君捍賊被矢浮於雷將軍不死自縊至三復蘇背鏃嚙骨矣幸獲良藥出之鹿角長三寸不數日痊異哉神助孝子也此後奉堂上歡曲盡志養敦睦克施恒慕范文正公義田之舉而力不贍者久之甲申之變偕范篤生張聚五兩孝廉趦西山之爽是終焉計耳暨聞甘旨告缺操丹黃管出博饘粥資亦自食其力未幾賦歸與蓋垂念吾黨小子也正襟危坐於家塾閒所讀四五經雜至陰符道德南華諸書皆有註解生徒日進雍雍儒雅振姚樞許衡之遺緒亦小經綸不徒神轉其辭第佗其冠而已邑尹沈純醒頗能禮重有孝弟久孚於末俗尚有典型身心早近乎古人不求聞達之題爲旨其實云丁未母夫人終堂君哀毀過禮三年斷葷酒祭奠以誠苦塊閭猶披對吾師徵君先生兼山諸刻心切仰止每以接其謦咳未遂負笈爲恨及讀紫峯集則淸操峻節如在羹墻其好賢樂道之懷如

此義炳然照耀千古中間誦謫淑人直餘事耳邊孺人烈節當合誌以其已特傳茲不具述君生於萬歷四十一年十二月二十日巳時卒於康熙十七年九月二十六日子時初配王氏邑庠生王庭桂女再配邊氏任邱庠生邊世興女即烈婦也被賊剸胸而殯入火不焚屍氣如蘭而色若生眞金鐵胎也繼配白氏淸苑庠生白汝操女子一杼庠生邊出初娶蠡縣庠生齊氏女繼娶蠡縣庠生王龍光女孫一爾焯業孺娶邑庠生王允文女嗚呼袁淵死矣袁淵之心未死也舊壠之上不能絮酒一杯澆泉下魂謹揮淚而爲之銘銘曰窣堵波兮馬鬣封聊其穴兮埋人龍文光搖搖發長虹天傾地坼不能滅其中縮轂爲孤忠顱項之里有奇如此千秋萬禩吊孝義之逸士

三一、李如涝墓誌

題解：

《李如涝墓誌》拓片録文收録于《文物春秋》2008年第1期，第66—67頁，葉方藹撰，徐元文撰蓋，劉如漢書，刊刻于康熙十八年（1679）。誌石長74.7厘米，寬16厘米。誌文39行，滿行39字。楷書。2007年出土于河北省高陽縣蒲口鄉南才口村。

誌文：

賜進士及第經筵日講官起居注翰林院掌院學士兼禮部侍郎教習庶吉士臣年弟昆山葉方藹頓首拜撰

賜進士及第通奉大夫監修明史内閣學士兼禮部侍郎加一級前經筵日講官記起居翰林院掌院學士兼禮部侍郎教習癸丑丙辰兩科庶吉士纂修太宗實録副總裁纂修孝經衍義總裁丙辰武□試總裁丙辰文武殿試讀卷官國子監祭酒内秘書院侍讀己酉陝西鄉試正□考掌理誥敕内弘文院修撰昆山年弟徐元文頓首拜書丹

賜進士出身通議大夫太常寺卿前都察院左僉都御史加一級太常寺少卿兵科掌印給事中加一級吏禮兵工四科□□給事中奉敕稽察吏工二部事務□掌登聞鼓差巡視中城廣東道監察御史癸卯科江西鄉試副總裁庚戌科武□同考官翰林院庶吉士蜀渝門年□弟劉如漢頓首拜篆蓋

今夫□□□事宜出于學士大夫，然有平居無事坐談書史，嚚嚚然□義自許。及一朝遭□沸鼎在前，白刃在後，忽焉喪其所守者，利害迫于中，威武懾于外，即回面污行而不恤也。若天性忠孝而又生強仁，□義之鄉，世第忠貞之族，其堅確之操生死不渝，固非矜詡之流可同日語者。□我友高陽李君澹庵，非其人耶。燕趙古稱多慷慨悲歌之士，而保定一郡于今尤烈。數十年來其□□之取義成仁，赫赫在耳目聞者何可更僕數。君自束髮即耳濡目染，少而習安有若天□故其人□都也。遘滇□之變，並鬼分野，五州二十七縣撫鎮以下莫不及顏事仇，甘受僞命，君不過一邑□□□□能抗□張之勢而反之正哉。然始也，謀集兵拒守，勢不可支，則以死自誓，雖免鋒所加，命在□刻，□□堅□□□于色不爲少動。迨拘囚民舍，困苦三年，乘間而逃，崎嶇山溪篁箐之間，跋涉虺蛇豺虎之窟，終歸□都，再□天日。天子□其□，方且寵之京秩，明示天下，以愧勵爲人臣而懷二心，不幸生歸未幾，溘然觀化，□原不可復作矣，豈不悲哉！

君名如滂，字□淵，澹庵其號。順治丙戌薦于鄉，己亥成進士。初授萬安知縣，兵荒後□界混淆，盜墾不報□，君按畝清丈，頑民無所容其姦。俗重婚嫁，靡費無紀，産女者多□□，君□爲厲禁，生聚漸蕃。改知零陵，軍民雜處，軍爲民病，請于上官嚴治之。水夫工食嚮以給兵，兵罷□取民間如故，君一切□去。最後乃知豐都□□人皆屍魂焉。君祖都閫公諱守成，父文學公贈文林郎諱預，母賈氏贈孺人。君弱冠值家□□□□骸骨于□□之餘，負衣食成殮以葬。母卒零陵官舍，扶柩還鄉□□□號，三月不怠。撫弟紹沆竭誠致愛，弟疾則憂不能食，訓誨諄切至于流涕，紹沆亦奮厲有問于□□。孺人劉氏，國學生振龍女。子六人：榛，府庠生；檜，邑廩生；標，國學生；桷、漣、桓俱幼。女一人，適庠生冉□。孫男四人，天祥、天從、天福、天瑞，孫女一人，俱幼。君之歸自賊中也，間關匍匐因游成疾，弟又出仕，不能獨理家政，析□産，命諸子與侄均分，宗黨稱仁讓焉。君素工詩，當陷蜀時，悲忿填臆，發于歌詠，多忠君愛國之思，子既爲序以行。君生于萬曆四十六年八月十一日申時，卒于康熙十八年十二月十二日亥時，享年六十有二。今年三月十七日，其子榛等葬君于城北七里蔡家口西先塋之次，因請銘□予，予不得辭也。銘曰：

□昔杜□，□陷長安。吞聲蒲柳，黯愴江干。□□行在，涕淚受官。君亦罹變，大節以完。忠不忘君，問道辛酸。胡爲弗□，賁志窮泉。燕山蒼蒼，易水漫漫。幽宮永託，萬世是觀。

三二、重修福泉寺

題解：

《重修福泉寺》收録于民國二十二年（1933）《高陽縣志・集文》，李霨撰文。

碑文：

邑之福泉寺，創于有元，而其重修則明之正統十年也。閲歲既久，棟宇摧圮，像飾漶剥，日浸月極，靡復舊觀。張生景濂者，比寺而舍。其先人常有事于寺之方丈，以虔潔稱。生遂慨然欲紹先志，謀興復于衆。邑侯三韓張公文明捐俸爲之倡，張生遂身任鳩孱之役，而孝廉李如澇，文學韓雄胄、董我楫、孫之藻、李曜、冎鉉輩，羽翼鼓舞其間。于是輿情允愜，舉境樂輸，自鄉紳士庶素封之家，以及田野婦孺，無不破慳市義，以快觀成，金錢粟布，川流麕集，張生乃爲經營擘畫。不數月而摧者樹，圮者整，漶者新，剥者焕，寶相華鬘，丹楹繡栱，規模勝昔，而踵事增華。斯役也，糾集之易，與成功之速，一似陰有相者，僉謂宜有所記述，以永其事。住持僧如蘭之京師以請于余，因爲之記，且繫以銘。銘曰：

竺乾氏教，源自西方，乃東渡兮。仁祠净宇，遍閻浮界，黄金布兮。或廢或興，因緣解後，厥有故兮。顓皇之墟，邑有名刹，曰福泉兮。誰哉經始，肇元歷明，三百年兮。中更劫運，垣圮像露，神靈遷兮。我侯戾止，政清人和，百務舉兮。憐茲化城，乃進我人，爲好語兮。張生奮身，承考終事，董儔侶兮。四境呼踴，捐財施力，來赴工兮。落成不日，招提輪奂，麗以豐兮。莊嚴七寶，巍峨照耀，人天中兮。諸佛歡喜，龍象吐氣，希有德兮。福我黔首，疵厲不作，遊樂國兮。書此貞珉，用垂奕葉，永無泐兮。

重修福泉寺　　李霨

邑之福泉寺剏於有元而其重修則明之正統十年也閱歲既久棟宇摧頹像飾漶剝日浸月極靡復舊觀張生景濂者比寺而舍其先人嘗有事於寺之方丈以虔潔稱生遂慨然欲紹先志謀興復於衆邑侯三韓張公文明捐俸爲之倡張生遂身任鳩庀之役而孝廉李如蒍文學韓維胄董我樹孫之藻李曜昺鉉翬羽贊鼓舞其間於是輿情尤愜擧境樂輸自鄉紳士庶素封之家以及田野婦孺無不破慳市義以快覩成金錢粟布川流隮集張生乃爲經營擘畫不數月而摧者樹靜者整漶者新剝者煥實相華嚴丹

楹綉栱規模勝昔而踵事增華斯役也斜集之易與成功之速一似陰有相者僉謂宜有所記述以永其事住持僧如蘭之京師以請於余因爲之記且繫以銘銘曰竺乾氏教源自西方迺東渡兮仁祠淨宇徧閻浮界黃金布兮或廢或興因緣解後厥有故兮顯皇之城邑有名刹曰福泉兮誰哉經始肇元歷明三百年兮中更劫運垣圮像蝕神靈遷兮我侯戾止政清人和百務擧兮憐茲化城乃進我人爲好語兮張生奮身承考終事靡辭倦兮四境呼踴捐財施力來赴工兮落成不日招提輪奐麗以豐兮莊嚴七寶巍峨照耀人天中兮諸佛歡喜龍象吐氣希有德兮福我黔首疵厲不作游樂國兮書此貞珉用垂奕葉永無泐兮

三三、清敕封文林郎雲南臨安府蒙自縣知縣加一級前永平府樂亭縣教諭韓公（雄嗣）暨元配李孺人合葬墓誌銘

題解：

《清敕封文林郎雲南臨安府蒙自縣知縣加一級前永平府樂亭縣教諭韓公（雄嗣）暨元配李孺人合葬墓誌銘》收録于民國二十二年（1933）《高陽縣志》，黄叔琳撰文，刊刻于清·康熙五十六年（1717）。

誌文：

康熙五十二年，雲南蒙自令韓君三異，遇覃恩，得封其父母，制詞寵錫，人皆榮之。是年秋，聞母孺人訃，回籍。又二年，遭封公之喪。又二年，偕諸弟相度吉壤。葬有日矣，來請銘。惟公生平行誼卓卓可師法，余弟叔琪又與蒙自君締姻好。今茲納竁之石，何敢以不文辭。按狀：公諱雄嗣，字宗子，世爲高陽人。六世祖諱璒，歷官都御史、巡撫鄖陽。祖諱允中，庠生，贈文林郎。父諱藎光，順治辛丑科進士，官至刑部福建司主事。妣張氏，封孺人。公生稟異質，七歲通經義，十八補博士弟子員，名噪諸生間。庚戌，隨太先生之中牟任，益究心經世之學。丙辰，太先生内升需次，染血疾，張孺人亦多病。公研求岐黄書，切脉視藥，幸無恙，公遂精于醫理。甲子，太先生改授四川榮縣令，時張孺人臥病不能偕行，公獨隨任蜀川，歷夏徂秋，往返萬餘里，辛苦備嘗。遠近稱之曰孝。乙丑，張孺人卒，苫塊盡哀，葬悉如禮。戊辰，太先生入擢刑曹，視事旬餘，卒于官。公扶櫬歸里，毀瘠幾滅性。庶母譚得凶問，倉皇懸繯就義。殯斂極厚，感其節烈也。公鮮兄弟，有姊妹四人。饋問周恤，終身友愛如一日。公祖父累世崇祀鄉賢，歲時朔望，瞻禮惟謹，太先生遺愛久遠。中牟士民，公舉名宦，

公遣仲子往修祠祀，事竣還報，爲之感泣。性長厚，學宮橋梁，殫力倡修。邑有顓頊廟，歲久圮壞，公經營補葺，漸改舊觀。其樂善好施類如此。揣摹舉業四十餘年，屢躓場屋。辛未，貢明經。庚寅，就欒亭教諭，士子得公之條教，争自奮勵；置義塾田以贍學者。翕然垂老，篤學不倦。辛卯入闈，七藝立就，榜發仍未售，公絶不介意。顧令子文孫，森森玉立，喜曰：「此吾家良田也，吾貽之穀而食其報，所獲不愈厚乎？」伯子選拔成均，出宰蒙自，著循良之績。辛卯，仲子舉于鄉。己丑、壬辰，叔、季先後成進士，揚顯方未有量，而公不及俟矣。公配李孺人，相國文敏公侄孫女，相國文勤公侄女也，與公舉案相莊者四十八年。事舅姑孝，撫子孫慈，待親黨有禮，馭臧獲有恩，肅肅雍雍，庭無間言。前公二載而逝，公悼念疇昔，手狀孺人之懿行，實可昭信彤管云。公生于順治庚寅九月二十九日申時，卒于康熙乙未十一月二十九日辰時，享年六十有六。孺人生于順治辛卯閏二月二十一日寅時，卒于康熙癸巳七月二十五日巳時，享年六十有三。以康熙丁酉三月初六日，合葬于王北福村新塋。子四人：長三異，拔貢教習，雲南臨安府蒙自知縣，加一級，娶吴氏，繼娶趙氏，並贈孺人；次三錫，辛卯科舉人，娶楊氏，繼娶郭氏、邊氏；次三公，己丑科進士，正定府教授，娶劉氏；次三善，壬辰科進士，娶閻氏。女四人：長殤，次適新安太學生王言繻，次適滿城縣庠生趙鴻熙，次適獻縣癸巳科舉人戈錦。孫七人：念祖，邑庠生，繩祖，養正，三異出；述祖、敬祖，三錫出；憲祖、蔭祖，三公出。孫女十人。曾孫二人，王發、王露，念祖出。曾孫女二人。嗚呼！跡公一生，勤學敦行，矻矻孜孜。卒老于儒宮，屈抑甚矣！不發于身，而大發于子孫，報施之理，又何其旋至而立效耶！董子云：「正其誼不謀其利，明其道不計其功。」惟公循其道誼之自然，績善在身猶長日加益而人不知，是以堂構功成而美利遺于無窮，宜有銘。銘曰：

空谷兮幽蘭，含芳兮不言。瓊芽出兮九畹根，繞南陔兮露溥溥。謂德豐而遇慳兮，亦時數之偶然。驗來復于洹寒兮，固天道之循環。山峨峨兮松盤，雲浩浩兮鶴還。亘雲山兮藏孔安，鴻厥慶兮裕後昆，光遠耀兮載銘文。

縣教諭韓公暨元配李孺人合葬墓誌銘　黃叔琳

康熙五十二年雲南蒙自令韓君三異遇覃恩得封其父母倒嗣寵錫人皆榮之是年秋聞母孺人訃回籍又二年遭封公之喪又二年偕諸弟相度吉壤葬有日矣來請銘惟公生平行誼卓卓可師法余弟叔琪又與蒙自君締姻好今茲納竁之石何敢以不文辭按狀公諱雄嗣字宗子世爲高陽人六世祖諱璧歷官都御史巡撫鄖陽祖諱允中庠生贈文林郎父諱蓋光順治辛丑科進士

官至刑部福建司主事妣張氏封孺人公生稟異質七歲通經義十八補博士弟子員名噪諸生間庚戌隨太先生之中牟任發究心經世之學丙辰太先生內陞需次染血疾張孺人亦多病公研求岐黃書切脈視藥幸無恙公遂精於醫理甲子太先生改授四川榮縣令時張孺人臥病不能偕行公獨隨任蜀川歷夏徂秋往返萬餘里辛苦備嘗遠近稱之曰孝乙丑張孺人卒苦塊盡哀喪葬悉如禮戊辰太先生入掾刑曹視事旬餘卒於官公扶櫬歸里毀瘠幾滅性庶母譚得凶問倉皇懸縊就義殯斂極厚感其節烈也公鮮兄弟有姊妹四人饋問周恤終身友愛如一日公祖父累世崇祀鄉賢歲時朔望瞻禮惟謹太先生遺愛久遠中牟士民公舉名宦公遣仲子往修祠祀事竣還報爲之感泣性長厚學宮橋梁殫力倡修邑有顓頊廟歲久圮壞公經營補葺漸改舊觀其樂善好施類如此攜摹舉業四十餘年屢躓場屋辛未貢明經庚寅就樂亭教諭士子得公之條教爭自奮勵置義塾田以贍學者翕然垂老篤學不倦辛卯入闈七藝立就榜發仍未售公絕不介意顧令子文孫森森玉立喜曰此吾家良田也吾貽之穀而食其報所獲不愈厚乎伯子選拔成均出宰蒙自著循良之績辛卯仲子舉于鄉己丑壬辰叔季先後成進士揚驅方未有量而公不及俟矣公配李孺人相國文敏公姪孫女相國文勤公姪女也與公舉案相莊者四十八年事舅姑孝撫子孫慈待親黨有禮馭臧獲有恩肅肅雝雝庭無間言前公二載而逝公悼念疇昔手狀孺人之懿行實可昭信彤管云公生於順治庚寅九月二十九日申時卒於康熙乙未十一月二十九日辰時享年六十有六孺人生於順治辛卯閏二月二十一日寅時卒於康熙癸巳七月二十五日巳

時享年六十有三以康熙丁酉三月初六日合葬於王北厢村新塋子四人長三異拔貢教習雲南臨安府蒙自知縣加一級娶吳氏繼娶趙氏貤贈孺人次三錫辛卯科舉人娶楊氏繼娶郭氏邊氏次三公己丑科進士正定府教授娶劉氏次三善壬辰科進士娶閻氏女四人長殤次適新安太學生王言綸次適滿城縣庠生趙鴻熙次適獻縣癸巳科舉人戈錦孫七人念祖邑庠生繩祖養正三異出述祖敬祖三錫出憲祖蔭祖三公出孫女十人曾孫二人王發王濤念祖出曾孫女二人嗚呼跡公一生勤學敦行矻矻孜孜卒老於儒官厄抑甚矣不發于身而大發于子孫報施之理又何其旋至而立效耶董子云正其誼不謀其利明其道不計其功惟公循其道誼之自然積善在身猶長日加益而人不知是以堂構功成而美利遺于無窮宜有銘銘曰空谷兮幽蘭含芳兮不言瓊芽出兮九畹根繞南陔兮露溥溥謂德豐而遇慳兮亦時數之偶然驗來復於沍寒兮固天道之循環山巍巍兮松盤雲浩浩兮鶴還亘雲山兮藏孔安潙厥慶兮裕後昆光遠耀兮藏銘文

三四、節烈題名碑

題解：

《節烈題名碑》拓片録文收録于姜錫東主編：《漆俠與歷史學—紀念漆俠先生逝世十周年文集》，保定：河北大學出版社，2012年，第468—470頁。韓□亮書丹，1871年立。今轉録。

碑文：

高陽縣爲節烈題名事：照得同治六、七兩年□匪捻逆迭擾高陽縣境，狼奔豕突，到處□□。所有婦女人等，或守貞而死烈，或全節以喪生，□□□張□查明，按□造册。詳蒙爵督憲曾□奏

奉諭旨：「均著照所請，交部分別旌恤，欽此。」欽遵行知到縣，本縣查閲卷内原報諸節婦死事情形，殊堪憫惻。除將忠義紳民另行題名，匯總入祠外，理合將節烈婦女姓氏泐諸貞珉，以垂永久。

計開：李戴氏、劉田氏、于韓氏、王王氏、王李氏、侯石氏、王王氏、趙張氏、侯李氏、侯常氏、張胡氏、王蔡氏、王高氏、王齊氏、張賈氏、陳孫氏 李李氏（李□之妻）、程程氏（程立清之妻）、劉劉氏（劉□之妻）、李李氏（李洛維之妻）、馮王氏（馮洛壽之□）、禹劉氏（禹□長之□）、劉氏（劉□□之妻）、張張氏（張□□伯母）、王何氏（王□□□妻）、趙張氏（趙桂林之妻）、王王氏（王樹林之妻）、田劉氏（田□□之妻）、白楊氏（白夢齡之妻）、陳陳氏（陳牛之母）、張戴氏（張□之母）、張薛氏（張洛瑞之妻）、張張氏（張□□之妻）、王張氏（王宗□之妻）、王邊氏（王□□之妻）、許張氏（許忠之妻）、劉侯氏（劉□珍之妻）、王王氏（王惠之妻）、張牛氏（張□峰之妻）、陳張氏（陳□元孫媳）、王王氏（王鳴飛之妻）、伍喬氏（伍會林次媳）、于楊氏（于洛□之妻）、陳李氏（陳□之妻）、郭蔡氏（郭刁之妻）、陳王氏（陳好□之妻）、陳劉氏（陳朋之妻）、陳閆氏（陳合之妻）、陳劉氏（陳□□之妻）、伍吕氏（伍會林之妻）、蔡□氏（蔡榮之妻）、伍白氏（伍□友之妻）、陳阮氏（陳□□之妻）、陳李氏（陳□□□）、孫王氏（孫士封之妻）、楊楊氏（楊□南之妻）、

李劉氏（李斐然之妻）、張周氏（張三重之妻）、王王氏（王永□之妻）、王戴氏、謝呂氏、李董氏（李瓚之妻）、李張氏馬、張氏、馬氏、陳孫氏、錢氏、白王氏（白□芬之妻）、劉王氏、趙史氏（趙□之□）、王王氏（王翠之妻）、劉氏（劉□□之妻）、劉氏（劉仲之妻）、晁氏（晁玉新之妻）、蔣氏（蔣二門之妻）、某氏（辛敬盈之妻妹）、劉□氏、齊何氏（齊□□之妻）、張大姐（張浩然之女）、張乙姐（張長清之女）、楊多姐（□□□之女）、楊申姐（楊□□之女）、李領姐（李士里之女）、王經姐（王□和之女）、王荷姐（王河中之女）、楊三姐（楊□孫女）、侯□姐（侯□□之□）、張成姐（張□城之女）、陳妞姐（陳牛之女）、蔡二姐（蔡□□之女）、□□姐（□會□之孫女）、陳大姐（陳合之長女）、陳二姐（陳合次女）、陳寶姐（陳□□之女）、胡月姐（胡□之女）、張大姐（張□□之□）、常敬姐、王姐（王清□之女）、韓姐（韓九之女）、王姐（王百之女）、陳姐（陳□□之女）、張八姐（張秋長之女）、晁五姐（晁□□之女）、牛吟姐（牛□□之女）、張三姐（張明之□）、魏七姐（魏□□之女）、王大姐（王□□之女）、陳五姐（陳□之女）、于六姐（于保元之女）、于芹姐（于懷瑾之女）、蔡芸姐（蔡洛志之孫女）、陳七姐（陳好□之女）、解李氏、解趙氏（解□□之女）。

欽加運同銜候補知州署高陽縣事南豐趙秉恒、欽加五品銜在任候選知縣高陽縣教諭威縣張康侯、欽加光禄寺署正銜高陽縣訓導灤州李若樾、在任候升主簿高陽縣典史蕭山沈昌本、候選九品本邑韓熹督工

廩膳生本邑韓□亮書丹

大清同治十年歲次辛未仲□□浣穀旦

節烈題名

三五、梁作賓及妻郭氏合葬墓碑

題解：

《梁作賓及妻郭氏合葬墓碑》黃昌年撰，庭華恭録並題額，刊刻于民國八年（1919）。拓片長161厘米，寬62厘米。誌文15行，滿行51字，楷書。誌石出土于河北省高陽縣。拓片現藏于國家圖書館。

誌文：

君諱作賓，字聘之，姓梁氏。先世自晋徙燕，寄居保定之安州，又家高陽里。觥觥巨宗，導源于汾陰；奕奕榮光，植根于河朔。自他有耀，逾遠弭彰。其曾祖鳴飛公，祖騰輝公，當平世皆田居，承舊德之嘉祥，高先民之矩矱。暨君之考起峰公，横隴畔之經，削園中之簡，希風儲孟，習數□蠡，魯子敬之指囷，齊田文之燒券，競推豪士，克享大年，有自來矣。君髫齡助學，弱冠蜚英。早登米廩之庠，未上公車之第。恥唐人之闕節，探宗傳之閫奧。皋比環集，寶笈争傳，禮貌嶄嚴，衆識湖州弟子；儒林標領，人稱東海大師。槐市秋清，杏壇春滿。三餘多暇，究心岐黄，十室之中，勵德王邴。活人無莫，伯山甫之丹爐；行善恐知，何比干之玉册。抑□風高，卓傳雀鼠，化其争心，鄉號鄭公，虎狼去其苛政，可謂篤學好義之君子者已。君娶郭氏，子男二人：庭楷，以戊子科舉人，大挑一等，籤分浙江知縣升用同知，誥贈君爲奉政大夫，德配宜人；庭華，以癸卯科北闈解首，選舉省議會議員、充直隸船捐局京都市工巡檢局各局長。女五人，均適士族。孫男三人：焜、焴，學皆有就；煊，幼讀。蘭桂之榮，將飛九世；蓼莪之□，已閱世年。啓簀增淒，遺書掩泣，齊濱□而長逝，隨大椿而後凋。因病過哀，其卒以毁，而刑于雅化，嗣開徽言。郭宜人教子有方，傳家有道。備算疇之五福亦齊天保九如，壽享期頤，康强終命。□具本乎君誌，宜勿□于後人，屬在通家，焉可無述。君生于道光十四年三月二十八日，殁于光緒十六年五月四日。没後三年，卜葬高陽城東之新阡。宜人生于道光十二年八月五日，殁于民國

八年五月二十四日。謹以是年十月之吉，合厝原塋，禮也。銘曰：

東京五噫，荆臺小隱。奕葉清遂，君執其柄。譚經戴席，説詩匡鼎。瓠俎華華，芸編炳炳。有睟其容，有介其節。至行躬先，□傳心折。繞坐生芝，當門拔薤。蒸爲孝義，澆俗以□。堂鱣三見，連鯉雙趋。苞抽鳳采，笏燦魚書。鬱鬱林表，遂其高蹈。皚皚地文，比其貞耀。百世聞聲，千秋垂照。壽之青珉，岡陵迴絶。

清賜同進士出身翰林院檢討京畿道監察御史簡授天津府知府

湘西黄昌年敬撰

男庭華恭録並題額暨孫男□謹立

中華民國八年夏曆己未歲十月上浣之吉刊石

三六、梁庭楷墓碑

題解：

《梁庭楷墓碑》高庚恩撰文，孫松齡書，梁亭華題額，刊刻于民國八年（1919）。拓片長162厘米，寬63厘米。誌文16行，滿行54字。楷書。拓片現藏于國家圖書館。

碑文：

明清兩朝，享國各三百年，而選士遴員之道，均歸于試。雖其弊每至□□□炫于詞□，失真才而登僞士。然士之寧常□四子五經爲宗□及子史之精英其守也。□盧嘯歌，坐以待賓興。大比之際，洎乎歷仕，仍默守簡編，身名自飭，此聖賢豪傑所以彪炳于盛世。而司其柄者，能因言以測行，即事以驗心，朝野所以長治而不亂也。畿輔考試，得士尤□，如蔭堂、自純昆弟，非其人歟？蔭堂以名孝廉宦浙而没，自純哀之，時管權吾里，乞表其墓。因論此而爲之文曰：蔭堂諱庭楷，姓梁氏，生高陽之蔡家口村，蓋顓頊故里也。晚自號項亭，學者因從名其集。君考訓導公作賓，以儒學起家。咸豐戊午，鼎薦不第，科場案起，遂以教授終其身。而從之□者率發解以去，各長于吏才。蔭堂生而端重謹默，未嘗容悅，人亦略無淩競氣，凡同學共事皆持久以敬，無與嬉謔者。入小學習庭訓，循循然中規矩。十七歲，補博士弟子，逾年食廩。□十餘爲學子師，生徒日進。自返所業，常苦不足，而恐囿于鄉隅聞見也。知武昌張廉卿都講蓮池書院，負笈走保陽，月數課長置前矛，文名藉甚。光緒戊子，先乃第業于鄉。辛卯丁父艱，營葬畢，適桐城吴摯甫來蓮池，亟從之學古文辭。戊戌會試，挑取謄録第一。大挑一等，出宰浙江，從一馬一僕抵省。大吏廉其能，委營務處差。庚子變後，解浙餉百餘萬于西都，歷四千里，出入榛莽中，復命，上官嘉其能，委商埠理事局差。庚辛併科鄉試，爲同考官，得士皆名于時。浙省計吏，擢第一人，委常山縣釐局差。凡省有疑□滯獄，輒委之秘訪，成信讞，以功升用同知。丁未，假粮差回直，爲省親也。七月旋浙，十一月二十三日疾，卒于省垣，春秋五十一。自純偕兄子焜歸其櫬，厝于先隴之次。娶王，生男一，即焜，專門法校畢業，曾充西寧縣管獄員。女二，俱適士族，妾某生女一。蔭堂既登選士之科，更高遴員之列。其人雖拘謹，而居家興鄉之大義，無所忝焉。其筮仕南邦，既爲上流所鑒，拔兵刑錢穀，靡不能勝。于以雪儒者虛聲之恥，豈科試誤人耶？抑儒術非耶？余爲蔭堂故表而出之，伐石以旌其墓，即告後世之持政柄者。

清賜進士出身誥授資政大夫開缺太常寺少卿上書房翰林加四級陝西通志局總纂前陝西道□河高賽恩撰文

清光緒庚辛併科舉人候選道前大總統秘書姻愚任螽縣孫松齡敬書

中華民國八年夏曆己未歲十月上浣之吉建石

胞弟庭華額□□□敬立

三七、馬莊惠公碑

題解：

《馬莊惠公碑》收録于民國二十二年（1933）《高陽縣志·集文》。

碑文：

自晚清同治、光緒之間起，高陽縣城越潴龍河，東至任邱，南至蠡，百里以内，老幼男女，貧富貴賤，無不知有馬先生者。問其故，或曰是活我父若母，或曰是活我子若孫，或曰吾身之有今日，惟斯人之賴，故一言馬先生，不問名字，而皆知其人。嗚呼！世之有賴于醫，何如也？馬先生者，高陽北歸還村人，諱祥雲，字龍圖，先世世居邑中都曹口。父修來公，娶北歸還續氏，生先生，依母族，遂家焉。先生性冲淡，寡嗜欲，酒不入口，常吸菸。有難之者立屏，絶不復顧。律己責人，斬斬如一，鄉里無賴子弟，相戒不敢過其門。然慈善多惠，急人之急。少時，鄉有匪患，常奮身犯險，以全其里。鹽山賈佩卿表其墓，所謂没而可祭于社者也。先生既以義聲重于鄉黨，而感人尤深者，厥惟醫術。其于醫精外科，凡癰瘍疽痔之屬，無不治，尤善治頭疽、背疽。頭疽、背疽故絶險症，罹者十九不得活一。入先生手，根除蔓盡，如執彗以掃氾灑，其爲術冥心創獲，刲刀雜施，不主常法。常以火溶蠟，調麥粉覆患處，爲之型，伏藥其下。數日不視，視則霍然失矣。當是時，知與不知，踵門如市，創劇者艱于往返，則留止先生家，飲食藥餌一倚辦主人，疾已乃去，若今之醫院然。先生在世八十餘年，且死而生者，無慮千百人。一時習而安之，若不覺疾病之可以戕命。及先生没，鄉人倉卒遘疾而無所可投，始皇皇然走相告曰：「使先生而在，何至于此？」方今通都大市中，號稱醫院者，耗金數十大萬，列屋數百楹，集專門醫家數十人，分科别部，計值取贏，以待來者。而往往一疴痒癬疥之微，委身其中累歲月，鬻田廬而終不得愈，甚或誤施刮割，適以殺人。而吾鄉父老昆弟，生風氣樸僿之時，居邨野窮僻之地，足不出邑里，家不動貨財，乃獲生死肉骨之救如先生者，抑何幸也。其可無一言以永先生之德乎？蠡人馬錫蕃等皆曾被先生之德者也，爰聚而謀曰：「古之賢者，有一節可傳，死而易名者多矣。今先生生平履正致和，不亦莊乎？勤施無私，不亦惠乎？謚以莊惠，庶幾無愧。」衆僉曰：「然。」議既定，于是流連遺德，期爲可以歌詠之辭，召工勒石，以詔來者，而以其辭屬之忠寅。忠寅爲之辭曰：

惟天大德，衆善之模。胡肆虎狼，一啖萬夫。謂天之嗜，生不如殺。胡假仁人，救我夭閼。奇癰大瘇，如賊在巢。潰膚穴骨，以及肓膏。公無難易，一洗伐之。陽施陰閉，有拔有培。垂枯之荄，使蘇而稊。方數十里，疾無廢者。道有謳歌，門有拜舞。積善致祥，壽考之慶。不償其施，俾後蕃昌。鄉人謚公，曰莊曰惠。伐石鑱詞，示百千歲。

馬莊惠公碑

自晚清同治光緒之間起高陽縣城越潴龍河東至任邱南至蠡百里以內老幼男女貧富貴賤無不知有馬先生者問其故或曰是活我父若母或曰是活我子若孫或曰吾身之有今日惟斯人之賴故一言馬先生不問名字而皆知其人嗚呼世之有賴於醫何如也馬先生者高陽北歸還村人諱祥雲字龍岡先世世居邑中都曹口父修來公娶北歸還韓氏生先生依母族遂家焉先生性冲淡寡嗜欲酒不入口常吸菸有讎之者立屏絕不復顧律己責人斷斷如一鄉里無賴子弟相戒不敢過其門然樂善多惠急人之急少時鄉有匪患常奮身犯險以全其里鹽山賈佩卿表其墓所謂沒而可祭於社者也先生既以義聲重於鄉鄰而感人尤深者厥惟醫術其於醫精外科凡癰瘍疽痔之屬無不治尤善治

頭疽背疽頭疽背疽故絕險症罹者十九不得活一入先生手根除蔓盡如執帚以掃氾灑其爲術冥心創獲刲刀雖施不主常法常以火淬蠟調麥粉覆患處爲之型伏藥其下數日不視視則霍然失矣當是時知與不知踵門如市創劇者艱於往返則留止先生家飲食藥餌一倚辦主人疾已乃去若今之醫院然先生在世八十餘年且死而生者無慮千百人一時習而安之若不覺疾病之可以斃命及先生沒鄉人倉卒遘疾而無所可投始皇皇然走相告曰使先生而在何至於此方今通都大市中號稱醫院者耗金數十大萬列屋數百楹集專門醫家數十人分科別部計值取贏以待來者而往往一疴痒癬疥之微委身其中累歲月窮田廬而終不得愈甚或誤施刮割適以殺人而吾鄉父老昆弟生風氣樸僿之時居鄙野窮僻之地足不出邑里家不動貨財乃獲生死肉骨之捄如先生者抑何幸也其可無一言以永先生之德乎蠡人馬錫蕃等皆曾被先生之德者也爰聚而謀曰古之賢者有一節可傳死而易名者多矣今先生生平履正致和不亦莊乎勤施無私不亦惠乎諡以莊惠庶幾無愧衆僉曰然議既定於是流連遺德期爲可以歌詠之辭召工勒石以詔來者而以其辭屬之忠寅忠寅爲之辭曰惟天大德衆善之樸胡肆虎狼一嗆萬夫謂天之瞀生不如殺胡假仁人捄我夭閼奇癰大瘇如賊在巢潰膚穴骨以及肓膏公無難易一洗伐之陽施陰闔有拔有培垂枯之荄使蘇而穉方數十里疾無廢者道有謳歌門有拜舞積善致祥壽考之慶不償其施俾後蕃昌鄉人諡公曰莊曰惠伐石鏤詞示百千歲

三八、萬樹亭碑陰示子孫

題解：

《萬樹亭碑陰示子孫》收録于民國二十二年（1933）《高陽縣志·集文》，王揚撰文。

碑文：

予齠齔時，城北關迤西有祖業地十二畝，桑棗樹百餘株，其分于伯叔者，已爲他姓所有，獨先君者存。後予中秀才，每經其處，不勝嗟悼，思欲復之，而力未能。又後先君宦遊遼晋，官卑禄微，賴少復其一二，未洪也。最後予中甲子榜，初任鄉寧，再調滕縣，所得俸資歸與爾母邢氏，籌畫生計，以期復祖業爲先，互相振勵，因舊圖新，遂乃增廣四十畝。其中曾祖手植桑樹尚有三株，計百二十歲。先君手植者，尚有二十株，計六十四歲。粗者兩三圍，高者五七丈，過而覽者，靡不驚且惜也。家間烟爨，亦屢斷矣，未忍輕剪一枝。念祖父遺澤，不欲泯也。外小路南，又置六十畝；大道東，又置五十畝；城裏東南角，五十五畝；東北角又置三十三畝。凡此周圍各筑以墻，錯雜悉種以樹，大約不下六千株，積今培養二十餘年。鬱鬱蒼蒼，青翠如蓋。是雖借僕役之爲，而予一日未嘗離，迨晨昏暴風，日皴皮膚，憊筋力，人固不堪其勞，而予固作之不辭。即今觀之，不惟一家温飽于此乎取給，而嫩蕊濃花之春，懸黄綴紫之秋，好鳥之和鳴于晝，明月之篩影于夜，時序之代謝不同，而佳景之變遷無盡。予晚年遊玩盤桓之興，亦于此而托終也。嗟夫！置産難也，守之何難；守産易也，敗之最易。予自弱冠迄今白首，始末五六十年，備歷勤苦，僅能成此尺寸之業，創制之難如此。一旦有不才者出，父兄不嚴，師友不教，詩書不講，農事不屑，形骸日放，而情欲日熾。噫！萬事去矣，爲之奈何。柳玭云：「成立之難如登天，覆墜之易如燎毛。」三復至此，其可痛也。爲予之子若孫者，其深念之哉！其深念之哉！

萬樹亭碑陰示子孫

王揚

予齠齔時城北關迤西有祖業地十二畝桑棗樹百餘株其分於伯叔者已爲他姓所有獨先君者存後予中秀才每經其處不勝嗟悼思欲復之而力未能又後先君宦遊晉官卑祿微顧少復其一二未洪也最後予中甲子榜初任鄉寧再調臨縣所得俸資歸與樹母邢氏籌畫生計以期復祖業爲先互相振勵因舊圖新遂乃增廣四十畝其中曾祖手植桑樹僅有三株計百二十歲先君手植者尚有二十株計六十四歲蓊蘙者兩三圍高者五七丈過而覽者靡不驚且惜也家間烟爨亦屢斷矣未忍輕剪一枝念祖父遺澤不欲泯也外小路南又置六十畝大道東又置五十畝城裏東南角五十五畝東北角又置三十三畝凡此周圍各築以墻錯雜悉種以樹大約不下六千株積令培養二十餘年蔚蔚蒼蒼青翠如蓋是雖借僕役之爲而予一日未嘗離迨晨昏暴風日皴皮膚傾筋力人固不堪其勞而予固作之不辭即今觀之不惟一家溫飽於此乎取給而嫩蕊濃花之春懸黃綴紫之秋好鳥之和鳴於晝明月之篩影於夜時序之代謝不同而佳景之變遷無盡予晚年遊玩盤桓之興亦於此而托終也嗟夫置產難也守之何難守產易也敗之最易予自弱冠迄今白首始末五六十年備歷勤苦備能成此尺寸之業創制之難如此一旦有不才者出父兄不嚴師友不教詩書不講農事不屑形骸日放而情欲日熾噫萬事去矣爲之奈何柳玭云成立之難如登天覆墜之易如燎毛三復至此其可痛也爲予之子若孫者其深念之哉其深念之哉

三九、孔廟碑後記

題解：

《孔廟碑後記》收録于民國二十二年（1933）《高陽縣志·集文》，孫銓撰文。

碑文：

先公製《孔廟記》，蓋絶筆也。庚辰秋，銓以與建城議登鱣堂，低徊于莓痕燼尾中，不忍諦視，移之殿左。無何，大城王君諱納諫者，以安州學博來視庠篆。知勇沉深，起衰濟弱，謂廟石荒卧，學博之責也，請于明府，將興此闕典，命銓記之。明府張君諱京，澤州人，救時大手，履任未數月，威惠浹人，萬物于焉吐氣，士民業有祠祀，百務倥偬，間及此事，可知其暇整。予讀《廉吏傳》，未多見也。

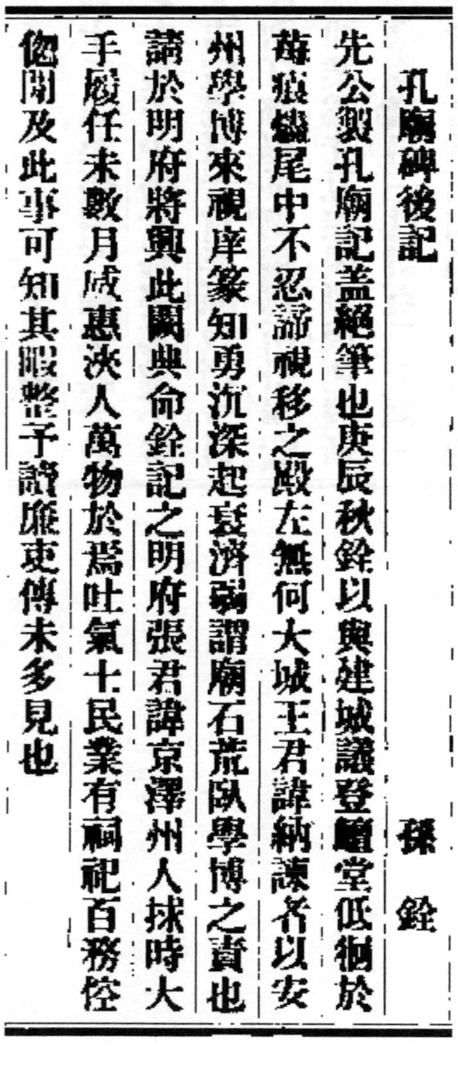

孔廟碑後記　孫銓

先公製孔廟記蓋絶筆也庚辰秋銓以與建城議登鱣堂低徊於莓痕燼尾中不忍諦視移之殿左無何大城王君諱納諫者以安州學博來視庠篆知勇沉深起衰濟弱謂廟石荒卧學博之責也請於明府將興此闕典命銓記之明府張君諱京澤州人救時大手履任未數月威惠浹人萬物於焉吐氣士民業有祠祀百務倥偬閒及此事可知其暇整予讀廉吏傳未多見也

四〇、重建廟學碑

題解：

《重建廟學碑》收録于民國二十二年（1933）《高陽縣志・集文》，吕原撰文。

碑文：

安州高陽縣重建宣聖廟學成，教諭董君恭疏其事，遣門生來京師請記，以書告予曰：高陽之爲縣，舊治龍化鄉，去今治東二十里。洪武三年河溢縣圮，與學俱遷于此。無幾，縣省入蠡，而學亦廢。越十年，縣復置。主簿徐原創建廟學，厥後官于縣者，固嘗因敝補葺，然規度苟簡，弗易于舊。天順丁丑，鄒平魯君能來知縣事，視篆初，祇謁宣聖，顧瞻廟學，庳隘弗稱，慨然有更作之志。計所費甚鉅，非一朝夕可給，遂捐己俸爲倡，僚佐縉紳士從而和，豐積之家争獻貲以助，日蓄月聚，殆幾一稔。乃始諏日僝功，梓人度材，陶人埏埴，他如金石設色之工，咸執藝以待事。先建大成禮殿，爲間者五。次建東西兩廡，爲間者各九。前敞正門列以晝戟，外樹三門，上應靈星。殿之中像宣聖而奉之，配享從祀者，位設如常制，悉塑其像，總一百三十有四。冕舄衣裳，儼乎繡繪之有别，尊崇嚴整，一洗前陋。而又别爲位，以祀文昌。既乃經營明倫堂、齋廬，與夫庫庾庖湢之所、諸生講疑之舍，皆撤舊爲新。凡制所爲有者，罔不畢備。築爲周垣，高厚而固，冀可以經久焉。始事于己卯之春，訖工則庚辰之秋。及前教諭鄭君敞，幸悉書以告來者于無窮，實諸生之願也。予因披地圖、稽史志，蓋高陽，漢縣也，初屬涿郡，魏晋而下至隋唐，或置郡置州，或屢更所屬，而縣仍舊。當是時，廟學建否，已無可據。宋置高陽關，以爲用武之地，文教蓋有未遑。歷金暨元，又二百餘載，肆我朝晏武修文，丕圖至治，自京都達于天下郡縣，咸建學育才。而學必有廟者，良以古之學者，于其先師有釋奠釋菜之禮，因推而用之也。高陽廟學之建久矣，其間廢興隆替雖曰以時，亦因令之得人與否。魯君篤意學校，可謂賢也已。夫學校興則賢才盛，師道立則善人多。茲學自洪武以來，士奮于科貢，列官顯榮者甚衆。非作興模範者有其人，亦何以致之哉。繼今士之遊茲學者，念廟學之新，勵希賢希聖之志，入斯廟如親入夫子之門墻，睹斯像如親睹夫子之儀形，講誦經書以求其道，誠其道也，俛焉實盡其力，非其道也，弗敢雜用其心。由是而需用，豈特擢巍科、躋顯位，而所以致君澤民，必有大過人者。夫然後則魯君力新廟學，及董君刻石垂後之盛意，皆不負也。庸書此以記。

重建廟學碑　呂原

安州高陽縣重建宣聖廟學成教諭董君恭疏其事遣門生來京師請記以書告予曰高陽之爲縣舊治龍化鄉去今治東二十里洪武三年河溢縣圮與學俱遷於此無幾縣省入蠡而學亦廢越十年縣復置主簿徐原掫建廟學厥後官於縣者固嘗因敝補葺然規度苟簡弗易於舊天順丁丑鄒平魯君能來知縣事覩篆初祗謁宣聖顧瞻廟學庳隘弗稱慨然有更作之志計所費甚鉅非一朝夕可給遂捐己俸爲倡僚佐縉紳士從而和豐積之家爭獻

高陽縣志　卷九　藝文　五十一

貲以助日蓄月聚殆幾一稔乃始諏日僝功梓人度材陶人埏埴他如金石設色之工咸執藝以待事先建大成禮殿爲間者五次建東西兩廡爲間者各九前敞正門列以壘戟外樹三門上應靈星殿之中像宣聖而奉之配享從祀者位設如常制悉塑其像總一百三十有四冕旒衣裳儼乎繪之有別尊崇嚴整一洗前陋而又別爲位以祀文昌既乃經營明倫堂齋廬與夫庫庾庖湢之所諸生講疑之舍皆撤舊爲新凡制所爲有者罔不畢備築爲周垣高厚而固冀可以經久爲始事於己卯之春訖工則庚辰之秋及前教諭鄭君敞幸悉書以告來者於無窮實諸生之願也予因披地圖稽史志蓋高陽漢縣也初屬涿郡魏晉而下至隋唐或置郡置州或屢更所屬而縣仍舊當是時廟學建否已無可據宋置高陽關以爲用武之地文教蓋有未遑歷金暨元又二百餘載肆我朝晏武修文丕圖至治自京都達於天下郡縣咸建學育才而學必有廟者良以古之學者於其先師有釋奠釋菜之禮因推而用之也高陽廟學之建久矣其間廢興隆替雖曰以時亦因令之得人與否魯君篤意學校可謂賢也已夫學校興則賢才盛師道立則善人多茲學自洪武以來士奮於科貢列官顯榮者甚衆非作興模範者有其人亦何以致之哉繼今士之遊茲學者念廟學之新勵希賢希聖之志入斯廟如親入夫子之門墻覩斯像如親覩夫子之儀形講誦經書以求其道誠其道也俛焉實盡其力非其道也弗敢雜用其心由是而需用豈特擢巍科躋顯位而所以致君澤民必有大過人者夫然後則魯君力新廟學及董君刻石垂後之盛意皆不負也庸書此以記

四一、重修廟學碑

題解：

《重修廟學碑》收録于民國二十二年（1933）《高陽縣志・集文》，史在篇撰文。

碑文：

高陽爲古顓帝故墟，今則畿輔近邑也。其民俗樸野，最稱淳古，被服聲教亦最先，表率天下，樹之風聲，無異辟雍鐘鼓，俾四方仰首善地。千百年來，人文蔚起，猶令人想見八才子遺烈，有由來矣。篇不敏，承乏茲土，抱樸守拙，以與父老子弟相保聚，視事三載，既静以和，訟庭簡暇，乃謀修舉廢墜，爲邦國計永久。文廟堂宇傾蕪弗治，上之無以俎豆威儀承祀先聖，下之無以興賢起化，歌風雅，是守土者之責，亦邑士大夫之羞也。爰是捐俸爲邑人倡，一時薦紳先生與多士譽髦歡然從之。遂諏良日，飭工師，醵金庀材，且擇士之老成醇謹，素以行誼稱于鄉者董其役，閲數月而畢工。偕師儒屬吏設牢醴奠于先師，且進邑士大夫洎多士，而落之成，乃告之曰：「國家建立庠序，自太學迨于郡縣，萃秀良而樂育之，非徒使之騁材辯、爲文詞，博取浮名，掇拾科第已也。蓋將使之游聖人之門，溯大道之源，而遏其末流，處則表章六經，發揮精奥；出則拜獻明廷，不負生平所學；在朝則矢忠作孝，謨謀廟堂；在郡邑則循良清白，爲天子惠養黎元。不朽大業，煌煌天壤，書之史册，垂之後昆。其不幸而時際艱危，猶能卓卓著忠節，爭日月光，俾國家收數百年養士之報，以是而稱曰聖人之徒，是誠聖人之徒也。若其侈富厚，驕爵士，肥身潤私，苟以榮耳目而誇鄉里，則流俗人所歆艷，以爲不可幾及，而凡有心者所鄙而勿道也。爾多士學于聖門，以古人自命，請自今努力自愛，爲第一流人物。豈惟余不佞之光，實宗社無疆之慶。尚有寵休哉！」是爲記。

重修廟學碑　史在篇

高陽爲古顓帝故墟今則畿輔近邑也其民俗朴野最稱淳古被服聲教亦最先表率天下樹之風聲無異辟雍鐘鼓俾四方仰首善地千百年來人文蔚起猶令人想見八才子遺烈有由來矣篇不敏承乏茲土抱樸守拙以與父老子弟相保聚視事三載既靜以和訟庭簡暇廼謀修學廢墜爲邦國計永久文廟堂宇傾簸弗治上之無以俎豆威儀承祀先聖下之無以興賢起化歌風雅是守土者之責亦邑士大夫之羞也爰是捐俸爲邑人倡一時薦紳先生與多士學髦慉然從之遂諏良日飭工師醵金庀材且擇士之老成醇謹素以行誼稱於鄉者董其役閱數月而畢工偕師儒屬吏設牢醴奠於先師且進邑士大夫洎多士而落之成廼告之曰國家建立庠序自太學迨於郡縣萃秀良而樂育之非徒使之勝材辯爲文詞博取浮名掇拾科第已也蓋將使之游聖人之門溯大道之源而遏其末流處則表章六經發揮精奥出則拜獻明廷不負生平所學在朝則矢忠作孝謨謀廟堂在郡邑則循良清白爲天子惠養黎元不朽大業煌煌天壤書之史册垂之後昆其不幸而時際艱危猶能卓卓著忠節爭日月光俾國家收數百年養士之報以是而稱曰聖人之徒是誠聖人之徒也若其侈富厚驕爵士肥身潤私苟以榮耳目而誇鄉里則流俗人所歆豔以爲不可幾及而凡有心者所鄙而勿道也爾多士學於聖門以古人自命請自今努力自愛爲第一流人物豈惟余不佞之光實宗社無疆之慶尚有寵休哉是爲記

四二、棲經堂記

題解：

《棲經堂記》收録于民國二十二年（1933）《高陽縣志·集文》，王質撰文。

碑文：

棲經堂者，棲經也。經者何？我朝御製諸書六經子史也。棲之堂焉，義也。義者何？棲之象形，鳥在巢上，而堂者明也。所以明禮義焉，以修吾身，如鳥之舉彼而集此也。終無閡焉，聊棲于堂，亦如斥鷃之翱翔蓬蒿而不羨大鵬也。千里一心，萬經一理，理在古今，未始有無。而棲焉、義焉者何？有周盛時，禮棲瞽宗，書棲上庠，訓棲公序。周公得以讀百篇而致治，棲之功也。《三墳》《五典》《八索》《九丘》倚相嘗讀，而今則缺；《連山》《歸藏》前世尚存，而今則亡；《周禮》一書並列六官，而冬則逸。豈非不棲之過哉？古之人有棲之藏室者，有棲之車乘者，有棲之壁者，有棲之塚者，有棲之石渠天録者。然石渠天録，棲在朝矣，經術崇而漢治；藏室車乘，棲之家矣，老墨自用，而世斯衰；于壁于塚，何荒凉也，而世斯亂。嗚呼！斯堂所棲，特糟粕耳，棲糟粕所以養精華也。入是堂者，能沉酣之，則明體適用，亦典謨中人物也。孰謂百世無善治哉？

無疆之慶尙有寵休哉是爲記

棲經堂記

王賓

棲經堂者棲經也經者何我朝御製諸書六經子史也棲之堂爲義也義者何棲之象形鳥在巢上而堂者明也所以明禮義焉以修吾身如鳥之舉彼而集此也終無闕焉聊棲於堂亦如斥鷃之翱翔蓬蒿而不羨大鵬也千里一心萬經一理理在古今未始有無而棲爲義焉者何有周盛時禮棲瞽宗書棲上庠訓棲公序周公得以讀百篇而致治棲之功也三墳五典八索九丘倚相嘗讀而今則缺連山歸藏前世尙存而今則亡周禮一書並列六官而冬則逸豈非不棲之過哉古之人有棲之藏室者有棲之車乘者有棲之壁者有棲之塚者有棲之石渠天錄者然石渠天錄棲在朝矣經術崇而漢治藏室車乘棲之家矣老墨自用而世斯衰於壁於塚何荒凉也而世斯亂嗚呼斯堂所棲特糟粕耳棲糟粕所以養精華也入是堂者能沉酣之則明體適用亦與讀中人物也孰謂百世無善治哉

四三、孫文公專祠記略

題解：

《孫文公專祠記略》收録于民國二十二年（1933）《高陽縣志·集文》，范士楫撰文。

碑文：

若有明孫文正者，産凱里，籥凱踪，詞流沐剩馥，邊人拜殘壘，士論寶遺笏，事不勝臚也。跡公之所遻，生嘉靖之晚，顯萬曆之中。于時朝野，因仍鳴豫，既午而昳，先雪而霰，寖已曹日騰黨城筑，一日國有急難，群疑衆虢，毋敢出片語。公獨瞋目正色，條便宜如伏波聚米，茂先畫地，聞者屏息，無問服與忌，皆能贊天子推轂遺公者矣。豈謂投以艱而粤舉之者靡不至，有識追嘆，謂用公者不盡公才，公亦自謂不酬厥志。然而功存社稷，精徹蒼浪，其不獲身致太平，以節殉也，則時爲之耳。或謂公志運天下，胡于祀也而鄉曲之。殆不然，没而可祭于社，即未足例公，而事則不可已。祠創于崇禎壬午，鳩工者，前令尹張公京也。重構于順治戊戌，捐俸蕆役且營及薌膋者，今令尹沈公純禔也，郡守張公肇昇亦助之。

孫文公專祠記畧　　范士楫

若有明孫文正者產甑里嶺甑雖詞流謝馥邊人拜殘壘士論寶遺谻事不勝䏻也迹公之所遷生嘉靖之晚顯萬歷之中於時朝野因仍鳴豫既午而眹先雪而寘寢已曾日朧黨城欒一旦國有急雛羣疑衆䝔㤽敢出片語公獨瞋目正色條便宜如伏波聚米茂先晝地聞者屏息無問服輿忌皆能贊天子推轂遣公者矣豈謂投以艱而咢舉之者㢘不至有識追嘆謂用公者不盡公才公亦自謂不讐厥志然而功存社稷精徹蒼浪其不獲身致太平以節殉也則時爲之耳或謂公志運天下枬於祀也而鄉曲之祫不然沒而可祭於社即未足例公而事則不可已祠創於崇禎壬午鳩工者前令尹張公京也重構於順治戊戌捐俸葳役𠀋營及

癃胥者今令尹沈公純禔也郡守張公肇昇亦助之

四四、龍潭祠記

題解：

《龍潭祠記》收録于民國二十二年（1933）《高陽縣志·集文》，韓況撰文。

碑文：

顓城西南隅有古刹，曰龍神祠。凡時魃霖，厲我元元，必詣禱，禱輒應。歲深屋老，湫隘不治。鄉耆王燕等議新之，事聞邑侯，侯曰：「可。」遂受檄任事，畀諸良者，申畫示觀，敦謀務成，費縮初美，飾嘉往模，幸無負已。僉曰：「闕哉！不祀田耶？令祀者奚繼？夫無田無祀，無祀無誠，無禮可竟。闕哉！」乃各捐貲若干金，得田若干弓，去廟邇且饒焉。韓子曰：「韙哉！斯舉也，有三懿矣。傳曰：『龍見而雩，厥典肇之。』今之修廟巍闕，屹如煥如，即盛而經不稽古耶！大造司柄，旱溢叵測，民咸禱以爲庇。歲登時暢，以旱以康，不佑土耶？羽流有資，昕夕酹拭。鐘磬交作，黄庭琅琅。靈者妥焉歆焉，不明神耶？故曰：『有三懿矣。』」特珉之，志永永。

龍潭祠記　韓況

頴城西南隅有古刹曰龍神祠凡時魃霖厲我元元必詣禱禱轍應歲深屋老湫隘不治鄉耆王燕等議新之事聞邑侯侯曰可遂受檄任事畀諸良耆申諭示觀教謀務成賢縮初美飾嵩往積幸無貸已僉曰闕哉不祀田耶令祀者奚繼夫無田無祀無祀無誠無禮可竟闕哉乃各捐貲若干金得田若干弓去廟還且饒爲韓子曰懿哉斯舉也有三懿矣傳曰龍見而雩厥典舉之今之修廟巍闕屹如煥如即盛而經不稽古耶大造司柄旱溢回測民咸禱以爲庇歲登時暢以阜以康不侑土耶羽流有資昕夕酹拭鐘磬交作黃庭琅琅靈者妥焉歆焉不明神耶故曰有三懿矣特珉之志永永

四五、顓頊帝陵碑記

題解：

《顓頊帝陵碑記》收録于民國二十二年（1933）《高陽縣志》，姜璧撰文。

碑文：

史稱顓頊氏初國高陽，而今治之東南舊壤，有封丘在，跡傳志之紀述、故老之傳說，以爲茲顓頊氏陵寢也，則高陽爲初國諒矣。第歲異而月不同，時而祠，時而隨圮，時而祀，時而隨隳，甚則陵夷至今，煙草蒼茫，有不知爲誰氏之墟矣，觀者能無感于斯乎？適闕里孔賢侯來牧茲邑，舉也弛修，若廢飭、若典章。蹋疆井者，誦高陽氏之風已。父老曰：「惟茲祀典，可久闕不舉哉！」遂東指帝陵，懇豎石爲修祀記。侯曰：「夫祀以明禮，禮以著誠，誠且禮，義舉也。舉而義，寧禁所爲。」具文申請當道，俱曰可。諸父老因鳩貲購石，屬記言不佞。不佞竊謂功不及民不祀，祀不稽古不舉。非功而祀則誣，不稽而舉則誕，誕且誣，祀何裨？《禮》不云乎有功于民則祀之，黄帝正名，百物以明。民共財，顓頊能修之。斯舉也，不惟功耶！不稽古耶！舉而惟功，則樹德不朽；舉而稽古，則崇祀不淫。韙哉！侯之俞衆議乎，昭正祀、示民軌矣。且此方民物奠安，教義咸備，尤爲帝之遺澤，號稱八愷，若蒼舒、隤敳輩，今日彪炳寰宇，以倡起多士之才猷，亦疇非帝德以苞而孕也。夫八士祀于鄉，而況功于帝乎？侯之俞衆議，良韙哉！雖然，海不辭東流者，大之至也，聖人並包蓋輿，陶鑄疇類，而忘其誰氏，奚以俎豆爲？聖人以天地爲大爐，造化爲大冶，又豈區區于一抔之土，而與木石校存亡？意斯舉也，蓋亦有隆古之思乎？聞《禮》云有虞氏祖顓頊而宗堯，孔子係出有虞氏，是唐虞之理所濬發者遠，孔子之祖述，固先程也。況夫承孔子之後，撫高陽氏之遺民者，宜若之何。斯舉也，豈獨昭正祀、示民軌，將使觀世風者視其石、隆其治也。士民仰體德意，峙厥祠，修厥祀，殫厥誠，以無廢厥禮，則務義敦典，奚幽不格。行且見治化之翔洽，人文之蔚起，與此石不朽矣。于是乎記。

顓頊帝陵碑記　姜璧

史稱顓頊氏初國高陽而今治之東南舊壤有封邱在跡傳志之紀述故老之傳說以爲茲顓頊氏陵疑也則高陽爲初國諒矣第歲異而月不同時而嗣時而隨圮時而祀時而隨廢甚則陵夷至今煙草蒼茫有不知爲誰氏之壤矣觀者能無感於斯乎適闕里孔賢侯來牧茲邑蒞也弛修若廢飭若興章躡顓井者誦高陽氏之風巳父老曰惟茲祀典可久闕不舉哉遂東指帝陵欲豎石爲修祀記侯曰夫祀以明禮禮以著誠誠且禮義舉也舉而義寧禁所爲具文申請當道俱曰可諸父老因鳩貲購石屬記言不佞不佞竊謂功不及民不祀祀不稽古不舉非功而祀則誣不稽而舉則誕誕且誣祀何裨禮不云乎有功於民則祀之黃帝正名百物以明民共財顓頊能修之斯舉也不惟功耶不稽古耶舉而惟功

則樹德不朽舉而稽古則崇祀不淫懿哉侯之僉衆議乎昭正祀示民軌矣且此方民物奠安教義咸備尤爲帝之遺澤號稱八愷若蒼舒隤敳輩今日彪炳寰宇以倡起多士之才猷亦啓非帝德以蒞而孕也夫八士祀於鄉而況功於帝乎侯之僉衆議良韙哉雖然海不辭東流者大之至也聖人並包蓄與陶鎔噍類而忘其誰氏奚以俎豆爲聖人以天地爲大爐造化爲大冶又豈區區於一抔之土而與木石械存亡意斯舉也蓋亦有隆古之思乎周禮云有虞氏祖顓頊而宗堯孔子系出有虞氏是唐虞之理所濬發者遠孔子之祖述因先程也況夫承孔子之後撫高陽氏之遺民者宜若之何斯舉也豈獨昭正祀示民軌將使覲世風者睹其石隆其治也士民仰體德意峙厥祠修厥祀殫厥誠以無廢厥禮則務義教與奚幽不格行且見治化之翔洽人文之蔚起與此石不朽矣於是乎記